Inquisição: Prisioneiros do Brasil

Supervisão editorial: J. Guinsburg
Revisão: Marcio Honorio de Godoy
Capa: Sergio Kon
Produção: Ricardo W. Neves
Sergio Kon
Raquel Fernandes Abranches

Inquisição: Prisioneiros do Brasil

Séculos XVI a XIX

Anita Waingort Novinsky

PERSPECTIVA

Dados Internacionais de Catalogação na Publicação (CIP)
(Câmara Brasileira do Livro, SP, Brasil)

Novinsky, Anita Waingort
Inquisição: Prisioneiros do Brasil, Séculos XVI a XIX / Anita Waingort Novinsky.– 2. ed. rev. – São Paulo: Perspectiva, 2009.

Bibliografia.
ISBN 978-85-273-0855-7

1. Autos de fé 2. Inquisição – Brasil – História
3. Judeu – cristãos – Brasil – Perseguição I. Título. II. Série.

09-04853 CDD-272.20981

Índices para catálogo sistemático:

1. Brasil: Inquisições: Perseguições religiosas:
História 272.20981

EDITORA PERSPECTIVA LTDA.

Av. Brigadeiro Luís Antônio, 3025
01401-000 São Paulo SP Brasil
tel.: (55 11) 3885-8388
www.editoraperspectiva.com.br

2020

Sumário

Dedico este livro à minha inesquecível irmã
Luiza Waingort Setzer
cujo amor nunca me permitiu arrefecer.

Ao professor José Setzer,
que me ensinou o sentido da poesia e da música.

À memória de meu pai e de minha mãe,
Samuel Waingort e Eugenia Waingort,
que me transmitiram a beleza do judaísmo
e o amor a Sion.

Aniquilar um homem é tanto privá-lo de comida
como privá-lo da palavra.

WALTER BENJAMIN

POVOS

Mesclai todas as cores:
branco, preto e acobreado.
Porque os homens são irmãos:
filhos de um mesmo pai e mãe.

E um Deus mesmo os criou.
E uma pátria é o mundo todo.
Que os homens são irmãos
bem o sabem céu e terra.

Uma raça são os homens:
preta, branca e amarela.
Mudam apenas as cores,
mas a Natureza é a mesma.

Amarelos, brancos, pretos,
todos, todos são irmãos.
Latitudes, raças, povos
são pura estória inventada.

I. L. PERETZ*

* *Poeta judeu, Polônia (1852-1915). Tradução do ídiche de J. Guinsburg.*

Agradecimentos

Devo meus agradecimentos a Alberto Setzer, pelo estímulo e auxílio que prestou na organização dos primeiros dados sobre os prisioneiros brasileiros. A Lina Gorenstein, pela inestimável ajuda na elaboração desta obra, na revisão do texto, no confronto de dados e na composição das tabelas. Seu entusiasmo pelos estudos inquisitoriais amenizou um trabalho árduo e difícil, e ajudou a vencer numerosas dificuldades que surgiram no preparo deste livro. Agradeço também a Benair Alcaraz Ribeiro a pesquisa iconográfica, a Susana Santos e Fernanda Meyer Lustosa a prontidão com que sempre ajudaram a esclarecer dúvidas sobre os réus, e a Marcelo Amaral pelo auxílio na revisão das tabelas. A Maurício Novinsky seria impossível agradecer a paciência com que, durante anos, aguentou ouvir e digitar meus "discursos". E às minhas filhas, Sônia e Ilana, a quem as longas viagens e o amor à pesquisa tantas vezes privaram da mãe.

Quero também lembrar alguns amigos e mestres que tanto me ajudaram a galgar não só os caminhos da história mas também os da vida. Shimon Bergman, da Universidade de Tel Aviv, cujo encontro em Lisboa, nos idos de 1965, foi decisivo para a continuidade do meu trabalho, ajudando a vencer as dificuldades de uma principiante; José Pereira da Costa, que, quando diretor do Arquivo Nacional da Torre do Tombo, abriu a casa para eu encontrar os judeus; Elias Baruel, Santóp Sequerra e Moisés Amzalack, que deixaram saudades das longas discussões durante os almoços e tardes dos *shabbaths* lisboenses. E como esquecer os seminários e colóquios de Robert Mandrou e Léon Poliakov, em Paris, na École des Hautes Études, onde aprendi o que era a História das Mentalidades e sobre os perigos do racismo. Nunca poderia expressar o que devo ao saudoso diretor da faculdade de filosofia da Universidade de São Paulo, Eurípedes Simões de Paula, e a Regina Simões de Paula, que romperam minha hesitação e me levaram para a Universidade de São Paulo; a João Cruz Costa, que me incumbiu de uma missão: estudar os cristãos-novos; a Lourival Gomes Machado, que continuamente insistia em dizer que sem o conhecimento da história dos cristãos-novos não se poderia escrever a história do Brasil. E ainda ao grande mestre, Sergio Buarque de Holanda, cuja sensibilidade me ajudou a conhecer as raízes judaicas do Brasil. E a tantos mais que cruzaram meu caminho, que já pairam, mas que permanecem no coração.

Expresso o meu reconhecimento a instituições diversas que me apoiaram nos longos anos de pesquisa, com bolsas de estudo, viagens e verbas especiais: à Fundação Calouste Gulbenkian (Portugal); ao Instituto de Alta Cultura (Portugal), então sob a direção da saudosa Maria de Lourdes Belchior; ao Department of Jewish Studies da Rutgers University, New Brunschwick (Estados Unidos), então sob a direção de Leon Feldman; à Memorial Foundation for Jewish Culture (Estados Unidos); ao Centre National des Recherches Scientifiques (CNRS, França); ao Conselho Nacional de Desenvolvimento Científico e Tecnológico (CNPq, Brasil); à Fundação de Amparo à Pesquisa (Fapesp, Brasil). Agradeço, em especial, a Ferdinando Bastos de Souza e a Gilberto Huber, que tanto têm incentivado os estudos inquisitoriais no Brasil. E ainda aos meus colegas do Departamento de História da Universidade de São Paulo, pela confiança durante os anos de convívio; a Zilda Gracioli Iokoi, que leu os primeiros manuscritos que publiquei; e aos meus alunos, com os quais sempre aprendi.

Para esta segunda edição, devo meus agradecimentos a Lina Gorenstein e a Eneida Beraldi Ribeiro, que fizeram a revisão do texto; ao meu amigo Victor Hugo, que teve a gentileza de me mandar uma reprodução da tela do acervo do museu de Quito que ilustra a capa, e a Gita e Jacó Guinsburg, sempre atentos a temas sobre discriminação e racismo.

Nota para esta Edição

Pesquisas realizadas nas últimas décadas sobre a atuação do "Santo" Ofício da Inquisição, durante o período colonial, abriram um capítulo novo na história do Brasil: revelaram a existência de um mundo subterrâneo, no qual se moviam portugueses e brasileiros natos que escondiam ser feiticeiros, sodomitas, homossexuais, bígamos, blasfemos e, principalmente, dissidentes religiosos (cristãos-novos, conversos ou marranos). Esses dissidentes religiosos, descendentes de judeus, forçados a se converterem ao catolicismo (1497) em Portugal, representaram o maior número de prisioneiros do Brasil. Esse mundo subterrâneo, altamente secreto, sobreviveu três séculos, e deixou marcas profundas na cultura brasileira, que se fazem sentir até os dias de hoje. Devemos lembrar que o comportamento e as crenças desse mundo subterrâneo eram considerados subversivos e foram vigiados constantemente pelos agentes e comissários inquisitoriais, e na ausência desses, pelo Bispo ou Reitor do Colégio da Companhia de Jesus.

O levantamento dos luso-brasileiros presos foi feito em fontes diversas, e levou vários anos de investigação. Tendo a primeira edição de *Prisioneiros do Brasil* se esgotado rapidamente, foi Jacó Guinsburg, sempre voltado para temas sobre mentalidade e minorias perseguidas, que se interessou em imprimir esta segunda edição, que, penso, vai oferecer aos historiadores uma riquíssima fonte para procurar, como diria meu saudoso amigo Francisco Iglesias, a "qualidade da gente" que povoou o Brasil e moldou sua mentalidade.

A Inquisição procurou legitimar-se, mostrando seu cuidado com toda infração religiosa ou de comportamento, e com os variados tipos de heresias, mas sua matéria-prima e seu trabalho, desde que a Inquisição foi introduzida em Portugal, foram os cristãos-novos.

O principal objetivo dos Inquisidores era o confisco, que lhes trazia o sustento do Tribunal e de seus funcionários, que constituía então a maior burocracia do país.

Nunca poderemos conhecer, com precisão, o número de luso-brasileiros que foram presos durante os três séculos coloniais, pois os dados estatísticos, para aquela época, são falhos e sem rigor científico.

O trabalho realizado de coletar os nomes dos penitenciados e o número de seus processos levou muitos anos, pois não existe nos arquivos inquisitoriais um núcleo específico onde se possa encontrar os moradores do Brasil. Estes estão mesclados com os aproximadamente quarenta mil processos existentes e ainda mencionados em numerosos e variados núcleos.

Entre a população, que foi presa no Brasil, encontramos escritores, poetas, profissionais liberais, homens de negócios, artesãos, padres etc.

Entender o sentido profundo de um processo, o que é verdade e o que é forjado, se a confissão é falsa ou verdadeira, se o réu cometeu o crime ou se foi queimado inocentemente, é muito difícil, em consequência da estrutura inquisitorial corrupta e repressiva.

A Inquisição foi responsável pela criação, no mundo lusitano, do que se pode chamar de "cultura do segredo", e os tempos eram então de "dissimulação". Todo português, desde cedo, aprendia a "arte de dissimular". Este aspecto da cultura luso-brasileira é extremamente importante para entendermos "como se vivia" num regime totalitário, impregnado de ódio e pecado.

As possibilidades que as fontes inquisitoriais oferecem ao historiador são infinitas. As vidas são entrelaçadas, os negócios são feitos na base da confiança, as redes internacionais se ramificam e a vida dos réus permanece um eterno enigma.

Os resultados das pesquisas são imprevisíveis e a vida do réu é um suspense, que cada leitor desvenda como um *puzzle*. Espero que os historiadores e alunos tirem proveito deste conjunto documental e que o desvendem com a mesma paixão com que eu o procurei.

Introdução

A expulsão dos judeus da Espanha pelos reis católicos, em 1492, levou cerca de cem mil refugiados para Portugal, onde experimentaram ainda mais amargas vicissitudes do que na pátria. Foram forçados, em 1497, por ordem do rei D. Manuel, juntamente com os judeus seus correligionários portugueses, a se converterem ao cristianismo, fenômeno que deu origem à era dos cristãos-novos.

Em 1536, sob o reinado de D. João III, o Tribunal do Santo Ofício da Inquisição foi estabelecido oficialmente em Portugal. Tratava-se de uma corte de justiça liderada pela Igreja e pelo Estado, com a finalidade aparente de extirpar as heresias, mas teve um sentido muito mais profundo e abrangente. Funcionou durante 285 anos, sendo eliminada apenas em 1821.

Como o Tribunal da Inquisição no Reino português foi criado meio século depois dos reinos espanhóis e 36 anos após a conversão forçada, os judeus convertidos e seus descendentes tiveram um longo período de adaptação à sua nova condição de cristãos, e criaram uma tradição de práticas judaicas clandestinas que se mantiveram até o século XX. Chegaram a constituir aproximadamente um quarto da população portuguesa da época.

Em 1540 iniciaram-se os autos-de-fé, durante os quais os réus ouviam suas sentenças. Esses autos transformaram-se em festivas cerimônias públicas, tornando-se famosos e divulgados pela Europa por intermédio de numerosa literatura. Portugueses começaram então a se expatriar em número cada vez maior. Os descobrimentos, as novas oportunidades que a América oferecia, o capitalismo comercial em expansão no norte da Europa e a insegurança da vida em Portugal, principalmente após o domínio espanhol, levaram ao êxodo de populações inteiras. Diversos países como a Turquia, Grécia, Itália, norte da África e, em fins do século XVI, cidades como Amsterdã e Hamburgo beneficiaram-se com a entrada de portugueses, tanto do ponto de vista econômico como cultural.

D. João III, rei de Portugal (1521-1554), instalou o Tribunal do Santo Ofício da Inquisição em 1536.

REGIMENTO
DO SANTO OFFICIO
DA INQVISIÇÃO.
DOS REYNOS DE PORTVGAL

ORDENADO
POR MANDADO
Do Ill.mo E R.mo Snor
Bispo Dom Francisco de Castro
Inquisidor Geral,
do Conselho d'Estado
de S. Mag.de

Em Lisboa nos Estaos.
Por Manoel da Sylua
M. DC. XL.

Página de rosto do Regimento do Santo Ofício da Inquisição de Portugal, de 1640.

A religião durante o antigo regime foi um fator decisivo na orientação da sociedade, da política e dos costumes, mas era imposta e obrigatória a todos. A fé individual era proibida tanto pelo Estado como pela Igreja, que procuravam ter controle absoluto até dos sentimentos dos homens. Ninguém podia sentir Deus à sua maneira.

Em Portugal não foi possível – do século XVI ao XVIII – separar a Igreja da Inquisição, que para os portugueses eram sinônimos. Muitas vezes os homens que ocupavam os mais altos cargos na Igreja eram também inquisidores.

O poder, para se fortalecer, apoiava-se na coesão da fé, e a diversidade das crenças era temida como fator de desagregação do sistema social.

Durante 285 anos Portugal se recusou a aceitar qualquer "diferença", qualquer contestação, qualquer dúvida com respeito à religião católica. No momento da criação do Tribunal, seu objetivo foi exclusivamente perseguir e prender os portugueses suspeitos de praticarem em segredo os rituais da religião judaica, mas gradativamente as heresias ampliaram-se, passando a abranger também o luteranismo e o islamismo, além dos "crimes menores", como feitiçaria, sodomia, bigamia, proposições heréticas e blasfêmias. Constituindo a maior burocracia do país, e dependendo do confisco dos réus a sobrevivência da instituição, esta precisava encontrar vítimas para manter a sua estrutura material e humana. Quando a heresia diminuía, tinha de ser recriada e reinventada.

Assim como nos regimes totalitários contemporâneos, a Inquisição tratava de criar o inimigo, para legitimar e justificar o sistema. Os agentes da Inquisição exerciam o papel de espiões e espalhavam-se por todo o Império, Índia, Açores, América. Qualquer cargo ligado ao Santo Ofício conferia grande prestígio, além de certas imunidades, e era ambicionado em termos de carreira. Assim, demonstrar um zelo exagerado pela fé abria oportunidades, criando acirradas disputas entre os candidatos.

Os "crimes menores" importaram muito menos aos inquisidores do que os "crimes de consciência". E estes tinham um alimento poderoso: os livros. A Igreja compreendeu seu perigo e determinou o que os portugueses podiam ler. Nos portos do Brasil, "visitadores das naus" examinavam, junto com as mercadorias que chegavam, cada livro, pedaço de papel ou cartas. Apesar de todo o controle e perigos, obras clandestinas entravam continuamente na colônia. No século XVIII, Montesquieu, Rousseau e Voltaire eram conhecidos no Brasil, e encontramos exemplos de consideráveis bibliotecas no sertão da Bahia, Goiás, Minas Gerais e Rio de Janeiro, que alimentavam o espírito crítico dos brasileiros em relação à Igreja e ao catolicismo. A postura crítica frente à religião foi, segundo Sergio Buarque de Holanda, uma "peculiaridade" de nossa formação colonial, pois sempre se mostrou duvidosa a ortodoxia católica no Brasil.

Muitas vezes encontramos referências aos tribunais civis como tendo sido mais enérgicos no plano da violência física do que os tribunais eclesiásticos, porém, em relação à agressão ao sentimento e ao espírito, nenhuma instituição superou a Inquisição.

A Inquisição portuguesa, assim como a espanhola, foi uma instituição racista. Era preciso encontrar o herege e para isso buscou a origem étnica dos portugueses até a sétima, oitava, nona geração. Judeus, mouros, índios, negros, mulatos, ciganos eram excluídos, por lei, dos serviços públicos, da Igreja, das ordens religiosas, dos estudos superiores. Na prática, essa discriminação funcionou mal, e sabemos que essas leis foram frequentemente violadas, mas elas existiram para ser aplicadas quando os interesses assim o exigissem. A caça aos judeus foi fenômeno semelhante, não quanto ao conteúdo, mas quanto ao caráter, à "caça às bruxas".

Para a aplicação de seu regimento de controle e repressão, o Estado e a Igreja de Portugal dispunham de duas grandes armas de propaganda eficientíssimas: os sermões, por meio dos quais os portugueses recebiam aterrorizados a mensagem do pecado e do inferno, e os autos-de-fé, onde ante um fausto e exibicionismo teatral o povo delirava, testemunhando com o rei, os infantes, os nobres a punição dos hereges. Todos se sentiam purificados.

As opiniões sobre a introdução de uma Inquisição em Portugal não foram unânimes. Uma facção da Igreja, aliada ao rei, apoiou suas ambições, enquanto outra, liderada pelo bispo Ferdinando Coutinho, se pronunciou contra sua criação. O bispo denunciou os interesses econômicos que moviam os atos da Igreja, recusando-se a participar dos julgamentos, considerando as testemunhas "compradas". Mas as vozes da oposição acabaram abafadas, e venceu a ala fanática e reacionária que dominou o cenário político português nos séculos seguintes.

A Inquisição foi responsável, em grande parte, pelo bloqueio do desenvolvimento de uma burguesia portuguesa. O comércio nacional passou a ser exercido por estrangeiros: ingleses, alemães, holandeses. Contudo, o século XVII pode ser chamado o século dos mercadores portugueses, como escreveu Ferdinand Braudel, e os cristãos-novos desempenharam, nesse comércio, papel fundamental. A importância dos cristãos-novos para a economia nacional foi reconhecida pelos portugueses mais esclarecidos, que advertiam os dirigentes sobre os prejuízos causados pelas perseguições. Quem mais se empenhou em responsabilizar a Inquisição pelo desastre econômico de Portugal foi o padre António Vieira, que sabia o quanto os portugueses cristãos-novos atuavam no mundo financeiro por intermédio de seus agentes e suas redes internacionais. Numa época em que os contatos eram difíceis, os cristãos-novos faziam seus negócios muitas vezes baseados na confiança, ligados a membros de uma mesma família, estabelecidos em diversos pontos estratégicos da Europa e América. Além das propostas dirigidas ao rei D. João IV sobre a crise portuguesa, Vieira ainda procurou, junto ao papa, golpear a Inquisição. O Tribunal foi suspenso por alguns anos, o que não passou de uma farsa, pois suas atividades logo se reiniciaram, com a perseguição mais feroz de toda sua história.

Uma pesquisa exaustiva sobre as somas fabulosas que o Tribunal da Inquisição confiscou aos seus réus não foi ainda feita nem para Portugal nem para suas colônias, mas, examinando os inventários dos réus presos no Brasil, podemos fazer uma avaliação aproximada e considerar os prejuízos causados à conjuntura econômica portuguesa. Como escreveu Vitorino Magalhães Godinho, a Inquisição teve um papel político importante: quebrou a unidade nacional, forçando a fuga dos melhores elementos, e minou os alicerces econômicos do Império português.

A fuga dos portugueses cristãos-novos para o Brasil era mais fácil do que para qualquer lugar da Europa. Apesar de as leis que os proibiam de emigrar do Reino serem sempre renovadas, cristãos-novos conseguiam embarcar clandestinamente para o Novo Mundo, considerado por muitos como a Terra Prometida, pagando aos pilotos das naus, que muitas vezes eram também cristãos-novos.

Com o domínio dos Habsburgos sobre Portugal a Inquisição entrou em nova fase, mais organizada e sistemática, e a fiscalização inquisitorial se intensificou. A mesma política discriminatória foi transferida para o Novo Mundo, agora também contra negros, mulatos e índios.

O interesse dos inquisidores pelo Brasil foi despertado, por um lado, pelo progresso econômico da colônia e, por outro, pelas cartas que continuamente seguiam para Portugal, denunciando o grande número de heresias que grassavam na colônia, e o comportamento licencioso de seus moradores. Sobre os cristãos-novos as notícias seguiam alarmantes, pois o vigário da sé da Bahia, Manoel Temudo, chegou a afirmar que constituíam três quartos dos habitantes, ocupando as melhores terras e judaizando livremente.

A invasão holandesa no Brasil, em 1630, mudou o quadro social e religioso da colônia e a vida dos cristãos-novos. Uma política de relativa tolerância religiosa, por parte do invasor, deu aos cristãos-novos um aceno de liberdade e muitos retornaram à fé de seus antepassados, principalmente após a chegada de centenas de judeus da Holanda. Floresceu no Recife, por alguns anos, uma comunidade judaica organizada sob os moldes da comunidade de Amsterdã, com sinagoga, escola, cemitério, assistência aos pobres e órfãos. Foi esse, de todos os séculos coloniais, o único período em que a religião judaica foi livremente seguida no Novo Mundo.

A Inquisição, impossibilitada de agir sobre território holandês, investiu na Bahia e em outras regiões, e como esse período foi de intenso conflito político, procurou implicar os cristãos-novos na colaboração com o invasor. Essas acusações revelaram-se infundadas, uma vez que em ambas as facções – portuguesa e holandesa – encontramos cristãos-novos e cristãos-velhos,inclusive um número considerável de membros do clero católico.

Em 1646 realizou-se em Salvador, na Bahia, no colégio da Companhia de Jesus, uma "Grande Inquirição", sob ordem dos inquisidores, que revelou a existência de uma sociedade subterrânea. Foram denunciados 77 judaizantes, 18 somitigos e 18 feiticeiros. Essa Inquirição revelou um fato interessante: a reação da população baiana, que se recusou a comparecer à Mesa Inquisitorial para denunciar seus parentes e amigos, só o fazendo forçada e sob a pressão policial do governador.

Na pluricultural sociedade brasileira, de norte a sul, coexistiram mundos diferentes, que corriam paralelos ao mundo oficial da Igreja: mundo dos negros, dos mulatos, dos índios, dos mamelucos, dos judeus, cada qual se nutrindo espiritualmente com as reminiscências de sua cultura original.

Como a maior parte dos prisioneiros do Brasil foi de cristãos-novos, creio oportuna uma breve conceituação sobre o marranismo, uma vez que a generalização de alguns historiadores tem levado a uma representação que não corresponde à realidade brasileira. Como já escrevi várias vezes, o marranismo foi um fenômeno pluricultural e foi moldado no Brasil com características peculiares que o distinguem do fenômeno europeu e em parte da América espanhola. Não houve uma única atitude marrana frente à religião, mas muitos e diferentes marranismos, expressos por intermédio de uma multiplicidade de comportamentos e ideias. O marranismo brasileiro extrapolou o criptojudaísmo e extravasou em atitudes, sentimentos e representações diversas, apesar de nessa diversidade perseverarem semelhanças.

Espalhados por um imenso território, os cristãos-novos pouco conheciam sobre o verdadeiro sentido da religião judaica. Muitas cerimônias eram praticadas semi-inconscientemente, obedecendo a ensinamentos herdados através de gerações. Sem considerar os cristãos-novos que foram fiéis ao catolicismo e que conseguiram diluir-se na sociedade ampla, os que permaneceram nas margens criaram uma tradição de clandestinidade, sem a qual é impossível conhecer e reconstituir a sociedade colonial.

A herança dessas sociedades secretas, que se transmitiu no Brasil, foi reforçada sempre pela discriminação legal e pelo antijudaísmo das camadas dirigentes. Das sociedades secretas faziam parte cristãos-novos, tanto criptojudeus como deístas, laicos ou ateus, unidos não só pela fé, mas muitas vezes por uma forte memória histórica. Apesar de os cristãos-novos pertencerem a classes sociais diferentes, unia-os a confiança mútua.

O conceito de marrano, quando colocado no contexto brasileiro, adquire uma dimensão muito mais ampla do que lhe foi conferida por alguns historiadores. É impossível, baseando-se apenas nos processos inquisitoriais e sem o confronto de outros documentos, conceber a veracidade das confissões e alcançar a medida e a intensidade da fé religiosa dos cristãos-novos, uma vez que as longas confissões de judaísmo encontradas nos processos são repetições padronizadas pela Inquisição. Apesar da distância e do isolamento, os cristãos-novos no Brasil tinham exato conhecimento de como funcionava e decorria o julgamento no Tribunal. Penitenciados, ao saírem do cárcere, eram obrigados a assinar o "Termo de segredo", comprometendo-se, sob pena de punição mais grave, jamais revelar o que se havia passado com eles no interior dos Estaos[1], mas as notícias vazavam e chegavam ao distante Brasil. Desde a mais tenra idade as crianças aprendiam como se conduzir caso fossem um dia presas: assumir a culpa e denunciar os pais, a família, os amigos. Centenas de homens e mulheres, descendentes de brasileiros há várias gerações, pagaram inocentemente pelo fato de terem antepassados judeus.

No Brasil, apesar das perseguições e do controle exercido pelos funcionários da Inquisição e da Igreja local, o sentimento de liberdade foi maior que no Reino. Cruzando o Atlântico, os portugueses encontravam seus parentes, amigos, vizinhos da mesma aldeia, que os recebiam, carentes de notícias da pátria e de suas famílias.

A condição de discriminados não separou cristãos-novos e cristãos-velhos, e uma íntima convivência desenvolveu-se tanto no nível cotidiano como no nível dos negócios, chegando mesmo a uma solidariedade, que se revela com frequência em vários momentos da história colonial.

Partindo desse quadro social e das imagens que dele conseguimos extrair, coloca-se aos historiadores uma questão difícil, ainda não respondida: Qual o legado que os marranos – com sua mentalidade, religiosa ou não, com seus costumes, ritos e ideias – deixaram à civilização brasileira?

❦

Este livro é o resultado de minhas investigações durante trinta anos em diversos arquivos e bibliotecas portuguesas, mas principalmente no arquivo do extinto Tribunal do Santo Ofício da Inquisição de Portugal.

Apesar de os estudos sobre a ação inquisitorial na Colônia terem feito algum progresso nos últimos anos, não conhecíamos, até a presente data, a dimensão que a Inquisição havia alcançado nas diversas regiões do Brasil. Os dados numéricos, mesmo aproximados, apresentados pelos historiadores, são distantes da realidade. No estado em que se encontram as pesquisas, podemos dizer, com uma grande margem de certeza, que foram presos 1.076 brasileiros durante a época colonial, entre homens e mulheres. Um número definitivo é muito difícil de ser precisado, pois os cerca de 40.000 processos que existem arquivados não estão classificados de acordo com o lugar de origem dos réus. Para chegarmos a um resultado absoluto dos brasileiros presos, seria necessário percorrer um a um todos esses processos, o que até hoje ainda não foi feito.

Utilizei, para a obtenção dos dados que apresento, fontes diversas, mas particularmente os Livros dos Culpados, Cadernos do Promotor, Livro das Confissões, Livro

1 Ver Glossário, p. 241.

Auto de fé em Lisboa
(gravura de Bernard Picart, século XVIII).

Sala dos inquisidores: notários apresentam os processos ao inquisidor
(pintura de Jean Paul Laurens, século XIX).

dos Presos Pobres, Livro dos Presos Ricos, Lista dos Relaxados, Mandados não Cumpridos, Listas de Solicitantes, de Sodomitas, além de outros núcleos do Arquivo Nacional da Torre do Tombo. Alguns dados e nomes foram completados com o auxílio de diversas fontes impressas.

É possível que em futuras investigações venhamos a conhecer outros brasileiros penitenciados que não constam desta lista, uma vez que os documentos e processos se encontram muitas vezes deslocados. Mas não creio que seu número possa alterar o quadro geral que apresento.

Além dos 1.076 homens e mulheres que a Inquisição conseguiu prender no Brasil, emitiu ainda numerosas "ordens de prisão" com sequestro de bens. Seus nomes ficaram registrados nos cadernos dos "Mandados não Cumpridos", alguns dos quais são apresentados ao foral deste livro como adendo. A maior parte desses suspeitos não foi encontrada, e só alguns chegaram a ser presos anos depois.

As "ordens de prisão" para o Brasil foram emitidas principalmente na década de 1730, visando, em sua maior parte, os moradores de Minas Gerais. Os "Mandados" referentes às mulheres dizem respeito ao crime de judaísmo. Forneço uma amostragem desses suspeitos assim como também o nome de alguns brasileiros presos, mas que não chegaram a ser processados porque morreram antes de embarcar ou durante a viagem para Lisboa.

Com exceção dos brasileiros que se encontravam em Portugal, todos os réus aqui apresentados foram presos no Brasil. Salvo algumas exceções, são dados os números de seus respectivos processos, acompanhados de uma pequena biografia, com o ano de sua prisão, a idade, o lugar de nascimento, a residência, a filiação, o estado civil, a ocupação, o crime de que foram acusados e a sentença que receberam. Quando possível, informamos se seus bens foram ou não confiscados e a data em que saíram no auto de fé. A ortografia foi, na maior parte, atualizada. Os nomes de algumas vilas, cidades ou regiões, de difícil localização, foram mantidos conforme o original.

As prisões

A maior parte dos brasileiros foi presa pela Inquisição na primeira metade do século XVIII: 555 pessoas, entre homens e mulheres. Na segunda metade desse século, foram levados para os cárceres da Inquisição 107 homens e mulheres. No século XVI, foram 223 pessoas presas, entre homens e mulheres, no século XVII, foram efetuadas 87 prisões e, no século XIX, apenas duas. Não foi possível identificar os anos em que foram presos 102 brasileiros.

TOTAL DE PRISIONEIROS DO BRASIL		
	número	%
Homens	778	72,3
Mulheres	298	27,7
Total	1.076	100,0

TOTAL DE PRISIONEIROS POR SÉCULO (HOMENS E MULHERES)						
	Homens		Mulheres		Total	
Período	número	%	número	%	número	%
Século XVI	187	24,04	36	12,08	223	20,72
Século XVII	78	10,03	9	3,02	87	8,09
1ª metade do século XVIII	344	44,22	211	70,80	555	51,58
2ª metade do século XVIII	93	11,95	14	4,70	107	9,94
Século XIX	2	0,26	0	0	2	0,19
Sem data	74	9,50	28	9,40	102	9,48
Total	778	100,00	298	100,00	1.076	100,00

Local de nascimento

Quem eram os hereges presos no Brasil? Onde nasceram, onde residiram, quais eram suas origens, seus crimes e qual foi o seu destino?

Partindo dos dados que conhecemos, podemos dizer que 51,12% do total dos presos do sexo masculino eram portugueses de nascimento e 41,32% já eram nascidos no Brasil. Das mulheres, apenas 18,36% eram nascidas em Portugal, sendo a maioria das prisioneiras (cerca de 75%) brasileira. A região de onde originou-se o maior número de presos brasileiros foi o Rio de Janeiro – tanto os homens como as mulheres.

Prisioneiro na sala de interrogatório.
(Gravura de Pierre Paul Sevin, século XVIII)

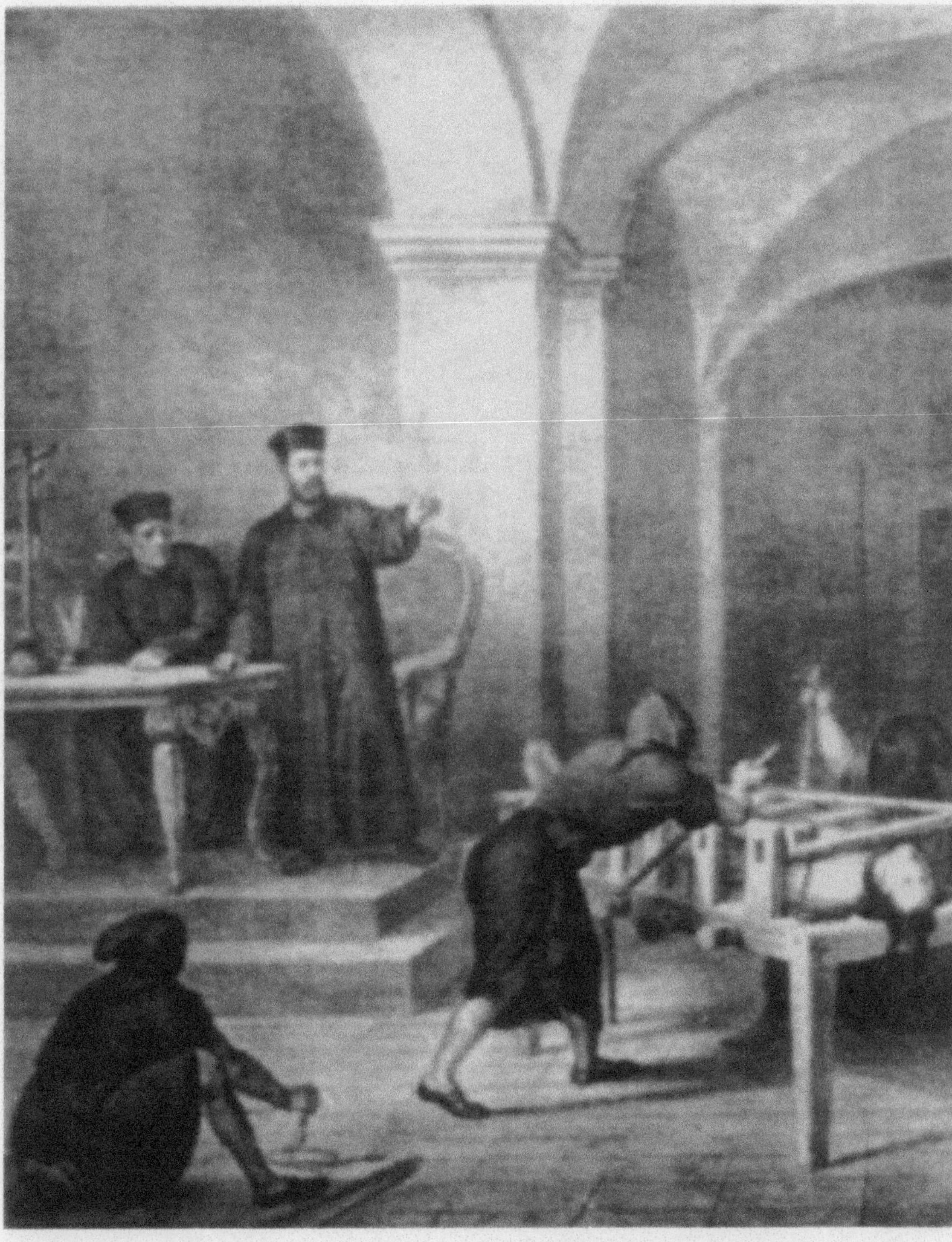

Instrumento de tortura: potro.

NATURALIDADE DE 778 HOMENS PRESOS		
Naturalidade	número	%
Portugal	318	40,87
Rio de Janeiro	146	18,77
Bahia	41	5,27
Pernambuco	31	3,98
Paraíba	20	2,57
Pará	12	1,54
Espanha	9	1,16
África	8	1,03
São Paulo	7	0,90
Outros	30	3,86
Sem dados	156	20,05
Total	778	100,00

NATURALIDADE DE HOMENS PRESOS (EXCLUÍDOS OS "SEM DADOS")		
Naturalidade	número	%
Portugal	318	51,12
Rio de Janeiro	146	23,47
Bahia	41	6,59
Pernambuco	31	4,98
Paraíba	20	3,22
Pará	12	1,93
Espanha	9	1,45
África	8	1,29
São Paulo	7	1,13
Outros	30	4,82
Total	622	100,00

NATURALIDADE DE 298 MULHERES PRESAS		
Naturalidade	número	%
Rio de Janeiro	141	47,32
Portugal	47	15,77
Paraíba	24	8,05
Bahia	14	4,70
Pernambuco	7	2,35
Pará	6	2,01
Espanha	4	1,35
Outros	13	4,36
Sem dados	42	14,09
Total	298	100,00

NATURALIDADE DE MULHERES PRESAS (EXCLUÍDAS AS "SEM DADOS")		
Naturalidade	número	%
Rio de Janeiro	141	55,08
Portugal	47	18,36
Paraíba	24	9,38
Bahia	14	5,47
Pernambuco	7	2,73
Pará	6	2,34
Espanha	4	1,56
Outros	13	5,08
Total	256	100,00

Moradia

É extremamente difícil conhecer onde residiam os prisioneiros do Brasil, em virtude de sua grande mobilidade. Os cristãos-novos, por exemplo, que representaram o mais alto contingente dos presos brasileiros, muitas vezes tinham casas montadas em duas ou três regiões diferentes, nelas residindo ou "assistindo" temporariamente, pois seus negócios levavam-nos a constantes viagens pelo Brasil; além disso, sua origem judaica conferia-lhes grande instabilidade, obrigando-os muitas vezes a mudar de nome e residência.

Dos prisioneiros identificados do sexo masculino, 29,76% tinham suas moradias fixas na Bahia e 26,18% no Rio de Janeiro. A maioria das mulheres (60%) era residente no Rio de Janeiro.

MORADIA DE 778 HOMENS PRESOS

Região	número	%
Bahia	208	26,73
Rio de Janeiro	183	23,52
Pernambuco	120	15,42
Minas Gerais	55	7,07
Pará	40	5,14
Paraíba	26	3,34
São Paulo	10	1,29
Maranhão	10	1,29
Espírito Santo	6	0,77
Goiás	5	0,64
Santos	3	0,39
Ceará	3	0,39
Piauí	2	0,26
Paraty	2	0,26
Sacramento	2	0,26
Sergipe	2	0,26
Portugal (naturais do Brasil)	17	2,18
Outros	5	0,64
Sem dados	79	10,15
Total	778	100,00

MORADIA DE HOMENS PRESOS (EXCLUÍDOS OS "SEM DADOS")

Região	número	%
Bahia	208	29,76
Rio de Janeiro	183	26,18
Pernambuco	120	17,17
Minas Gerais	55	7,87
Pará	40	5,72
Paraíba	26	3,72
São Paulo	10	1,43
Maranhão	10	1,43
Espírito Santo	6	0,85
Goiás	5	0,71
Santos	3	0,43
Ceará	3	0,43
Piauí	2	0,29
Paraty	2	0,29
Sacramento	2	0,29
Sergipe	2	0,29
Portugal (naturais do Brasil)	17	2,43
Outros	5	0,71
Total	699	100,00

PRISIONEIROS DO BRASIL NA INQUISIÇÃO
LOCAIS DE MORADIA

MORADIA DE 1.076 PRISIONEIROS

Região	número	%
Bahia	345	32,06
Rio de Janeiro	249	23,14
Pernambuco	135	12,54
Minas Gerais	60	5,58
Paraíba	55	5,11
Pará	51	4,74
Maranhão	11	1,02
São Paulo	10	0,93
Espírito Santo	6	0,56
Goiás	5	0,46
Santos	3	0,28
Ceará	3	0,28
Piauí	2	0,19
Parati	2	0,19
Sacramento	2	0,19
Sergipe	1	0,09
Portugal (naturais do Brasil	20	1,86
Outros	7	0,65
Sem dados	109	10,13
Total	1 076	100,00

MORADIA DE PRISIONEIROS (EXCLUÍDOS OS "SEM DADOS")

Região	número	%
Bahia	345	35,68
Rio de Janeiro	249	25,75
Pernambuco	135	13,96
Minas Gerais	60	6,20
Paraíba	55	5,69
Pará	51	5,27
Maranhão	11	1,14
São Paulo	10	1,03
Espírito Santo	6	0,62
Goiás	5	0,52
Santos	3	0,31
Ceará	3	0,31
Piauí	2	0,21
Parati	2	0,21
Sacramento	2	0,21
Sergipe	1	0,10
Portugal (naturais do Brasil	20	2,07
Outros	7	0,72
Total	967	100,00

MORADIA DAS 298 MULHERES PRESAS		
Região	número	%
Rio de Janeiro	162	54,36
Bahia	41	13,76
Paraíba	29	9,73
Pernambuco	15	5,03
Pará	12	4,03
Minas Gerais	5	1,68
Portugal (naturais do Brasil)	3	1,01
Espanha (natural do Brasil)	1	0,34
Maranhão	1	0,34
Nossa Senhora do Rosário de Campinas	1	0,34
Sem dados	28	9,40
Total	298	100,00

MORADIA DE MULHERES PRESAS (EXCLUÍDAS AS "SEM DADOS")		
Região	número	%
Rio de Janeiro	162	60,00
Bahia	41	15,19
Paraíba	29	10,74
Pernambuco	15	5,56
Pará	12	4,44
Minas Gerais	5	1,85
Portugal (naturais do Brasil)	3	1,11
Espanha (natural do Brasil)	1	0,37
Maranhão	1	0,37
Nossa Senhora do Rosário de Campinas	1	0,37
Total	270	100,00

Origens

As origens étnicas dos presos do Brasil relatam a plurirracial sociedade colonial. Excluídos os "sem-dados", os homens cristãos-novos constituíram 61,86% dos prisioneiros, e as mulheres cristãs-novas chegaram a 88,85%. Os cristãos-velhos do sexo masculino que foram presos representaram 24,88%, enquanto as mulheres apenas 3,85%. Mamelucos, índios, negros e mulatos foram presos em muito menor proporção do que os brancos.

ORIGEM DE 778 HOMENS PRESOS

Origem	número	%
Cristão-novo	373	47,94
Cristão-velho	150	19,28
índio/mameluco	33	4,24
Negro/mulato	27	3,47
Outros (ingleses, franceses, gregos, ciganos etc.)	18	2,31
Judeu	2	0,26
Sem dados	175	22,50
Total	778	100,00

ORIGEM DE 778 HOMENS PRESOS (EXCLUÍDOS OS "SEM DADOS")

Origem	número	%
Cristão-novo	373	61,86
Cristão-velho	150	24,88
índio/mameluco	33	5,47
Negro/mulato	27	4,48
Outros (ingleses, franceses, gregos, ciganos etc.)	18	2,98
Judeu	2	0,33
Total	603	100,00

ORIGEM DE 298 MULHERES PRESAS

Origem	número	%
Cristã-nova	231	77,51
Cristã-velha	10	3,36
Índia/mameluca	7	2,35
Negra/mulata	10	3,36
Outras	2	0,67
Sem dados	38	12,75
Total	298	100,00

ORIGEM DE 298 MULHERES PRESAS (EXCLUÍDAS AS "SEM DADOS")

Origem	número	%
Cristã-nova	231	88,85
Cristã-velha	10	3,85
Índia/mameluca	7	2,69
Negra/mulata	10	3,85
Outras	2	0,76
Total	260	100,00

PORTUGAL

VIANA DO CASTELO
BRAGA
BRAGANÇA
MINHO
TRÁS OS MONTES
DOURO LITORAL
ALTO DOURO
PORTO
BEIRA ALTA
VISEU
AVEIRO
GUARDA
COIMBRA
BEIRA BAIXA
CASTELO BRANCO
BEIRA LITORAL
LEIRIA
PORTALEGRE
SANTARÉM
EXTREMADURA
ALTO ALENTEJO
LISBOA
SETÚBAL
ÉVORA
BAIXO ALENTEJO
BEJA
ALGARVE
FARO
Sedes do Tribunal do Santo Ofício da Inquisição
Lisboa
Coimbra
Évora
Ilha da Madeira
Ilha das Flores
Ilha de São Miguel
Ilha Terceira
Ilha de Sta. Maria
Ilha do Faial
Locais de nascimento dos prisioneiros do Brasil

Origem dos presos por século

ORIGEM DE 778 HOMENS PRESOS							
Origem	XVI	XVII	XVIII	XIX	sem data	total	%
Cristão-novo	32	50	279		12	373	47,94
Cristão-velho	106	11	32	-	1	150	19,28
Índio/mameluco	23	-	6	-	4	33	4,24
Negro/mulato	4	1	19	1	2	27	3,47
Judeu	-	-	2	-	-	2	0,26
Outros (ingleses, franceses, gregos, ciganos etc.)	10	-	8	-	-	18	2,31
Sem dados	12	16	91	1	55	175	22,50
Total	187	78	437	2	74	778	100,00

ORIGEM DE 298 MULHERES PRESAS						
Origem	XVI	XVII	XVIII	sem data	total	%
Cristã-nova	17	9	205	-	231	77,51
Cristã-velha	9	-	1	-	10	3,36
Índia/mameluca	2	-	5	-	7	2,35
Negra/mulata	1	-	9	-	10	3,36
Outras	2	-	-	-	2	0,67
Sem dados	5	-	5	28	38	12,75
Total	36	9	225	28	298	100,00

Ocupações

Não é possível precisar com exatidão as atividades dos moradores da Colônia. As ocupações mesclavam-se totalmente. Agricultores eram mercadores, profissionais liberais eram senhores de engenho, homens de negócio trabalhavam na governança. Na realidade, na sociedade colonial todos queriam fazer negócios. Nesta avaliação, excluídos os sem dados, foram consideradas as ocupações e não a classe social, e agrupados, numa só classificação, mercadores, homens de negócios, contratadores, tratantes, caixeiros, num total de 19,44%; e, na agropecuária, senhores de engenho, lavradores de cana, mandioca, tabaco, roceiros, num total de 20,56%, apesar de cada uma dessas caracterizações representar um status social diferente. Em um número consideravelmente grande de processos (30,59%), a ocupação do réu não vem declarada na "página de rosto", porém essa lacuna poderá facilmente ser preenchida por meio da análise do corpo do processo. A maioria dos cristãos-novos, pertencia a uma classe média, mas poucos foram grandes magnatas. Entre os presos do Rio de Janeiro é encontrado o maior número de bacharéis formados em Coimbra, alguns com alto nível de cultura, enquanto os prisioneiros da Paraíba representam uma camada social mais modesta.

Em bibliografia recente encontramos a afirmação de que os cristãos-novos eram donos e monopolizadores do tráfico de escravos para o Novo Mundo. Não há base científica nem comprovação para isso quanto ao Brasil. Nos contratos escritos, firmados pela Coroa portuguesa para o comércio de escravos, não vem especificada a etnia do contratador, o que torna impossível conhecer sua origem. Tomando como referência os presos cristãos-novos do Rio de Janeiro, Paraíba, Minas Gerais, Goiás, não foi encontrado entre eles nenhum traficante. Apenas na Bahia residiam dois contratadores que parece transportavam escravos em barcos próprios. No sistema escravista, uma das atividades mais lucrativas foi o comércio de africanos, exercido por grande parte dos colonos, que aguardava nos portos a chegada de escravos para fazerem seus carregamentos e os transportarem para diversas e distantes regiões do Brasil.

OCUPAÇÕES	número	%
Mercancia	105	13,49
Agropecuária	111	14,27
Artesanato	56	7,20
Igreja	55	7,07
Profissões liberais	44	5,66
Militar	43	5,53
Sem ofício	34	4,37
Governança	20	2,57
Mar	18	2,31
Mineração	16	2,06
Estudantes	11	1,41
Escravos	7	0,90
Professores	5	0,64
Outras	15	1,93
Sem dados	238	30,59
Total	778	100,00

OCUPAÇÕES (EXCLUÍDOS OS "SEM DADOS")	número	%
Mercancia	105	19,44
Agropecuária	111	20,56
Artesanato	56	10,37
Igreja	55	10,19
Profissões liberais	44	8,15
Militar	43	7,96
Sem ofício	34	6,30
Governança	20	3,70
Mar	18	3,33
Mineração	16	2,96
Estudantes	11	2,04
Escravos	7	1,30
Professores	5	0,93
Outras	15	2,77
Total	540	100,00

Os crimes

O principal crime de que foram acusados os brasileiros e portugueses residentes no Brasil foi o de praticarem em segredo a religião judaica. Durante seus três séculos de funcionamento, a Inquisição portuguesa foi coerente com os ideais que levaram à sua criação: a "caça aos judeus". De 1.076 prisioneiros, entre homens e mulheres, excluídos os sem dados, 46,13% dos homens e 81,92% das mulheres foram acusados de judaísmo.

Tomando como referencial todos os crimes de que foram acusados tanto cristãos-novos quanto cristãos-velhos, o mais frequente após o judaísmo foi, entre os homens, as proposições heréticas. Essas proposições eram muitas vezes idênticas às proferidas pelos cristãos-novos, mas eram diferenciadas pelos inquisidores. Quando o réu era cristão-novo, suas crenças e ideias eram consideradas crimes de judaísmo; já as dos cristãos-velhos eram qualificadas como proposições heréticas ou blasfêmias.

Os "crimes contra a fé" eram considerados os mais graves e recebiam também as sentenças mais severas. Proposições heréticas, feitiçaria, gentilidades, solicitação recebiam em geral penas leves. As sentenças para sodomia e bigamia muitas vezes eram as galés do rei.

No século XVI foram presas, por judaísmo, 11 mulheres, e no século XVII, apenas nove; já na primeira metade do século XVIII, esse número subiu para 202.

CRIMES DE 778 HOMENS PRESOS

	número	%
Judaísmo	322	41,39
Proposições heréticas	84	10,80
Bigamia	76	9,77
Sodomia	44	5,66
Blasfêmia	33	4,24
Feitiçaria	25	3,21
Solicitação	19	2,44
Gentilidades	17	2,19
Luteranismo	15	1,93
Sacrilégios/apostasia	13	1,67
Libertinagem	2	0,26
Leitura de livros proibidos	1	0,13
Outros	47	6,04
Sem dados	80	10,28
Total	778	100,00

CRIMES (EXCLUÍDOS OS "SEM DADOS")

	número	%
Judaísmo	322	46,13
Proposições heréticas	84	12,03
Bigamia	76	10,89
Sodomia	44	6,30
Blasfêmia	33	4,73
Feitiçaria	25	3,58
Solicitação	19	2,72
Gentilidades	17	2,44
Luteranismo	15	2,15
Sacrilégios/apostasia	13	1,86
Libertinagem	2	0,29
Leitura de livros proibidos	1	0,14
Outros	47	6,74
Total	698	100,00

CRIMES DE 298 MULHERES PRESAS

	número	%
Judaísmo	222	74,50
Sodomia	6	2,01
Bigamia	11	3,69
Blasfêmia	5	1,68
Proposições heréticas	3	1,01
Feitiçaria	15	5,03
Gentilidades	2	0,67
Sacrilégios/apostasia	4	1,34
Outros	3	1,01
Sem dados	27	9,06
Total	298	100,00

CRIMES DE MULHERES (EXCLUÍDAS OS "SEM DADOS")

	número	%
Judaísmo	222	81,92
Sodomia	6	2,21
Bigamia	11	4,06
Blasfêmia	5	1,84
Proposições heréticas	3	1,11
Feitiçaria	15	5,53
Gentilidades	2	0,74
Sacrilégios/apostasia	4	1,48
Outros	3	1,11
Total	271	100,00

CRIMES POR SÉCULO

HOMENS

Crimes	XVI	XVII	XVIII 1ª metade	XVIII 2ª metade	XIX	sem data	total	%
Judaísmo	6	41	268	5	-	2	322	41,39
Proposições heréticas	67	1	3	8	-	5	84	10,80
Bigamia	7	6	32	27	-	4	76	9,77
Sodomia	19	12	3	6	-	4	44	5,66
Blasfêmia	24	2	-	6	-	1	33	4,24
Feitiçaria	-	2	6	8	1	8	25	3,21
Solicitação	-	4	6	5	-	4	19	2,44
Gentilidades	16	-	-	-	-	1	17	2,19
Luteranismo	13	2	-	-	-	-	15	1,93
Sacrilégios/apostasia	7	-	-	6	-	-	13	1,67
Libertinagem	-	-	-	2	-	-	2	0,26
Leitura de livros proibidos	-	-	-	1	-	-	1	0,13
Outros	19	2	10	13	1	2	47	6,04
Sem dados	9	6	16	6	-	43	80	10,27
Total	187	78	344	93	2	74	778	100,00

MULHERES

Crimes	XVI	XVII	XVIII 1ª metade	XVIII 2ª metade	XIX	sem data	total	%
Judaísmo	11	9	202	-	-	-	222	74,50
Sodomia	5	-	-	1	-	-	6	2,01
Bigamia	2	-	4	3	-	2	11	3,69
Blasfêmia	5	-	-	-	-	-	5	1,68
Proposições heréticas	1	-	-	2	-	-	3	1,01
Feitiçaria	2	-	5	5	-	3	15	5,03
Gentilidades	2	-	-	-	-	-	2	0,67
Sacrilégios/apostasia	2	-	-	2	-	-	4	1,34
Outros	3	-	-	-	-	-	3	1,01
Sem dados	3	-	-	2	-	22	27	9,06
Total	36	9	211	15	-	27	298	100,0

As sentenças

As sentenças proferidas contra os prisioneiros brasileiros variavam segundo a origem étnica dos réus, e não segundo seus crimes. As mesmas infrações, se cometidas por cristãos-velhos, recebiam penas diferentes. As sentenças mais severas foram aplicadas aos cristãos-novos acusados de judaísmo, cuja ordem de prisão vinha sempre acompanhada do sequestro de todos os bens para o Fisco e a Câmara Real. A maior parte das ordens de prisão contra os cristãos-velhos era emitida sem sequestro de bens.

Apenas os prisioneiros brasileiros acusados do crime de judaísmo receberam como sentença a pena de morte na fogueira. Em seguida, por ordem de gravidade, seguiam-se as galés, nas quais o réu não aguentava muitos anos, e cárcere e hábito penitencial perpétuo, que foi a sentença recebida pela maior parte dos cristãos-novos.

Segundo os dados apurados até a presente data, foram condenados à pena capital 29 brasileiros (27 homens e duas mulheres; 22 em carne e sete em estátua[2]), representando os homens 3,47% do total dos condenados e as mulheres, 0,67%. A maior parte dos presos cristãos-novos – homens e mulheres – foi condenada a cárcere e hábito penitencial perpétuo (32,26% dos homens e 61,07 das mulheres), e 24,13 % dos condenados à morte eram moradores em Minas Gerais.

SENTENÇAS DOS 778 HOMENS PRESOS

	nº	%
Relaxados ao braço secular	20	2,57
Relaxados em efígie	7	0,90
Cárcere e hábito penitencial perpétuo/a arbítrio	251	32,26
Abjuração/penitências espirituais	184	23,65
Degredo/galés	47	6,04
Açoite e degredo/galés	47	6,04
Absolvição	11	1,41
Outros	16	2,06
Sem dados	195	25,07
Total	778	100,00

2 Ver Glossário, p. 241.

SENTENÇAS DAS 298 MULHERES PRESAS		
	nº	%
Relaxada ao braço secular	2	0,67
Cárcere e hábito penitencial perpétuo/a arbítrio	182	61,07
Abjuração/penitências espirituais	31	10,40
Degredo/galés	6	2,01
Açoite e degredo/galés	8	2,68
Absolvição	5	1,68
Outros	9	3,02
Sem dados	55	18,47
Total	298	100,00

Diversos brasileiros ilustres encontram-se entre aqueles que não chegaram a ser presos, mas estiveram envolvidos com a Inquisição. No século XVII, Ambrósio Fernandes Brandão, autor dos *Diálogos das Grandezas do Brasil*, foi denunciado como cristão-novo. O poeta baiano Gregório de Matos e Guerra também foi denunciado como deísta, após ter provocado um escândalo em Lisboa desacatando uma procissão.

Entre os brasileiros perseguidos na primeira metade do oitocentos, sobressaem três brilhantes inteligências: dois padres, Bartolomeu Lourenço de Gusmão – considerado hoje precursor da aeronáutica – e o judaizante João Alvares de Santa Maria, ambos irmãos de Alexandre de Gusmão, o secretário de D. João V. Foram íntimos colaboradores na idealização do Tratado de Madri e, segundo Jaime Cortesão, eram de origem judaica. O terceiro, o famoso poeta e dramaturgo António José da Silva – cognominado "O judeu" – tem sido frequentemente estudado, mas ainda não devidamente entendido. Os três faziam parte do grupo de estudantes subversivos brasileiros da Universidade de Coimbra.

Em plena Ilustração, o Tribunal do Santo Ofício continuou a perseguição aos brasileiros, apenas mudando o caráter da subversão: na primeira metade do século XVIII o principal crime de que foram acusados foi o judaísmo, e nas duas últimas décadas desse século, alterou-se o sentido religioso para o político, e pejorativamente os brasileiros foram denominados "afrancesados".

Na segunda metade do século XVIII foram presos 107 brasileiros, entre homens e mulheres. Seus crimes foram:

Instrumento de tortura: polé.

CRIMES NA SEGUNDA METADE DO SÉCULO XVIII		
Crimes	homens	mulheres
Judaísmo	5	-
Sodomia	6	1
Bigamia	27	3
Blasfêmia/proposições heréticas/ libertinagem/sacrilégio	22	4
Feitiçaria	8	5
Gentilidades	-	-
Leitura de livros proibidos	1	-
Solicitação	5	-
Outros	13	-
Sem dados	6	1
Total	93	14

Período pombalino

É frequente as historiografias portuguesa e brasileira fazerem referências ao marquês de Pombal como responsável pelo fim da discriminação contra os cristãos-novos. Entretanto, sabe-se que o Tribunal, durante seu governo, continuou ativo, apesar de algumas modificações. O novo Regimento, que prescrevia a eliminação da distinção entre cristãos-velhos e cristãos-novos, data de 1774, apenas três anos antes de sua abdicação. Os comissários e familiares continuaram a vigiar a Colônia, agora sob a direta supervisão do marquês, ele próprio "familiar do Santo Ofício". Como as regiões mais visadas no Brasil eram as minas, diversas diligências foram enviadas, muito tempo depois, aos comissários e familiares que ali se encontravam. Durante o governo do marquês de Pombal foram presos 68 moradores do Brasil, acusados dos seguintes crimes:

CRIMES NO PERÍODO POMBALINO

Crimes	homens	mulheres
Judaísmo	5	-
Sodomia	4	1
Bigamia	19	3
Blasfêmia/proposições heréticas/ libertinagem/sacrilégio	11	3
Feitiçaria	7	5
Solicitação	3	-
Outros	7	-
Total	56	12

Nas últimas duas décadas do século, a Inquisição reforçou sua fiscalização sobre os estudantes brasileiros na Universidade de Coimbra, e em 1779 ordenou a prisão de todo um grupo – entre eles o dicionarista brasileiro António Morais Silva – acusado principalmente pelas suas críticas à intolerância, ao fanatismo e à falta de liberdade.

Nessa época, o mais ilustre brasileiro implicado com o Santo Ofício foi certamente o futuro patriarca da Independência do Brasil, José Bonifácio de Andrada e Silva. Ficou registrado nas páginas inquisitoriais em 1789 como ateu e subversivo, juntamente com seu amigo, o estudante de medicina Francisco de Melo Franco, autor de *Reino da Estupidez*.

No século XIX foi registrada a prisão de dois brasileiros: o famoso jornalista que residia em Lisboa, Hipólito José da Costa Mendonça Furtado – que foi acusado de maçonaria – e um cristão-velho de Pernambuco – suspeito de feitiçaria e "pacto com o diabo". Em 1806 ainda havia pelo menos um comissário da Inquisição atuando em Pernambuco, que enviava queixas do Brasil, contando do "miserável estado em que se encontra a terra a respeito da religião", onde abundavam os "libertinos, inimigos declarados da Igreja".

Espero que este documentário, que completa o terceiro volume da série Fontes para a História de Portugal e do Brasil, possa contribuir para um melhor conhecimento da cultura brasileira, e que historiadores consigam, por intermédio dessas fontes – a maioria delas inéditas –, penetrar nas profundezas ocultas da alma da população colonial. E que os estudos sobre a Inquisição possam também alertar sobre os danos físicos e morais a que pode levar o fanatismo religioso.

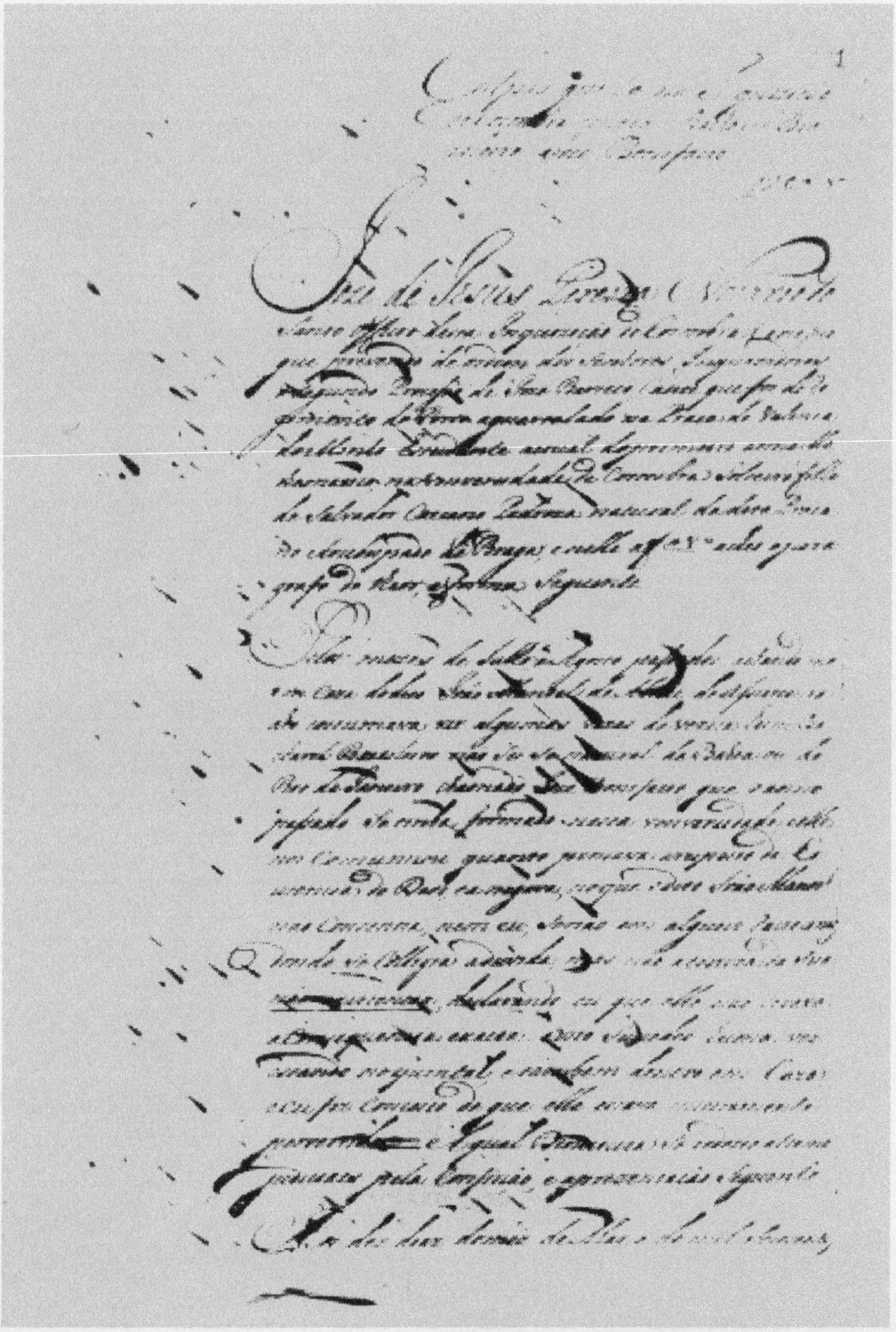

Denúncia no Santo Ofício da Inquisição de Coimbra contra o bacharel José Bonifácio de Andrada e Silva, quando estudante da universidade, por negar a existência de Deus, 1779.

Prisioneiro da Inquisição com sambenito
(Gravura de Adrian Schoonebeck, século XVII)

Homens

A

ADRIÃO PEREIRA DE FARIA (ou ADRIÃO FERREIRA DE PASSOS); PROCESSO N. 1.894; Inquisição de Lisboa. *Prisão*: 1756; *idade*: 32; *natural*: Sítio de São José, Vigia, Pará; *morador*: Engenho de Taparinussu, Pará; *ocupação*: sargento supra dos auxiliares; *crime*: feitiçaria; *sentença*: cárcere e hábito penitencial perpétuo; açoite e degredo por cinco anos para as galés; proibido de entrar na Vila de Vigia. Carocha com o rótulo de feiticeiro; com confisco; *auto de fé*: 7.8.1758. *Observações*: sabia ler e escrever. Não sabia se era cristão-novo ou cristão-velho.

AFONSO ALVAREZ; PROCESSO N. 4.078; Inquisição de Lisboa. *Origem:* cristão-velho; *prisão:* 1595; *idade:* 35; *natural:* Viana, Portugal; *morador:* Várzea de Capibaribe, Pernambuco; *ocupação:* carcereiro; *crime:* luteranismo; *sentença:* seja repreendido pela Mesa e se lhe imponham penitências espirituais de se confessar nas quatro festas principais de um ano e comungar nelas de conselho de seu confessor e de rezar algumas orações e jejuar com confisco; *auto de fé:* 25.2.1595. *Observações:* confessou no Tempo da graça.

AFONSO LUÍS MALVEIRO; PROCESSO N. 16.895; Inquisição de Lisboa. *Origem:* cristão-velho; *prisão:* 1592; *natural:* Vila de Alvito, Portugal; *morador:* Vila dos Frades, Bahia: *filiação:* Manoel Luis e Inês Rodrigues; *estado civil:* casado com Izabel Luís Menaxe; *ocupação:* fora carteiro e, agora, cego e aleijado, pede esmolas; *crime:* blasfêmia; *sentença:* vá ao auto público de fé na Sé em corpo, desbarretado, descalço, cingido com uma corda e uma verga de pau na boca e com uma vela acesa na mão. Relevado das penas de açoite e galés por ser velho, cego e manco. Penitências espirituais; *auto de fé:* 15.8.1593. *Observações:* confessou no Tempo da graça.

AFONSO MANHOZ DE LIMA; PROCESSO N. 4.786; Inquisição de Lisboa. *Origem:* cristão-novo; *prisão:* 1660; *idade:* 40; *natural:* Lisboa, Portugal; *morador:* Espírito Santo/Rio de Janeiro/São Luís do Maranhão; *ocupação:* mercador; *crime:* judaísmo; *sentença:* cárcere e hábito penitencial a arbítrio dos inquisidores; açoite e degredo de cinco anos para Elvas; com confisco; *auto de fé:* 16.10.1660.

AFONSO MEXIA DE MENDONÇA;
PROCESSO N. 5.722; Inquisição de Lisboa. *Origem:* cristão-velho; *prisão:* 1671; *idade:* 42; *natural:* Campo Mayor; *morador:* Salvador, Bahia; *estado civil:* casado; *ocupação:* capitão de infantaria; *crime:* bigamia; *sentença:* degredo por seis anos para a África; *auto de fé:* 20.12.1673. *Observações:* sabia ler e escrever. Era cavaleiro professo do Hábito de Cristo.

AFONSO PEREIRA;
PROCESSO N. 11.068; Inquisição de Lisboa.

AGOSTINHO CORRÊA DE PAREDES;
PROCESSO N. 10.478; Inquisição de Lisboa. *Origem:* cristão-novo; *prisão:* 1731; *idade:* 29; *natural:* Rio de Janeiro; *morador:* Rio de Janeiro; *filiação:* João Corrêa Ximenes, senhor de engenho, e Brites de Paredes, naturais e moradores do Rio de Janeiro; *estado civil:* solteiro; *ocupação:* sem ofício; *crime:* judaísmo; *sentença:* cárcere e hábito penitencial a arbítrio dos inquisidores; com confisco; *auto de fé:* 6.7.1732. *Observações:* foi estudante de gramática. Apresentado no Rio de Janeiro em 2.12.1728. A família toda foi penitenciada.

AGOSTINHO DE PAREDES;
PROCESSO N. 8.690; Inquisição de Lisboa. *Origem:* cristão-novo; *prisão:* 1714; *idade:* 56; *natural:* Rio de Janeiro; *morador:* Rio de Janeiro; *filiação:* Rodrigo Mendes de Paredes, senhor de engenho, natural do Rio de Janeiro, e Maria de Galegos, natural de Lisboa, moradores no Rio de Janeiro; *estado civil:* casado com Izabel de Lucena, cristã-nova; *ocupação:* advogado e senhor de engenho; *crime:* judaísmo; *sentença:* cárcere e hábito penitencial perpétuo; com confisco; *auto de fé:* 14.10.1717. *Observações:* licença para voltar para o Rio de Janeiro em 21.3.1718. Família toda penitenciada.

AGOSTINHO JOSÉ DE AZEVEDO;
PROCESSO N. 8.670; Inquisição de Lisboa. *Origem:* cristão-novo; *prisão:* 1741; *idade:* 40; *natural:* Rio de Janeiro; *morador:* Minas do Rio das Mortes; *filiação:* José Corrêa Ximenes, natural do Reino, e Maria de Mariz, natural do Rio de Janeiro, moradores no Rio de Janeiro; *estado civil:* casado; *crime:* judaísmo; *sentença:* cárcere e hábito penitencial a arbítrio dos inquisidores; com confisco; *auto de fé:* 1742. *Observações:* família toda penitenciada. Voltou para Minas do Rio das Mortes.

AGOSTINHO LOPES FLORES;
PROCESSO N. 6.004; Inquisição de Lisboa. *Origem:* cristão-novo; *prisão:* 1708; *idade:* 29; *natural:* Coruche, Évora, Portugal; *morador:* Rio de Janeiro; *filiação:* Manoel Lopes Flores, lavrador, natural do Alentejo, e Maria de Oliveira Mendes, moradores em Sabugal, Portugal; *estado civil:* casado com Brites Soares Pereira, cristã-nova; *ocupação:* homem de negócios; *crime:* judaísmo; *sentença:* cárcere e hábito penitencial perpétuo; com confisco; *auto de fé:* 30.6.1709. *Observações:* família penitenciada.

AGOSTINHO PIMENTEL;
PROCESSO N. 5.040; Inquisição de Lisboa. *Origem:* cristão-novo.

ALBERTO MONTEIRO;
PROCESSO N. 2.693; Inquisição de Lisboa. *Prisão:* 1766; *idade:* 28; *natural:* Brasil; *morador:* Belém, Pará; *estado civil:* casado com a índia Ana da Silva; *ocupação:* carpinteiro; *crime:* blasfêmia; *sentença:* abjuração de veemente suspeita na fé; penitências espirituais e instrução ordinária. *Observações:* não sabia ler nem escrever. Era cristão batizado. Índio.

ALBERTO YACOBO; PROCESSO N. 3.618; Inquisição de Lisboa. *Origem:* cristão-novo; *prisão:* 1604; *idade:* 21; *natural:* Arlão, Holanda; *morador:* Bahia; *estado civil:* solteiro; *crime:* blasfêmia; *sentença:* sairá em auto de fé em corpo, com uma vela acesa na mão, e nele fará abjuração de Levi suspeito na fé e por tal o declaram e cumprirá as mais penas espirituais que lhe foram impostas; com confisco.

ALEKO CABRAL HENRIQUES; PROCESSO N. 6.255; Inquisição de Lisboa. *Idade:* 40; *natural:* Bahia; *estado civil:* casado; *crime:* bigamia.

ALEXANDRE DE LARA; PROCESSO N. 8.024; Inquisição de Lisboa. *Origem:* cristão-novo; *idade:* 37; *natural:* Guarda, Portugal; *morador:* Minas Novas, Bahia; *filiação:* Brás Nunes de Lara, tratante; *ocupação:* lavrador; *crime:* judaísmo; *sentença:* cárcere e hábito penitencial perpétuo; com confisco; *auto de fé:* 18.10.1739. *Observações:* irmãos penitenciados.

ALEXANDRE HENRIQUES; PROCESSO N. 2.359; Inquisição de Lisboa. *Origem:* cristão-novo; *prisão:* 1703; *idade:* 31; *natural:* Sabugal, Lamego, Portugal; *morador:* Rio de Janeiro; *filiação:* Pedro Rodrigues da Costa, mercador, morador em Sabugal, e Beatriz Nunes; *estado civil:* solteiro; *ocupação:* mercador; *crime:* judaísmo; *sentença:* cárcere e hábito penitencial a arbítrio dos inquisidores; com confisco; *auto de fé:* 10.10.1704. *Observações:* família toda penitenciada.

ALEXANDRE LOPES RAFAEL; PROCESSO N. 16.810; Inquisição de Lisboa. *Origem:* cristão-novo.

ALEXANDRE SOARES PEREIRA; PROCESSO N. 6.678; Inquisição de Lisboa. *Origem:* cristão-novo; *prisão:* 1708; *idade:* 34; *natural:* Rio de Janeiro; *morador:* Rio de Janeiro; *filiação:* João Soares Pereira, senhor de engenho, natural do Alentejo, e Leonor Gomes da Costa, natural do Rio de Janeiro, moradora no Rio de Janeiro; *estado civil:* casado com Leonor Mendes da Paz, cristã-nova; *ocupação:* senhor de engenho; *crime:* judaísmo; *sentença:* cárcere e hábito penitencial perpétuo; com confisco; *auto de fé:* 30.6.1709. *Observações:* esposa penitenciada.

ÁLVARO FERREIRA DA SILVA (OU PEREIRA DA SILVA); PROCESSO N. 2.459; Inquisição de Lisboa. *Origem:* cristão-novo; *prisão:* 1748; *idade:* 30; *natural:* Fundão, Portugal; *morador:* Matoim, Bahia; *filiação:* Pedro Lopes Alvares, homem de negócios, natural do Fundão, e Catarina Henriques, natural de Covilhã, moradores no Fundão; *estado civil:* solteiro; *ocupação:* cirurgião das naus; *crime:* judaísmo; *sentença:* abjurou em forma; penitências espirituais e só poderia comungar sob licença do Santo Ofício; com confisco; *auto de fé:* 12.1754 na Mesa. *Observações:* enlouqueceu no cárcere. Era homônimo de um capitão-mor. Pai e parentes penitenciados.

ÁLVARO GIL FREIRE; PROCESSO N. 16.898; Inquisição de Lisboa. *Origem:* cristão-velho; *prisão:* 1592; *idade:* 37; *natural:* Abrantes, Portugal; *morador:* Bahia; *filiação:* Afonso Ferreira, juiz de órfãos, e Ana Freire; *estado civil:* casado; *crime:* proposição herética; *sentença:* repreensão em Mesa; penitências espirituais e pagamento de 5 cruzados para as despesas do Santo Ofício.

ÁLVARO LOPES;

PROCESSO N. 16.894; Inquisição de Lisboa. *Origem:* cristão-novo; *prisão:* 1592; *morador:* Matoim, Bahia; *filiação:* Heitor Antunes e Ana Rodrigues; *estado civil:* casado com Izabel Ribeira, cristã-velha; *crime:* sacrilégio (desrespeito ao crucifixo); *sentença:* vá ao auto de fé desbarretado, descalço, em corpo. Açoite, penitências espirituais e pagamento de 10 cruzados para as despesas do Santo Ofício.

ÁLVARO MENDES;

PROCESSO N. 4.177; Inquisição de Lisboa. *Origem:* cristão-novo; *Prisão:* 1732; *morador:* Rio de Janeiro; *crime:* judaísmo.

ÁLVARO RODRIGUES;

PROCESSO N. 16.897; Inquisição de Lisboa. *Prisão:* 1593; *idade:* 45; *natural:* Bahia; *morador:* Bahia; *crime:* sacrilégio (comeu carne sem autorização nos dias proibidos pela Igreja); *sentença:* mandam que seja nesta Mesa repreendido e que nunca mais torne a sertão algum sem licença expressa do Bispo deste Estado; penitências espirituais; *auto de fé:* 20.4.1593. *Observações:* apresentado no Tempo da graça. Mameluco.

ÁLVARO VELHO BARRETO;

PROCESSO N. 8.475; Inquisição de Lisboa. *Origem:* cristão-velho; *prisão:* 1594; *idade:* 47; *natural:* Viana, Braga, Portugal; *morador:* Várzea do Capibaribe, Pernambuco; *filiação:* Tristão Velho e Izabel Pais; *estado civil:* casado com Luiza Nunes; *ocupação:* senhor de fazenda, membro da governança da terra; *crime:* blasfêmia; *sentença:* abjuração de Levi na Mesa, penitências espirituais e pagamento de 10 cruzados para as despesas do Santo Ofício.

AMARO DA CRUZ;

PROCESSO N. 8.479; Inquisição de Lisboa. *Origem:* cristão-velho; *prisão:* 1592; *idade:* 35; *natural:* Évora, Portugal; *morador:* Salvador, Bahia; *filiação:* João Dias; *crime:* proposição herética; *sentença:* vá ao auto público da fé descalço, em corpo, com uma vela acesa na mão, com a cabeça descoberta; abjuração de Levi, penitências espirituais e pagamento das custas; *auto de fé:* 24.1.1593.

AMARO DE MIRANDA COUTINHO;

PROCESSO N. 11.150; Inquisição de Lisboa. *Origem:* cristão-novo; *prisão:* 1710; *idade:* 30; *natural:* Rio de Janeiro; *morador:* Bahia; *filiação:* Ayres de Miranda, lavrador de cana, natural da Bahia e Ana Gomes, natural do Rio de Janeiro, moradores no Rio de Janeiro; *estado civil:* solteiro; *ocupação:* lavrador; *crime:* judaísmo; *sentença:* cárcere e hábito penitencial perpétuo; com confisco; *auto de fé:* 26.7.1711. *Observações:* fugiu da prisão. Mãe e irmãos presos.

AMBRÓSIO NUNES;

PROCESSO N. 6.288; Inquisição de Lisboa. *Origem:* parte cristão-novo; *prisão:* 1732; *natural:* Vila de Iearassu, Pernambuco; *morador:* Piranhas, termo de bispado da Paraíba; *filiação:* Agostinho Nunes, que vive de sua fazenda, e Maria Tomas; *estado civil:* tratante de gado; *crime:* judaísmo; *sentença:* absoluto na forma de direito (sepultura em terra consagrada); *auto de fé:* 20.9.1733. *Observações:* morreu nos cárceres. Avós penitenciados.

ANDRÉ DA VEIGA FREIRE;

PROCESSO N. 1.476; Inquisição de Lisboa. *Origem:* parte cristão-novo; *prisão:* 1718; *idade:* 24; *natural:* Rio de Janeiro; *morador:* Rio de Janeiro; *filiação:* Alexandre Freire, taverneiro, homem de negócios, cristão-velho, e Elena de Azevedo, natural do Rio de Janeiro, moradores no Rio de Janeiro; *estado civil:* solteiro; *ocupação:* estudante de gramática; *crime:* judaísmo; *sentença:* cárcere e hábito penitencial perpétuo; com confisco; *auto de fé:* 16.6.1720. *Observações:* teve licença para voltar ao Rio de Janeiro em 1720. Mãe e irmãs penitenciadas.

ANDRÉ DE BARROS;

PROCESSO N. 8.752; Inquisição de Lisboa. *Origem:* cristão-novo; *prisão:* 1710; *natural:* Rio de Janeiro; *morador:* Rio de Janeiro; *filiação:* José Gomes Silva, homem de negócios, natural do Crato, e Maria de Barros, natural do Rio de Janeiro, moradores no Rio de Janeiro; *estado civil:* solteiro; *ocupação:* contratador; *crime:* judaísmo; *sentença:* relaxado em estátua; *auto de fé:* 14.10.1714. *Observações:* fugiu com os franceses que invadiram o Rio de Janeiro, junto com o pai, José Gomes Silva.

ANDRÉ DE FREITAS LESSA;

PROCESSO N. 8.473; Inquisição de Lisboa. *Origem:* cristão-velho; *prisão:* 1595; *natural:* Guimarães, Braga, Portugal; *morador:* Olinda, Pernambuco; *crime:* sodomia; *sentença:* degredo de dez anos nas Galés do Reino; que nunca perpetuamente mais torne a esta capitania de Pernambuco; *auto de fé:* 20.9.1595. *Observações:* o réu confessou no Tempo da graça. Na folha de rosto do processo: "Este delicto tem pena de morte por direito."

ANDRÉ FERNANDES CALDEIRA;

PROCESSO N. 8.474; Inquisição de Lisboa. *Origem:* cristão-velho; *prisão:* 1594; *idade:* 22; *natural:* ilha Terceira; *morador:* Pernambuco; *filiação:* André Fernandes Caldeira, guarda da alfândega de Angra, e Francisca Martins; *estado civil:* solteiro; *crime:* proposições heréticas; *sentença:* vá ao auto público da fé, descalço, em corpo, com uma corda e com uma vela acesa na mão. Penitências espirituais e pagamento das custas; *auto de fé:* 9.10.1594. *Observações:* na folha de rosto do processo: "Foi muito o rigor que se usou contra o réu e mais havendo se confessado no Tempo da graça era bastante para dar-lhe uma repreensão na Mesa."

ANDRÉ LOPES ULHOA;

PROCESSO N. 5.391; Inquisição de Lisboa. *Origem:* cristão-novo; *prisão:* 1619; *idade:* 46; *natural:* Lisboa, Portugal; *morador:* Peruaçu, Bahia; *estado civil:* casado com Ana da Silveira, cristã-velha; *ocupação:* lavrador de cana, depois senhor de engenho; *crime:* judaísmo; *sentença:* cárcere e hábito penitencial perpétuo sem remissão; com confisco; *auto de fé:* 4.8.1621. *Observações:* apresentou-se no Tempo da graça.

ANDRÉ MENDES DA SILVA;

PROCESSO N. 4.865; Inquisição de Lisboa. *Origem:* cristão-novo; *prisão:* 1726 e 1737; *idade:* 24; *natural:* Rio de Janeiro; *morador:* Lisboa, Portugal; *filiação:* João Mendes da Silva, advogado, natural do Rio de Janeiro, e Lourença Coutinho, natural e moradora no Rio de Janeiro; *estado civil:* solteiro; *ocupação:* administrador; *crime:* judaísmo; *sentença:* cárcere e hábito penitencial perpétuo; cárcere e hábito penitencial a arbítrio dos inquisidores; com confisco; *auto de fé:* 25.7.1728 e 18.10.1739. *Observações:* família toda penitenciada. Irmão do poeta e dramaturgo António José da Silva.

ANDRÉ PEDRO;

PROCESSO N. 1.061; Inquisição de Lisboa.

ANDRÉ PEREIRA;

PROCESSO N. 3.127; Inquisição de Lisboa. *Origem:* cristão-novo; *prisão:* 1733; *idade:* 26; *natural:* Ponta Delgada, ilha de São Miguel; *morador:* Recife, Pernambuco; *filiação:* Matias Pereira, carpinteiro, cristão-velho, natural de Ribeira Grande, e Maria do Couto, natural de Ponta Delgada; *estado civil:* solteiro; *ocupação:* tratante de gados; *crime:* judaísmo/bigamia; *sentença:* cárcere e hábito penitencial perpétuo e cinco anos de degredo para as galés; com confisco; *auto de fé:* 24.7.1735.

ANDRÉ PINTO;

PROCESSO N. 2.560; Inquisição de Lisboa. *Crime:* proposições heréticas.

ANDRÉ PINTO;

PROCESSO N. 8.471; Inquisição de Lisboa. *Origem:* cristão-novo; *prisão:* 1594; *idade:* 32; *natural:* São Gonçalo do Amarante, Braga, Portugal; *morador:* cabo de Santo Agostinho, Pernambuco; *filiação:* Duarte Rodrigues Pinto; *estado civil:* casado com Maria Quaresma; *ocupação:* lavrador; *crime:* proposição herética; *sentença:* repreensão na Mesa, abjuração de Levi, penitências espirituais e pagamento das custas.

ANDRÉ SODRÉ;

PROCESSO N. 8.472; Inquisição de Lisboa. *Origem:* cristão-velho; *prisão:* 1591; *idade:* 39; *natural:* Guimarães, Portugal; *morador:* Salvador, Bahia; *filiação:* Domingos Martins Fernandes, carpinteiro, e Izabel Pires; *estado civil:* casado com Águeda da Costa, cristã-velha; *crime:* sodomia e luteranismo; *sentença:* considerado alienado; condenado a abjuração de Levi; penitências espirituais e pagamento das custas; *auto de fé:* 2.8.1593. *Observações:* sabia ler e escrever. Estudou latim.

ANSELMO DA COSTA;

PROCESSO N. 213; Inquisição de Lisboa. *Prisão:* 1764; *idade:* 14; *morador:* Benfica, Pará; *estado civil:* solteiro; *crime:* feitiçaria; *sentença:* seja solto e instruído na fé. *Observações:* índio.

ANTÓNIO SÁ DE ALMEIDA;

PROCESSO N. 8.025; Inquisição de Lisboa. *Origem:* parte cristão-novo; *prisão:* 1734; *idade:* 28; *natural:* Almeida, Lamego, Portugal; *morador:* Minas do Serro Frio; *filiação:* Manuel Henriques de Leão, mercador, e Margarida de Almeida, naturais e moradores na Vila de Almeida; *estado civil:* solteiro; *ocupação:* mineiro; *crime:* judaísmo; *sentença:* cárcere e hábito penitencial perpétuo sem remissão; com confisco; *auto de fé:* 18.10.1739.

ANTÓNIO ALVARES PUGAS;

PROCESSO N. 26; Inquisição de Lisboa. *Prisão:* 1744; *morador:* Minas Gerais; *estado civil:* solteiro; *ocupação:* capelão no convento das Macaúbas; *crime:* solicitação.

ANTÓNIO CARDOSO;

PROCESSO N. 7.960; Inquisição de Lisboa. *Origem:* parte cristão-novo; *prisão:* 1714; *idade:* 20; *natural:* Rio de Janeiro; *morador:* Rio de Janeiro; *filiação:* Miguel Cardoso e Maria Romeira, natural de Minas Gerais, moradores no Rio de Janeiro; *estado civil:* solteiro; *ocupação:* pescador; *crime:* judaísmo; *auto de fé:* 16.2.1716. *Observações:* defunto nos cárceres em 1715.

ANTÓNIO CARDOSO PORTO (OU BELQUIOR MENDES CORRÊA);
PROCESSO N. 8.887; Inquisição de Lisboa. *Origem:* cristão-novo; *prisão:* 1726; *idade:* 56; *natural:* Celorico, Portugal; *morador:* Bahia: *filiação:* Rafael da Silveira e Clara da Silveira; *estado civil:* casado com Angela Henriques, cristã-nova; *ocupação:* mercador; *crime:* judaísmo; *sentença:* cárcere e hábito penitencial perpétuo; com confisco; *auto de fé:* 17.6.1731. *Observações:* foi submetido ao tormento. Morou 16 anos em Bayonne, França. Esposa e sogra penitenciadas.

ANTÓNIO CARLOS MONTEIRO;
PROCESSO N. 9.697; Inquisição de Lisboa. *Prisão:* 1762; *idade:* 33; *natural:* Porto, Portugal; *morador:* Rio de Janeiro; *filiação:* filho adotivo do abade da freguesia da Vila do Pinheiro; *estado civil:* solteiro; *ocupação:* sacerdote; *crime:* proposições heréticas. *Observações:* vivia amancebado e era pai de vários filhos.

ANTÓNIO CARVALHO OLIVEIRA;
PROCESSO N. 10.474; Inquisição de Lisboa. *Origem:* cristão-novo; *prisão:* 1731; *idade:* 37; *natural:* Lugar de Santulhão, Miranda, Portugal; *morador:* Minas Gerais; *filiação:* Francisco da Gamboa, homem de negócios, natural de Santulhão, e Maria de Oliveira, natural da Vila de Miranda; *estado civil:* solteiro; *ocupação:* homem de negócios; *crime:* judaísmo; *sentença:* cárcere e hábito penitencial perpétuo; com confisco; *auto de fé:* 6.7.1732. *Observações:* apresentado. Toda família penitenciada.

ANTÓNIO CASTANHEIRA;
PROCESSO N. 6.360; Inquisição de Lisboa. *Origem:* cristão-velho; *prisão:* 1592; *idade:* 29; *natural:* Coimbra, Portugal; *morador:* Passe, Bahia; *filiação:* Braz Castanheira e Elena Miguel; *estado civil:* solteiro; *ocupação:* lavrador; *crime:* blasfêmia; *sentença:* repreendido e admoestado na Mesa, penitências espirituais e pague as custas; *auto de fé:* 27.1.1593.

ANTÓNIO COELHO;
PROCESSO N. 9319; Inquisição de Lisboa. *Origem:* parte cristão-novo; *prisão:* 1710; *idade:* 20; *natural:* Rio de Janeiro; *morador:* Rio de Janeiro e Coimbra; *filiação:* Rodrigo Coelho do Bonsucesso, cristão-velho, lavrador de cana, e Izabel de Barros, naturais e moradores do Rio de Janeiro; *estado civil:* solteiro; *ocupação:* estudante de Leis na Universidade de Coimbra; *crime:* judaísmo; *sentença:* abjuração de forma; *auto de fé:* 28.5.1710; *Observações:* apresentado em 1710. Obteve licença para ir para Geolpelhera, bispado de Leiria e daí à Universidade de Coimbra em 28.5.1710. A avó, tias e irmãos penitenciados.

ANTÓNIO CORREIA DAGUIAR;
PROCESSO N. 6.270; Inquisição de Lisboa. *Idade:* 36; *natural:* Congo, Angola; *morador:* Serro Frio, Minas Gerais; *estado civil:* solteiro; *ocupação:* pintor; *crime:* "dar duas partículas que dizia serem sagradas"; *sentença:* degredado por dois anos para Castro Marim; *auto de fé:* 20.9.1761. *Observações:* preto, escravo.

ANTÓNIO CORREIA DE ARAÚJO;
PROCESSO N. 6.269; Inquisição de Lisboa. *Idade:* 52; *natural:* Landim, concelho de Barcelos, Braga, Portugal; *morador:* Vila da Icu, comarca do Ceará Grande; *estado civil:* casado; *ocupação:* entalhador; *crime:* bigamia; *sentença;* degredo de cinco anos para Castro Marim; *auto de fé:* 20.9.1761.

ANTÓNIO DA COSTA SERRA;
PROCESSO N. 6.009; Inquisição de Lisboa. *Prisão:* 1781; *natural:* Ribeira Grande, ilha de São Miguel; *morador:* São Paulo; *ocupação:* homem de negócios; *crime:* proposições heréticas. *Observações:* o processo é composto essencialmente por denúncias e inquirições de testemunhas contra o réu.

ANTÓNIO DA FONSECA;
PROCESSO N. 10.484; Inquisição de Lisboa. *Origem:* parte cristão-novo; *prisão:* 1728; *idade:* 54; *natural:* Vila de Morgadouro, Braga, Portugal; *morador:* rio São Francisco, Bahia; *filiação:* Manoel Lopes Dourado, barbeiro, natural de Freixo de Espada a Cinta, e Ana Martins, cristã-velha, natural de Morgadouro, moradores em Barreiro; *estado civil:* casado com Violante da Silva; *ocupação:* lavrador de mandioca e criador de gado; *crime:* judaísmo; *sentença;* cárcere e hábito penitencial perpétuo; com confisco; *auto de fé:* 6.7.1732.

ANTÓNIO DA FONSECA REGO;
PROCESSO N. 10.476; Inquisição de Lisboa. *Origem:* cristão-novo; *prisão:* 1729; *idade:* 48; *natural:* Olinda, Pernambuco; *morador:* Engenho Velho, Paraíba; *filiação:* António Dias Pereira, natural de Olinda, e Clara Mendes da Fonseca; *estado civil:* casado com Maria de Valença; *ocupação:* lavrador de cana; *crime:* judaísmo; *sentença:* cárcere e hábito penitencial perpétuo sem remissão; com confisco; *auto de fé:* 6.7.1732. *Observações:* foi submetido ao tormento. Família penitenciada.

ANTÓNIO DA ROCHA;
PROCESSO N. 6.356; Inquisição de Lisboa. *Origem:* cristão-velho; *prisão:* 1594; *idade:* 25; *natural:* Olinda, Pernambuco; *morador:* Igarassu, Pernambuco; *crime:* proposição herética; *sentença:* repreensão, admoestação e penitências espirituais; pague as custas; *auto de fé:* 19.3.1594. *Observações:* confessou no Tempo da graça.

ANTÓNIO DA SILVA;
PROCESSO N. 6.275; Inquisição de Lisboa.

ANTÓNIO DA SILVA;
PROCESSO N. 13.209; Inquisição de Lisboa.

ANTÓNIO DA SILVA PEREIRA (OU AZEREDO);
PROCESSO N. 3.234; Inquisição de Lisboa *Origem:* parte cristão-novo; *prisão:* 1720; *idade:* 35; *natural:* Rio de Janeiro; *morador:* Rio de Janeiro; *filiação:* João Gomes da Silva Pereira, senhor de engenho, cristão-velho, e Catarina de Azeredo, naturais e moradores do Rio de Janeiro; *estado civil:* solteiro; *ocupação:* contratador; *crime:* judaísmo; *sentença:* cárcere e hábito penitencial a arbítrio dos inquisidores; com confisco; *auto de fé:* 12.5.1725. *Observações:* irmãos penitenciados.

ANTÓNIO DE AGUIAR;
PROCESSO N. 6.358; Inquisição de Lisboa. *Origem:* cristão-velho; *prisão:* 1592; *idade:* 20; *natural:* Bahia; *morador:* Matoim, Bahia; *filiação:* Pedro de Aguiar e Custódia de Faria; *estado civil:* solteiro; *ocupação:* lavrador; *crime:* sodomia; *sentença:* repreensão e admoestação na Mesa, penitências espirituais e pague as custas. *Observações:* sabia assinar o nome.

ANTÓNIO DE ANDRADE SOARES;
PROCESSO N. 5.006; Inquisição de Lisboa. *Origem:* cristão-novo; *prisão:* 1713; *idade:* 38; *natural:* Rio de Janeiro; *morador:* Arrayolos, Portugal; *filiação:* Francisco de Andrade, tesoureiro da Câmara do Rio de Janeiro, natural de Lisboa e Ana Henriques, natural do Rio de Janeiro, moradores no Rio de Janeiro; *estado civil:* casado; *ocupação:* juiz de fora em Arrayolos; *crime:* judaísmo; *sentença:* cárcere e hábito penitencial a arbítrio dos inquisidores; com confisco; *auto de fé:* 9.7.1713. *Observações:* família toda penitenciada.

ANTÓNIO DE BARROS;

PROCESSO N. 8.737; Inquisição de Lisboa. *Origem:* cristão-novo; *prisão:* 1714; *idade:* 22; *natural:* Rio de Janeiro; *morador:* Rio de Janeiro; *filiação:* António de Barros, advogado e senhor de engenho, e Brites de Lucena, naturais e moradores do Rio de Janeiro; *estado civil:* solteiro; *ocupação:* sem ofício; *crime:* judaísmo; *sentença:* cárcere e hábito penitencial perpétuo; com confisco; *auto de fé:* 14.10.1714. *Observações:* mãe, irmãos e cunhados presos.

ANTÓNIO DE CARVALHO SERRA;

PROCESSO N. 19.748; Inquisição de Lisboa. *Prisão:* 1757; *morador:* Minas Gerais; *filiação:* Manuel Carneiro; *crime:* feitiçaria. *Observações:* era pardo, neto de uma escrava angolana. Preso junto com o irmão, Salvador Carvalho Serra. Doente no cárcere, paralítico, foi considerado insano. Faleceu no Hospital Real de Todos os Santos em 1762.

ANTÓNIO DE MELO LOBO;

PROCESSO N. 5.851; Inquisição de Lisboa. *Prisão:* 1790; *idade:* 40; *natural:* Porto, Portugal; *morador:* Rio de Janeiro; *filiação:* Carlos de Melo Lobo e Josefa Rodrigues de Abreu; *estado civil:* solteiro; *ocupação:* cirurgião; *crime:* proposições heréticas; *sentença:* nenhuma prova se pode extrair dos autos e processos. *Observações:* o réu sabia ler.

ANTÓNIO DE MIRANDA;

PROCESSO N. 5.002; Inquisição de Lisboa. *Origem:* cristão-novo; *prisão:* 1709; *idade:* 40; *natural:* Almeida, Lamego, Portugal; *morador:* Bahia; *filiação:* Francisco Rodrigues, cristão-velho, natural de Palmeia, e Ana de Miranda, natural de Almeida, moradores em Almeida; *ocupação:* curtidor; *crime:* judaísmo; *sentença:* que seus ossos sejam enterrados em sagrado e que seja absoluto na forma de direito para se poderem por sua alma oferecer a Deus Nosso Senhor sacrificios e sufrágios e se fazerem obras pias para remediar delas; e que esta sentença seja publicada no auto de fé para que venha à notícia de todos; com confisco; *auto de fé:* 9.7.1713. *Observações:* faleceu no cárcere. Auto de falecimento de 7 de abril de 1713. Sabia ler e escrever. Família penitenciada.

ANTÓNIO DE MIRANDA;

PROCESSO N. 5.556; Inquisição de Lisboa.

ANTÓNIO DE MORAIS SILVA;

PROCESSO N. 8.094; Inquisição de Lisboa. *Origem:* cristão-novo; *prisão:* 1779; *natural:* Rio de Janeiro; *morador:* Lisboa e Coimbra, Portugal; *filiação:* António de Morais Silva, boticário no Rio de Janeiro; *estado civil:* solteiro; *ocupação:* estudante de Leis na Universidade de Coimbra; *crime:* libertinagem (não observância aos rituais da religião católica). *Observações:* apresentado em 18.5.1777. O processo consta de denúncias. Fugiu para Londres, onde publicou, em 1789, o *Dicionário da Língua Portuguesa.*

ANTÓNIO DE OLIVEIRA;

PROCESSO N. 15.563; Inquisição de Lisboa.

ANTÓNIO DIAS;

PROCESSO N. 8.478; Inquisição de Lisboa. *Prisão:* 1595; *idade:* 24; *natural:* Pernambuco; *morador:* Paraíba; *filiação:* Luís Dias, mulato, carpinteiro, e Beatriz, índia; *crime:* proposição herética; *sentença:* vá ao auto público de fé descalço, em corpo, desbarretado, com uma vela acesa na mão. Penitências espirituais e pagamento das custas; *auto de fé:* 10.9.1595. *Observações:* na folha de rosto do processo: "a proposição é grave. Deverá o réu abjurar pelo menos de Levi." Mulato forro.

ANTÓNIO DIAS COELHO;

PROCESSO N. 4.596; Inquisição de Lisboa. *Prisão:* 1697; *morador:* Olinda, Pernambuco; *estado civil:* casado; *crime:* bigamia.

ANTÓNIO DIAS;

PROCESSO N. 6.159; Inquisição de Lisboa. *Origem:* cristão-velho; *prisão:* 1595; *idade:* 35; *natural:* freguesia de Santiago dos Encoirados, Braga, Portugal; *morador,* freguesia de São Miguel, Pernambuco; *filiação:* Domingos Fernandes, carpinteiro, e Catarina Dias; *estado civil:* casado com Gracia Rodrigues, cristã-velha; *ocupação:* carpinteiro; *crime:* proposição herética; *sentença:* que não haja penitência pública. Repreensão em Mesa e penitências espirituais.

ANTÓNIO DIAS MENDES;

PROCESSO N. 16.738; Inquisição de Lisboa. *Idade:* 30; *natural:* Faro, Algarve, Portugal; *morador:* junto de Itacu, Maranhão; *estado civil:* casado; *ocupação:* homem do mar; *crime:* bigamia; *sentença:* açoite e degredo de cinco anos para as galés; *auto de fé:* 20.9.1761.

ANTÓNIO DO VALE DE MESQUITA;

PROCESSO N. 4.440; Inquisição de Lisboa. *Origem:* cristão-novo; *prisão:* 1710; *idade:* 55; *natural:* Vila Real, Braga, Portugal; *morador:* Rio de Janeiro e Bahia; *filiação:* Diogo Lopes, homem de negócios e Angela do Vale, naturais e moradores de Vila Real; *estado civil:* casado com Elena do Vale, cristã-nova; *ocupação:* mercador; *crime:* judaísmo; *sentença:* cárcere e hábito penitencial a arbítrio dos inquisidores; com confisco; *auto de fé:* 26.6.1711. *Observações:* esposa, filhos e netos penitenciados. Sabia ler e escrever.

ANTÓNIO DO VALE LEBRACHO;

PROCESSO N. 8.476; Inquisição de Lisboa. *Origem:* cristão-velho; *prisão:* 1595; *idade:* 25; *natural:* Arrayolos, Portugal; *morador:* Bahia; *estado civil:* casado; *crime:* bigamia. *Observações:* o processo consta apenas de denúncias contra o réu, sendo um dos denunciantes Francisco Descallante Castellano. O réu casou-se a segunda vez no Brasil, pois achava que era viúvo, porque quando viajou para o Brasil, sua primeira mulher estava à beira da morte em Portugal. Não tendo notícias dela, pensou que estivesse morta.

ANTÓNIO DOS ANJOS (FREI);

PROCESSO N. 1.406; Inquisição de Lisboa. *Origem:* cristão-velho; *prisão:* 1619; *natural:* Pernambuco; *morador:* Pernambuco; *ocupação:* religioso da Ordem de São Francisco; *crime:* proposições heréticas; *sentença:* seja chamado à Mesa e nela repreendido e admoestado.

ANTÓNIO ESTEVES;

PROCESSO N. 3.129; Inquisição de Lisboa. *Morador:* Porto Calvo; *estado civil:* solteiro; *ocupação:* religioso; *crime:* solicitação.

ANTÓNIO FERNANDES;
PROCESSO N. 12.527; Inquisição de Lisboa. *Origem:* cristão-velho; *prisão:* 1593; *natural:* Torres Vedras, Portugal; *morador:* Bahia; *filiação:* Fernão Gonçalves e Margarida Pires; *estado civil:* viúvo; *crime:* proposição herética; *sentença:* vá ao auto público de fé com uma vela acesa na mão, em corpo, desbarretado; abjuração de Levi, penitências espirituais e pague as custas; *auto de fé:* 15.8.1593.

ANTÓNIO FERNANDES PEREIRA;
PROCESSO N. 10.481; Inquisição de Lisboa. *Origem:* cristão-novo; *prisão:* 1730; *idade:* 37; *natural:* Morgadouro, Braga, Portugal; *morador:* Minas Novas de Arassuhahy, Bahia; *filiação:* Manuel Fernandes, rendeiro, natural de Vilarinho, Morgadouro, e Maria Pereira, natural de Bragança e moradora em Lisboa; *estado civil:* solteiro; *ocupação:* mineiro; *crime:* judaísmo; *sentença:* cárcere e hábito penitencial a arbítrio dos inquisidores; com confisco; *auto de fé:* 6.7.1732. *Observações:* avó materna, mãe, tios, irmãos e primos penitenciados.

ANTÓNIO FERREIRA DOURADO;
PROCESSO N. 6.268; Inquisição de Lisboa. *Origem:* parte cristão-novo; *prisão:* 1761; *idade:* 53; *natural:* Lisboa, Portugal; *morador:* Vila Boa dos Goiâses; *filiação:* João Rodrigues Ferreira, homem de negócios, cristão-novo, natural de Lisboa, e Brites Maria, cristã-velha; *estado civil:* casado com Felipa Joaquina, cristã-nova; *ocupação:* homem de negócios e poeta; *crime:* judaísmo; *sentença:* cárcere e hábito penitencial a arbítrio dos inquisidores; com confisco; *auto de fé:* 20.9.1761. *Observações:* família penitenciada.

ANTÓNIO FIGUEIRA DE JESUS;
PROcesso N. 2.650; Inquisição de Lisboa. *Morador:* Pernambuco; *estado civil:* casado; *ocupação:* sapateiro; *crime:* bigamia

ANTÓNIO FONSECA;
PROCESSO N. 1.552; Inquisição de Lisboa. *Morador:* Vila de Tapuitapera (Alcântara), Maranhão; *crime:* feitiçaria.

ANTÓNIO GONÇALVES (OU MONTEIRO);
PROCESSO N. 8.480; Inquisição de Lisboa. *Origem:* cristão-velho; *prisão:* 1594; *idade:* 46; *natural:* Vila Nova de Portimão, Algarve, Portugal; *morador,* rua de São Pedro, Vila de Olinda, Pernambuco; *filiação:* Nuno Gonçalves e Grimanesa Marinha; *estado civil:* casado com Francisca Fernandes, cristã-velha; *ocupação:* homem do mar; *crime:* bigamia; *sentença:* vá ao auto público de fé descalço, em corpo, desbarretado, cingindo com uma corda, com uma vela acesa na mão e que faça abjuração de Levi suspeito na fé e que seja publicamente açoitado por esta vila e que nunca mais entre no lugar onde estiver a dita segunda não legítima mulher nem com ela entenda por palavra nem por obra e que faça vida com sua primeira mulher, Francisca Fernandes; penitências espirituais e pague as custas; *auto de fé:* 9.10.1595, Olinda.

ANTÓNIO JOSÉ BARRETO;
PROCESSO N. 11.767; Inquisição de Lisboa. *Crime:* feitiçaria.

ANTÓNIO JOSÉ COGOMINHO;
PROCESSO N. 131; Inquisição de Lisboa. *Origem:* cristão-novo; *prisão:* 1743; *natural:* Évora, Portugal; *morador:* Minas Gerais; *estado civil:* casado; *ocupação:* fiscal da Intendência das Minas de Sabará; *crime:* judaísmo; *sentença:* abjuração de veemente, sentença por assento; *auto de fé:* 1744.

ANTÓNIO JOSÉ DA SILVA;
PROCESSO N. 3.464; Inquisição de Lisboa. *Origem:* cristão-novo; *prisão:* 1726 e 1737; *idade:* 21; *natural:* Rio de Janeiro; *morador:* Lisboa, Portugal; *filiação:* João Mendes da Silva, advogado, e Lourença Coutinha, naturais e moradores do Rio de Janeiro; *estado civil:* casado com Leonor de Carvalho, cristã-nova; *ocupação:* estudante canonista, advogado; *crime:* judaísmo; *sentença;* cárcere e hábito penitencial perpétuo/relaxado ao braço secular; com confisco; *auto de fé:* 13.10.1726 e 18.10.1739. *Observações:* foi submetido ao tormento. Família penitenciada. Cognominado "o Judeu", foi poeta e dramaturgo, autor, entre outras obras, de *Guerra do Alecrim e Manjerona* e *O Diabinho da Mão Furada*.

ANTÓNIO JOSÉ RIBEIRO (JOSÉ PEIXOTO DE SAMPAIO);
PROCESSO N. 2.805; Inquisição de Lisboa. *Natural:* Filgueiras, Braga, Portugal; *morador:* Nossa Senhora de Nazaré da Cachoeira, Mariana, Minas Gerais; *filiação:* Jacinto Teixeira Lemos, lavrador; *estado civil:* solteiro; *ocupação:* mercador; *crime:* sodomia; *sentença:* açoite e dez anos de degredo para as galés; *auto de fé:* 24.09.1752.

ANTÓNIO LOURENÇO DE ALMEIDA;
PROCESSO N. 10.191; Inquisição de Lisboa. *Idade:* 45; *morador:* Espírito Santo; *ocupação:* soldado do regimento de Algarves; *crime:* bigamia; *sentença:* açoite e degredo de cinco anos para as galés; *auto de fé:* 10.5.1682.

ANTÓNIO LOPES;
PROCESSO N. 16.482; Inquisição de Lisboa. *Idade:* 35; *natural:* Mariana, Minas Gerais; *morador:* Rio de Janeiro; *estado civil:* casado; *ocupação:* escravo; *crime:* bigamia; *sentença:* degredo de cinco anos para Castro Marim; *auto de fé:* 16.11.1749. *Observações:* homem pardo.

ANTÓNIO LOPES DA COSTA;
PROCESSO N. 6.540; Inquisição de Lisboa. *Origem:* cristão-novo; *prisão:* 1728; *idade:* 24; *natural:* Vila de Viana, Braga, Portugal; *morador:* Bahia; *filiação:* André Vareda, homem de negócios, natural da França, morador em Lisboa, e Brites Pereira, natural de Vila Real, moradora na Bahia; *estado civil:* solteiro; *ocupação:* homem de negócios; *crime:* judaísmo; *sentença;* cárcere e hábito penitencial perpétuo; com confisco; *auto de fé:* 16.10.1729. *Observações:* irmãos penitenciados.

ANTÓNIO LOPES DE LEÃO;
PROCESSO N. 4.943; Inquisição de Lisboa. *Origem:* cristão-novo; *prisão:* 1715; *idade:* 26; *natural.-* Rio de Janeiro; *morador:* Rio de Janeiro; *filiação:* Fernão Lopes, mercador, natural de Portugal, e Tereza de Leão, natural do Rio de Janeiro; *estado civil:* solteiro; *ocupação:* sem ofício; *crime:* judaísmo; *sentença;* cárcere e hábito penitencial perpétuo; com confisco; *auto de fé:* 16.2.1716. *Observações:* mãe e irmãos penitenciados.

ANTÓNIO LOPES DE OLIVENÇA;
PROCESSO N. 8.477; Inquisição de Lisboa. *Origem:* cristão-novo; *prisão:* 1595; *natural:* Olivença, Portugal; *morador:* Olinda, Pernambuco; *estado civil:* casado com Izabel Mendes; *crime:* blasfêmia. *Observações:* o processo é constituído pela confissão do réu relativa às blasfêmias por ele proferidas, em que diz ter confessado e cumprido as penitências impostas. Enumera também alguns inimigos. Compareceu à Mesa da Visitação em 10.11.1593.

ANTÓNIO LUÍS;
PROCESSO N. 5.546, Inquisição de Lisboa. *Estado civil:* casado; *ocupação:* sapateiro; *crime:* bigamia. *Observações:* escravo forro.

ANTÓNIO LUÍS;

PROCESSO N. 6.538; Inquisição de Lisboa. *Origem:* parte cristão-novo; *natural:* Rio de Janeiro; *morador:* Rio de Janeiro; *filiação:* Manuel Luís Ferreira, mercador, cristão-velho, e Catarina Gomes Palhana; *estado civil:* solteiro; *ocupação:* sem ofício; *crime:* judaísmo; *sentença:* cárcere e hábito penitencial perpétuo; com confisco; *auto de fé:* 13.10.1726.

ANTÓNIO MACHADO COELHO;

PROCESSO N. 6.987; Inquisição de Lisboa. *Idade:* 27; *natural:* freguesia de São Salvador de Rosas, Guimarães, Braga, Portugal; *morador:* Minas do Rio das Mortes; *estado civil:* casado; *ocupação:* mineiro; *crime:* bigamia; *sentença:* açoite e degredo de cinco anos para as galés; *auto de fé:* 24.7.1735.

ANTÓNIO MACIEL;

PROCESSO N. 6364; Inquisição de Lisboa. *Origem:* cristão-velho; *prisão:* 1592; *idade:* 38; *natural:* Viana, Foz de Lima, Portugal; *morador:* Viana, estante na Bahia; *filiação:* Fernão Afonso Colaço, homem do mar, e Maria Maciel; *estado civil:* casado com Izabel Casada, cristã-velha; *ocupação:* piloto da nau São Pedro; *crime:* luteranismo; *sentença:* repreensão e admoestação feita na Mesa e penitências espirituais. Pague as custas; *auto de fé:* 10.9.1592, Salvador, Bahia. *Observações:* o réu mora em Viana, mas no momento em que foi confessar voluntariamente estava na Bahia à espera de embarcar para Portugal.

ANTÓNIO MACIEL DA SILVEIRA;

PROCESSO N. 8.291; Inquisição de Lisboa. *Prisão:* 1787; *idade:* 70; *natural:* Mariana, Minas Gerais; *morador:* Ilhéus, Bahia; *filiação:* João Batista da Silveira Lobos e Maria da Fonseca Paes Leme; *estado civil:* casado com Bernardina Maria da Conceição; *ocupação:* lavrador de roça; foi escrivão do Juízo Secular Ordinário; *crime:* proposições heréticas; *sentença:* repreendido severamente por ter proferido tais proposições que poderiam ter diversas inteligências, ficando por isso na precisa obrigação de mais não tornar a discorrer em pontos que de algum modo digam respeito à verdadeira crença e boa disciplina da Igreja, para o que não tem princípios alguns, sob pena de ser severamente castigado; de que se fará termo por ele assinado em que também se lhe advertirá que não mais torne às vilas de Alcobaça e de Santo António do Rio das Carvalhas e seja mandado por algum tempo para a casa da Missão de São Vicente de Paula, onde será instruído nas suas obrigações.

ANTÓNIO MENDES;

PROCESSO N. 6.359; Inquisição de Lisboa. *Origem:* cristão-velho; *prisão:* 1591; *idade:* 21; *natural:* Porto, Portugal; *morador:* Bahia, *filiação:* Gonçalo Mendes e Inês Fernandes; *estado civil:* solteiro; *ocupação:* criado de Bernardo Pimentel; *crime:* proposição herética; *sentença:* penitências espirituais e pagamento de 10 cruzados para as despesas do Santo Ofício; *auto de fé:* 2.9.1591.

ANTÓNIO MENDES DA CUNHA;

PROCESSO N. 6.274; Inquisição de Lisboa. *Idade:* 40; *natural:* freguesia de Linhares, concelho de Coura, Braga, Portugal; *morador:* Quechera Morim, comarca do Ceará Grande; *estado civil:* casado; *ocupação:* pedreiro; *crime:* bigamia; *sentença:* abjuração de Levi; *auto de fé:* 20.9.1761.

ANTÓNIO NABO DE MENDONÇA;

PROCESSO N. 4.085; Inquisição de Lisboa. *Morador:* Bahia; *estado civil:* solteiro; *ocupação:* religioso; *crime:* solicitação.

ANTÓNIO NUNES CHAVES;
PROCESSO N. 10.475; Inquisição de Lisboa. *Origem:* cristão-novo; *prisão:* 1731; *idade:* 58; *natural:* Paraíba; *morador:* Sítio Poxi, Paraíba; *filiação:* Diogo Nunes Chaves, lavrador, natural do Algarve, e Joana Nunes; *estado civil:* solteiro; *ocupação:* Lavrador de cana; *crime:* judaísmo; *sentença:* cárcere e hábito penitencial perpétuo; com confisco; *auto de fé:* 6.7.1732. *Observações:* família penitenciada.

ANTÓNIO PEREIRA DE ARAÚJO;
PROCESSO N. 3.583; Inquisição de Lisboa. *Origem:* cristão-novo; *prisão:* 1723; *idade:* 62; *natural:* Casal, freguesia de São Miguel, Braga, Portugal; *morador:* Minas do Rio das Mortes; *filiação:* António de Araújo, lavrador, natural de Ponte de Lima, e Maria Pereira, natural de São Miguel do Castelo; *estado civil:* casado; *ocupação:* lavrador de mandioca; *crime:* judaísmo; *sentença:* cárcere e hábito penitencial perpétuo e degredo de seis anos para os Açores; com confisco; *auto de fé:* 10.10.1723. *Observações:* morreu nos Hospitais Reais em 1723.

ANTÓNIO PEREIRA DE SOUZA CALDAS;
Inquisição de Lisboa. *Prisão:* 1781; *idade:* 19; *morador:* Lisboa; *filiação:* Luís Pereira de Souza, comerciante, e Ana Maria de Souza, natural do Rio de Janeiro; *ocupação:* poeta e padre; *crime:* herege, naturalista, deísta e blasfemo. *Observações:* era chamado "o Caldinhas". Matriculou-se na Universidade de Coimbra em 1778, no curso de Matemática. Formou-se em 1789. Ordenou-se sacerdote em 1790. Morreu em 1814.

ANTÓNIO PEREIRA LEITÃO;
PROCESSO N. 6.272; Inquisição de Lisboa. *Idade:* 36; *natural:* Pêra Ruiva, termo de Ourem, Leiria, Portugal; *morador:* São Luis da Vila do Maranhão; *estado civil:* casado; *ocupação:* lavrador; *crime:* bigamia; *sentença:* açoite e degredo de cinco anos para as galés; *auto de fé:* 20.9.1761.

ANTÓNIO PEREIRA LEITÃO;
PROCESSO N. 1.827; Inquisição de Lisboa. *Prisão:* 1778; *idade:* 60; *natural:* Ourem, Portugal; *morador:* Santa Luzia, Sacramento; *estado civil:* casado; *ocupação:* lavrador de cana; *crime:* bigamia; *sentença:* açoite e degredo de dez anos; *auto de fé:* junho de 1778. *Observações:* foi convicto no crime de bigamia e relapso no cumprimento da sentença.

ANTÓNIO PEREIRA RIBEIRO TRENSE;
PROCESSO N. 8.686; Inquisição de Lisboa. *Idade:* 38; *natural:* Lisboa, Portugal; *morador:* Cachoeira, Bahia; *estado civil:* casado; *ocupação:* cirurgião; *crime:* bigamia; *sentença:* açoite e degredo de cinco anos para as galés; *auto de fé:* 26.7.1711.

ANTÓNIO PIRES (OU PEREIRA);
PROCESSO N. 6.367; Inquisição de Lisboa. *Origem:* cristão-velho; *prisão:* 1592; *idade:* 60; *natural:* Vilar Seco, termo de Bragança, Portugal; *morador:* Bahia; *filiação:* Pedro Pires, lavrador, e Francisca Rodrigues; *estado civil:* solteiro; *ocupação:* lavrador; *crime:* blasfêmia; *sentença:* repreendido na Mesa, penitências espirituais e pague as custas.

ANTÓNIO PIRES BRANDÃO;
PROCESSO N. 6.361; Inquisição de Lisboa. *Origem:* cristão-velho; *prisão:* 1593; *idade:* 45; *natural:* Braga, Portugal; *morador:* Sergipe do Conde, Bahia; *filiação:* Jerônimo Pires, lavrador, e Marta Pires; *estado civil:* solteiro; *ocupação:* lavrador; *crime:* proposição herética; *sentença:* abjuração de Levi suspeito na fé nesta Mesa em *secretie* e o condenam a 5 cruzados para as despesas do Santo Ofício, e com isto o tem por escuso vir-se com libelo contra ele. Penitências espirituais; *auto de fé:* 4.8.1593.

ANTÓNIO REBELO;
PROCESSO N. 6.354, Inquisição de Lisboa. *Origem:* cristão-velho; *prisão:* 1595; *idade:* 22; *natural:* termo de Guimarães, Braga, Portugal; *morador:* freguesia de Nossa Senhora do Rosário, Pernambuco; *filiação:* João Rebelo e lzabel Mendes de Vasconcelos; *estado civil:* solteiro; *ocupação:* feitor de Francisco Mendes Porto; *crime:* proposição herética; *sentença:* abjuração de Levi suspeito na fé nesta Mesa, penitências espirituais e pague as custas; *auto de fé:* 12.7.1595. *Observações:* apresentado no Tempo da graça.

ANTÓNIO RIBEIRO FURTADO;
PROCESSO N. 2.801; Inquisição de Lisboa. *Origem:* cristão-novo; *prisão:* 1751; *idade:* 32; *natural:* Bragança, Portugal; *morador:* Minas do Serro Frio; *filiação:* José Ribeiro, tecelão de mantos, e Leonor Henriques, naturais e moradores de Bragança; *estado civil:* solteiro; *ocupação:* homem de negócios; *crime:* judaísmo; *sentença:* cárcere e hábito penitencial a arbítrio dos inquisidores; com confisco; *auto de fé:* 24.9.1752. *Observações:* foi submetido ao tormento. Irmão e primos penitenciados.

ANTÓNIO RIBEIRO SANCHES;
PROCESSO N. 11.185; Inquisição de Lisboa. *Prisão:* 1730; *filiação:* Francisco Nunes de Paiva, cirurgião. *Observações:* apresentado em 9.1.1730.

ANTÓNIO RIBEIRO SANCHES;
PROCESSO N. 11.603; Inquisição de Lisboa. *Origem:* cristão-novo; *prisão:* 1747 *idade:* 37; *natural:* Monforte, Guarda, Portugal; *morador:* Minas de Paracatu; *filiação:* Manoel Nunes Ribeiro, lavrador, e Ana Nunes, naturais de Monforte; *estado civil:* solteiro; *ocupação:* médico; *crime:* judaísmo; *sentença:* cárcere e hábito penitencial perpétuo; com confisco; *auto de fé:* 20.10.1748. *Observações:* voltou para o Brasil (Bahia). Família penitenciada.

ANTÓNIO RODRIGUES DE ANDRADE;
PROCESSO N. 1.068; Inquisição de Lisboa. *Origem:* parte cristão-novo; *prisão:* 1715; *natural:* Rio de Janeiro; *morador:* Minas Gerais; *filiação:* João Rodrigues de Andrade, lavrador, e Maria Mendes, mulher parda; *ocupação:* mineiro; *crime:* judaísmo; *sentença:* *cárcere* e hábito penitencial a arbítrio dos inquisidores; com confisco; *auto de fé:* 16.2.1716. *Observações:* pai, tia e irmãos presos.

ANTÓNIO RODRIGUES DE CAMPOS;
PROCESSO N. 2.139; Inquisição de Lisboa. *Origem:* cristão-novo; *prisão:* 1729; *idade:* 42; *natural:* Almeida, Lamego, Portugal; *morador:* Sítio de Irará, Vila de Santo Amaro, Bahia; *estado civil:* casado com Leonor Henriques, cristã-nova; *ocupação:* lavrador de mandioca, tabaco e homem de negócios; *crime:* judaísmo; *sentença;* cárcere e hábito penitencial perpétuo; com confisco; *auto de fé:* 17.6.1731.

ANTÓNIO RODRIGUES DE LEÃO;
PROCESSO N. 8.738; Inquisição de Lisboa. *Origem:* judeu; *prisão:* 1714; *idade:* 39; *natural:* Vidaxe, França; *morador:* Espírito Santo; *estado civil:* casado com Tereza Coutinho; *ocupação:* tratante; *crime:* falsa identidade: (fez-se passar por cristão, sendo judeu); *sentença:* açoite e degredo de cinco anos para as galés; *auto de fé:* 14.10.1714. *Observações:* irmão de Diogo Rodrigues de Leão, preso pelo mesmo crime.

ANTÓNIO RODRIGUES GARCIA;
PROCESSO N. 6.292; Inquisição de Lisboa. *Origem:* cristão-novo; *prisão:* 1733; *idade:* 39; *natural:* Viseu, Portugal; *morador:* Bahia; *filiação:* António Rodrigues Garcia, curador e homem de negócios, morador em Freixedas, e Maria Nunes; *estado civil:* solteiro; *ocupação:* homem de negócios; *crime:* judaísmo; *sentença:* cárcere e hábito penitencial a arbítrio dos inquisidores; com confisco; *auto de fé:* 20.9.1733. *Observações:* pai penitenciado.

ANTÓNIO RODRIGUES MORENO;
PROCESSO N. 11.392; Inquisição de Lisboa. *Origem:* cristão-novo; *natural:* Lisboa, Portugal; *morador:* pátio da Lapa, ermida da Lapa, Bahia; *filiação:* Domingos Rodrigues; *estado civil:* solteiro; *ocupação:* tratante; *crime:* judaísmo.

ANTÓNIO SALGADO;
PROCESSO N. 8.236; Inquisição de Lisboa. *Prisão:* 1648; *idade:* 26; *morador:* São Luís, Maranhão; *crime:* sodomia.

ANTÓNIO SOARES DE CASTRO;
PROCESSO N. 12.952; Inquisição de Lisboa. *Origem:* cristão-velho; *prisão:* 1740; *idade:* 23; *natural:* Vila de Monção, Braga, Portugal; *morador:* Rio de Janeiro; *estado civil:* casado; *crime:* bigamia; *sentença:* açoite e degredo por cinco anos para as galés; *auto de fé:* 1.6.1741. *Observações:* sabia ler e escrever; estudou cirurgia, mas não foi aprovado.

ANTÓNIO TREVISAN;
PROCESSO N. 6.351; Inquisição de Lisboa. *Prisão:* 1594; *idade:* 23; *natural:* ilha de Cândia, da senhoria de Veneza; *morador:* Pernambuco; *filiação:* Jorge Trevisan, boticário, e Lambri Fimena; *estado civil:* solteiro; *crime:* proposição herética; *sentença: que* o réu esteja um domingo ou dia santo na Igreja enquanto se celebrar o ofício divino da missa, em pé, descalço, desbarretado, em corpo cingido com uma corda e uma vela acesa na mão; penitências espirituais e pague as custas; *auto de fé:* 23.10.1594, Olinda. *Observações:* estrangeiro grego.

ANTÓNIO VAZ;
PROCESSO N. 6.345; Inquisição de Lisboa.

ANTÓNIO VILHETE;
PROCESSO N. 6.355; Inquisição de Lisboa. *Prisão:* 1595; *idade:* 20; *natural:* Burgos, condado de Flandres; *morador:* Pernambuco; *crime:* proposição herética; *sentença:* penitências espirituais, instrução religiosa, abjuração de Levi suspeito na fé; pague as custas; *auto de fé:* 5.9.1595.

ATANÁSIO MENDES;
PROCESSO N. 3.580; Inquisição de Lisboa. *Origem:* parte cristão-novo; *prisão:* 1720; *idade:* 36; *natural:* Rio de Janeiro; *morador:* Rio de Janeiro; *filiação:* Francisco Mendes Simões, mestre de meninos, cristão-novo, natural e morador do Rio de Janeiro, e Brites Mendes, mulher preta; *estado civil:* solteiro; *ocupação:* músico (harpista); *crime:* judaísmo; *sentença:* cárcere e hábito penitencial a arbítrio dos inquisidores; com confisco; *auto de fé:* 21.10.1723. *Observações:* pai, irmãos e meio-irmãos penitenciados.

B

BALTASAR ANDRÉ;

PROCESSO N. 7.953; Inquisição de Lisboa. *Origem:* cristão-velho; *prisão:* 1595; *idade:* 23; *natural:* Porto, Portugal; *morador:* Barra de Yaguaripe, Pernambuco; *filiação:* Cristóvão Fernandes, pescador e lavrador, e Maria André; *estado civil:* casado com Maria dos Reis, cristã-velha; *ocupação:* mercador; *crime:* luteranismo; *sentença:* seja repreendido, admoestado e se lhe manda que se confesse nas quatro festas principais e nelas comungue de conselho de seu confessor e que jejue três sextas-feiras e em cada uma delas reze o rosário de Nossa Senhora. Pague as custas; *auto de fé:* 1595. *Observações:* e se lhe mande que frequente as confissões e ofícios divinos e pregações e por ser pobre se escuse de multa pecuniária.

BALTAZAR DA FONSECA;

PROCESSO N. 6.365; Inquisição de Lisboa. *Origem:* cristão-velho; *prisão:* 1595; *idade:* 35; *natural:* Coimbra, Portugal; *morador:* Roça da Conceição, ilha de Itamaracá, Pernambuco; *filiação:* Gaspar da Fonseca, pedreiro, e Francisca; *estado civil:* casado com Izabel Nogueira, cristã-velha; *ocupação:* pedreiro; *crime:* luteranismo. Proferiu algumas proposições, tais como: não crer nos santos nem na Virgem, mas sim em só Deus e não cria na cruz nem a idolatrava; *sentença:* que faça abjuração de Levi suspeito na fé. E que não se intrometa mais em semelhantes questões e proposições, pois não é letrado nem as entende. Penitências públicas. E o condenam somente em 10 cruzados para as despesas do Santo Ofício. E que na Mesa seja gravissimamente repreendido e não trate mais semelhantes causas. Pague as custas; *auto de fé:* 7.8.1595. *Observações:* confessou no Tempo da graça.

BALTAZAR DA LOMBA;

PROCESSO N. 6.366; Inquisição de Lisboa. *Origem:* cristão-velho; *prisão:* 1595; *natural:* entre Caminha e Viana, Portugal; *morador:* Paraíba; *crime:* sodomia; *sentença:* condenado a sete anos de degredo para as galés do Reino para servir ao rei, sem vencer soldo. Penitências espirituais e que nunca mais volte à Paraíba; *auto de fé:* 20.9.1595.
Observações: está escrito na folha de rosto: "a pena ordinária deste delito é a morte".

BALTAZAR DIAS;

PROCESSO N. 6.363; Inquisição de Lisboa. *Origem:* cristão-velho; *prisão:* 1595; *idade:* 30; *natural:* Rifaria, Porto, Portugal; *morador:* Pernambuco; *filiação:* Cristóvão *Dias*, lavrador, e Izabel Anes; *estado civil:* casado com Maria André, cristã-velha; *ocupação:* cuteleiro; *crime:* blasfêmia; *sentença:* que vá a auto público da fé descalço, em corpo, com a cabeça descoberta e com uma vela acesa na mão, com uma vara atravessada na boca e nele faça abjuração de Levi suspeito na fé e que vá degredado um ano para o Reino de Angola para onde será embarcado preso da forma ordinária; penitências espirituais; *auto de fé:* 16.9.1595.

BALTAZAR LOPES;

PROCESSO N. 8.582; Inquisição de Lisboa.

BALTAZAR MENDES FERNANDES;

PROCESSO N. 11.158; Inquisição de Lisboa. *Origem:* cristão-novo; *prisão:* 1658.

BALTAZAR RODRIGUES COUTINHO;

PROCESSO N. 9.923; Inquisição de Lisboa. *Origem:* cristão-novo; *prisão:* 1726; *idade:* 26; *natural:* Rio de Janeiro; *morador:* Lisboa, Portugal; *filiação:* João Mendes da Silva, advogado, e Lourença Coutinho, naturais e moradores do Rio de Janeiro; *estado civil:* casado com Ana Maria; *ocupação:* advogado; *crime:* judaísmo; *sentença:* cárcere e hábito penitencial perpétuo; com confisco; *auto de fé:* 25.7.1728. *Observações:* irmão do dramaturgo António José da Silva, "o Judeu".

BARTOLOMEU FRAGOSO;

PROCESSO N. 10.423; Inquisição de Lisboa. *Origem:* cristão-velho; *prisão:* 1591; *idade:* 25; *natural:* Lisboa, Portugal; *morador:* Bahia; *filiação:* Amador Fernandes, alfaiate, e Vitória Fragosa, moradores em Lisboa; *estado civil:* solteiro; *ocupação:* licenciado em artes; *crime:* proposição herética; *sentença:* auto de fé público, descalço, desbarretado, cingido com uma corda e com uma vela acesa na mão; abjuração de Levi, penitências espirituais e proibido de voltar à Bahia.

BARTOLOMEU MENDES SIMÕES;

PROCESSO N. 1.378; Inquisição de Lisboa. *Origem:* parte cristão-novo; *prisão:* 1720; *idade:* 25; *natural:* Rio de Janeiro; *morador:* Rio de Janeiro; *filiação:* filho natural de Francisco Mendes Simões, mestre-escola, e Brites Mendes, mulher parda, naturais e moradores do Rio de Janeiro; *estado civil:* solteiro; *ocupação:* ourives do ouro; *crime:* judaísmo; *sentença:* cárcere e hábito penitencial a arbítrio dos inquisidores; com confisco; *auto de fé:* 21.10.1723. *Observações:* pai e irmãos penitenciados.

BASTIÃO ALVAREZ VIANEZ;

PROCESSO N. 11.211; Inquisição de Lisboa. *Origem:* cristão-velho; *prisão:* 1593; *natural:* Barcelos, Portugal; *morador:* Bahia; *sentença:* penitências espirituais. *Observações:* as provas contra o réu foram consideradas insuficientes para que houvesse condenação ou se fizesse libelo.

BASTIÃO DA SILVA;

PROCESSO N. 11.210; Inquisição de Lisboa. *Prisão:* 1592; *natural:* Faial; *morador:* Bahia; *sentença:* apenas que seja repreendido e admoestado. *Observações:* cigano.

BASTIÃO MADEIRA;
PROCESSO N. 11.212; Inquisição de Lisboa. *Prisão:* 1593; *idade:* 27; *natural:* Pernambuco; *morador:* freguesia de Tasuapina, Pernambuco; *estado civil:* solteiro; *crime:* gentilidades; *sentença:* penitências públicas; proibição de voltar ao sertão e penitências espirituais; *auto de fé:* 24.1-1593. *Observações:* mameluco.

BELQUIOR DA COSTA;
PROCESSO N. 7.954; Inquisição de Lisboa. *Origem:* cristão-velho; *prisão:* 1592; *idade:* 35; *natural:* Guimarães, Portugal; *morador:* Sergipe do Conde, Bahia; *filiação:* Jorge Gonçalves, tecelão de toalhas, e Senhorinha da Costa; *estado civil:* casado com Beatriz Piscaria; *crime:* sodomia; *sentença:* repreensão e penitências espirituais; *auto de fé:* 10.12.1592. *Observações:* confissão no Tempo da graça.

BELQUIOR DA FONSECA DÓRIA;
PROCESSO N. 5.340; Inquisição de Lisboa. *Origem:* parte cristão-novo; *prisão:* 1712; *idade:* 20; *natural:* Rio de Janeiro; *morador:* Rio de Janeiro; *filiação:* Luís Vieira de Medanha Soutomaior, lavrador de cana, cristão-velho, e Clara de Morais, naturais e moradores do Rio de Janeiro; *estado civil:* solteiro; *ocupação:* estudante; *crime:* judaísmo; *sentença:* cárcere e hábito penitencial perpétuo; com confisco; *auto de fé:* 9.7.1713. *Observações:* mãe e irmãos penitenciados.

BELQUIOR FERNANDES;
PROCESSO N. 7.942; Inquisição de Lisboa.

BELQUIOR FRANCISCO;
PROCESSO N. 7.947; Inquisição de Lisboa. *Origem:* cristão-velho; *idade:* 48; *natural:* ilha da Madeira; *morador:* Bahia; *filiação:* Francisco Rodrigues, sapateiro, e Ana Pires; *estado civil:* casado com Angela Antunes, cristã-velha; *ocupação:* sapateiro de obra miúda; *crime:* proposições heréticas. Defesa da fornicação; *sentença:* auto público de fé; penitências espirituais.

BELQUIOR HENRIQUE DA SILVA;
PROCESSO N. 5.339; Inquisição de Lisboa. *Origem:* cristão-novo; *prisão:* 1712; *idade:* 23; *natural:* Rio de Janeiro; *morador:* Rio de Janeiro; *filiação:* José Gomes Silva, homem de negócios, natural do Crato, e Maria de Barras, natural do Rio de Janeiro, moradores no Rio de Janeiro; *estado civil:* solteiro; *ocupação:* sem ofício; *crime:* judaísmo; *sentença:* cárcere e hábito penitencial perpétuo; com confisco; *auto de fé:* 9.7.1713. *Observações:* irmãos e sobrinhos penitenciados.

BELQUIOR LUÍS;
PROCESSO N. 7.946; Inquisição de Lisboa. *Origem:* parte cristão-novo; *prisão:* 1593; *idade:* 27; *natural:* Lesa de Matosinhos, Porto, Portugal; *morador:* Salvador, Bahia; *filiação:* Luís Ferreira, cristão-velho, sapateiro e rendeiro das rendas da Igreja, e Beatriz; *estado civil:* solteiro; *ocupação:* sapateiro; *crime:* proposição herética; *sentença:* auto público da fé e penitências espirituais; *auto de fé:* 1593.

BELQUIOR MENDES DE AZEVEDO;
PROCESSO N. 7.956; Inquisição de Lisboa. *Origem:* cristão-velho; *prisão:* 1595; *idade:* 50; *natural:* Avis, Évora, Portugal; *morador:* Olinda, Pernambuco; *ocupação:* procurador do rei e dos índios; *crime:* faltou com a palavra em relação a uma denúncia feita por ele, a qual tinha prometido nada dizer à pessoa em causa, mas disse; *sentença:* penitência pública e espiritual; *auto de fé:* 1595.

BELQUIOR RODRIGUES (OU MELQUIOR);
PROCESSO N. 2.037; Inquisição de Lisboa. *Origem:* cristão-novo; *prisão:* 1714; *idade:* 60; *natural:* Rio de Janeiro; *morador:* Rio de Janeiro; *filiação:* Agostinho Rodrigues, lavrador de cana, natural do Rio de Janeiro, e Francisca Paes, natural do Espírito Santo; *estado civil:* solteiro; *ocupação:* lavrador de mandioca; *crime:* judaísmo; *sentença:* cárcere e hábito penitencial perpétuo; com confisco; *auto de fé:* 16.2.1714.

BELQUIOR RODRIGUES BRAVO;

PROCESSO N. 1.765; Inquisição de Lisboa. *Origem:* cristão-novo; *prisão:* 1716; *idade:* 53; *natural:* Rio de Janeiro; *morador:* Rio de Janeiro; *filiação:* Tomas Rodrigues, sem ofício, natural do Rio de Janeiro, e Lucrecia Barreta, natural do Espírito Santo, moradores no Rio de Janeiro; *ocupação:* lavrador de mandioca; *crime:* judaísmo; *sentença:* cárcere e hábito penitencial a arbítrio dos inquisidores; com confisco; *auto de fé:* 16.6.1720. *Observações:* faleceu no hospital. Irmãos penitenciados.

BENTO CABRAL;

PROCESSO N. 7.955; Inquisição de Lisboa. *Origem:* cristão-velho; *prisão:* 1595; *idade:* 27; *natural:* Olinda, Pernambuco; *morador:* lago de Santo Agostinho, Pernambuco; *filiação:* Afonso Rodrigues Bacelar, membro da governança da terra, e Maria Cabral; *estado civil:* casado com Catarina de Serqueira, cristã-velha; *crime:* proposições heréticas; *sentença:* repreendido; penitências espirituais. Condenam somente em 5 cruzados as despesas. E pague as custas; *auto de fé:* 2.8.1595.

BENTO CARDOSO;

PROCESSO N. 6.285; Inquisição de Lisboa. *Origem:* cristão-novo; *prisão:* 1714; *idade:* 70; *natural:* Rio de Janeiro; *morador:* Rio de Janeiro; *filiação:* Miguel Cardoso, mercador, natural do Rio de Janeiro, e Francisca Coutinho, moradores no Rio de Janeiro; *estado civil:* solteiro; *ocupação:* sacerdote do Hábito de São Pedro; *crime:* judaísmo; *sentença:* foi considerada insuficiente a prova de justiça para se proceder contra a sua memória. Absolvido da instância de juízo, aos seus ossos se dê sepultura eclesiástica; *auto de fé:* 20.9.1733. *Observações:* morreu nos cárceres antes de ser inquirido.

BENTO COSTA BRANDÃO;

PROCESSO N. 1.772; Inquisição de Lisboa. *Origem:* cristão-novo; *prisão:* 1646; *natural:* Lisboa, Portugal; *morador:* Bahia; *filiação:* Álvaro Gomes Bravo, mercador de açúcar, morador na Bahia; *estado civil:* solteiro; *ocupação:* mercador de açúcar e depois senhor de engenho; *crime:* judaísmo; *sentença:* cárcere e hábito penitencial a arbítrio dos inquisidores; com confisco; *auto de fé:* 15.12.1647. *Observações:* veio fugido para o Brasil em virtude de uma briga com o conde de Arco. Voltou para Portugal e depois foi para Hamburgo. Voltou novamente para Portugal e lá foi preso. Irmão de Dines Bravo, morador em Pernambuco.

BENTO DA SILVA BRAVO;

PROCESSO N. 8.461; Inquisição de Lisboa. *Origem:* cristão-novo; *morador:* Bahia; *ocupação:* mercador de açúcar; *crime:* judaísmo; *sentença* (a 29 de novembro de 1684): abjuração de leve; cárcere a arbítrio; penitências espirituais; pagamento de custas. *Observações:* pertencia aos "homens bons" da Bahia. Contribuiu para a defesa da Bahia contra os holandeses.

BENTO FERREIRA;

PROCESSO N. 8.657; Inquisição de Lisboa. *Idade:* 21; *natural:* Lagoas do Sul, Pernambuco; *morador:* Lagoas do Sul, Pernambuco; *estado civil:* casado; *ocupação:* carpinteiro; *crime:* bigamia; *sentença:* cárcere a arbítrio e cinco anos de degredo para as galés; *auto de fé:* 20.9.1759. *Observações:* homem pardo.

BENTO TEIXEIRA;

PROCESSO N. 5.206; Inquisição de Lisboa. *Origem:* cristão-novo; *prisão:* 1594; *natural:* Porto, Portugal; *morador:* Pernambuco; *filiação:* Manoel Alvares, lavrador, e Leonor Rodrigues; *estado civil:* viúvo; *crime:* judaísmo; *sentença:* cárcere e hábito penitencial perpétuo; com confisco; *auto de fé:* 31.1.1599. *Observações:* morreu em 1600. Poeta, autor de *Prosopéia*, publicada em 1601.

BERNARDO LUÍS FERREIRA (PADRE);
PROCESSO N. 7.058; Inquisição de Lisboa.

BERNARDO MEDEIROS;
PROCESSO N. 3.634; Inquisição de Lisboa. *Origem:* cristão-novo; *prisão:* 1593.

BERNARDO MENDES DA SILVA;
PROCESSO N. 5.005; Inquisição de Lisboa. *Origem:* meio cristão-novo; *prisão:* 1712; *idade:* 36; *natural:* Rio de Janeiro; *morador:* Rio de Janeiro; *filiação:* André Mendes da Silva, natural do Crato, e Maria Henriques, cristã-velha, natural do Rio de Janeiro, moradores no Rio de Janeiro; *estado civil:* solteiro; *ocupação:* sem ofício; *crime:* judaísmo; *sentença:* cárcere e hábito penitencial a arbítrio dos inquisidores; com confisco; *auto de fé:* 9.7.1713. *Observações:* irmão de João Mendes da Silva, pai do dramaturgo António José da Silva, "o Judeu".

BERNARDO PIMENTEL;
Inquisição de Lisboa. *Origem:* parte cristão-novo; *prisão:* Iª Visitação do Santo Ofício, Bahia, 1591; *idade:* 40; *natural:* Lisboa, Portugal; *morador:* Matoim, Bahia; *filiação:* Agostinho Caldeira, vedor de D. António, prior do Crato, e Beatriz Botelha; *estado civil:* casado com Custódia de Faria; *ocupação:* vereador e membro da confraria em Salvador, senhor de engenho; *crime:* recusou participar da procissão para a instalação do Santo Ofício.

BERNARDO RIBEIRO;
PROCESSO N. 13.957; Inquisição de Lisboa. *Origem:* cristão-velho; *prisão:* Iª Visitação do Santo Ofício, Bahia, 1591; *idade:* 30; *natural:* Bahia; *morador:* Salvador, Bahia; *filiação:* António Ribeiro, provedor da alfândega da cidade de Salvador, e Maria Arydo; *estado civil:* solteiro; *crime:* proposições heréticas; *sentença:* abjuração de Levi, repreensão e penitências espirituais.

BRÁS FERNANDES;
PROCESSO N. 6.362; Inquisição de Lisboa. *Origem:* cristão-velho; *prisão:* 1595; *idade:* 71; *natural:* Guimarães, Braga, Portugal; *morador:* Vila de Igaraçu, Pernambuco; *filiação:* António Vaz, tratante, e Izabel Fernandes; *estado civil:* casado com Violante Fernandes, cristã-velha; *ocupação:* meirinho da Vila de Igaraçu; *crime:* blasfêmia; *sentença:* penitências espirituais, e que pague somente 5 cruzados para as despesas do Santo Ofício. Pague as custas; *auto de fé:* 15.9.1595.

BRÁS FRANCISCO;
PROCESSO N. 2.912; Inquisição de Lisboa. *Origem:* cristão-velho; *prisão:* 1595; *natural:* Oliveira, termo da cidade do Porto, Portugal; *morador:* Paraíba; *filiação:* Francisco Eanes, lavrador, e Inês Eanes; *estado civil:* casado com Margarida Faleira, cristã-velha; *crime:* proposições heréticas; *sentença:* vá ao auto público de fé em corpo, descalço, com uma corda, com a cabeça descoberta com uma vela acesa na mão e nele faça abjuração de Levi suspeito na fé. Penitências espirituais. E pague as custas; *auto de fé:* 10.9.1595.

BRÁS GOMES DE SIQUEIRA;
PROCESSO N. 9.655; Inquisição de Lisboa. *Origem:* parte cristão-novo; *prisão:* 1718; *natural:* Santos; *morador:* Espírito Santo; *filiação:* Luís Gomes Pereira, mercador, e Inês do Rosário, cristã-velha; *ocupação:* mercador; *crime:* judaísmo; *sentença:* relaxado em estátua; *auto de fé:* 1729. *Observações:* morreu nos cárceres. Duas irmãs, Catarina Gomes Pereira e Maria de Siqueira, e sobrinhos penitenciados. Os ossos descobertos e queimados.

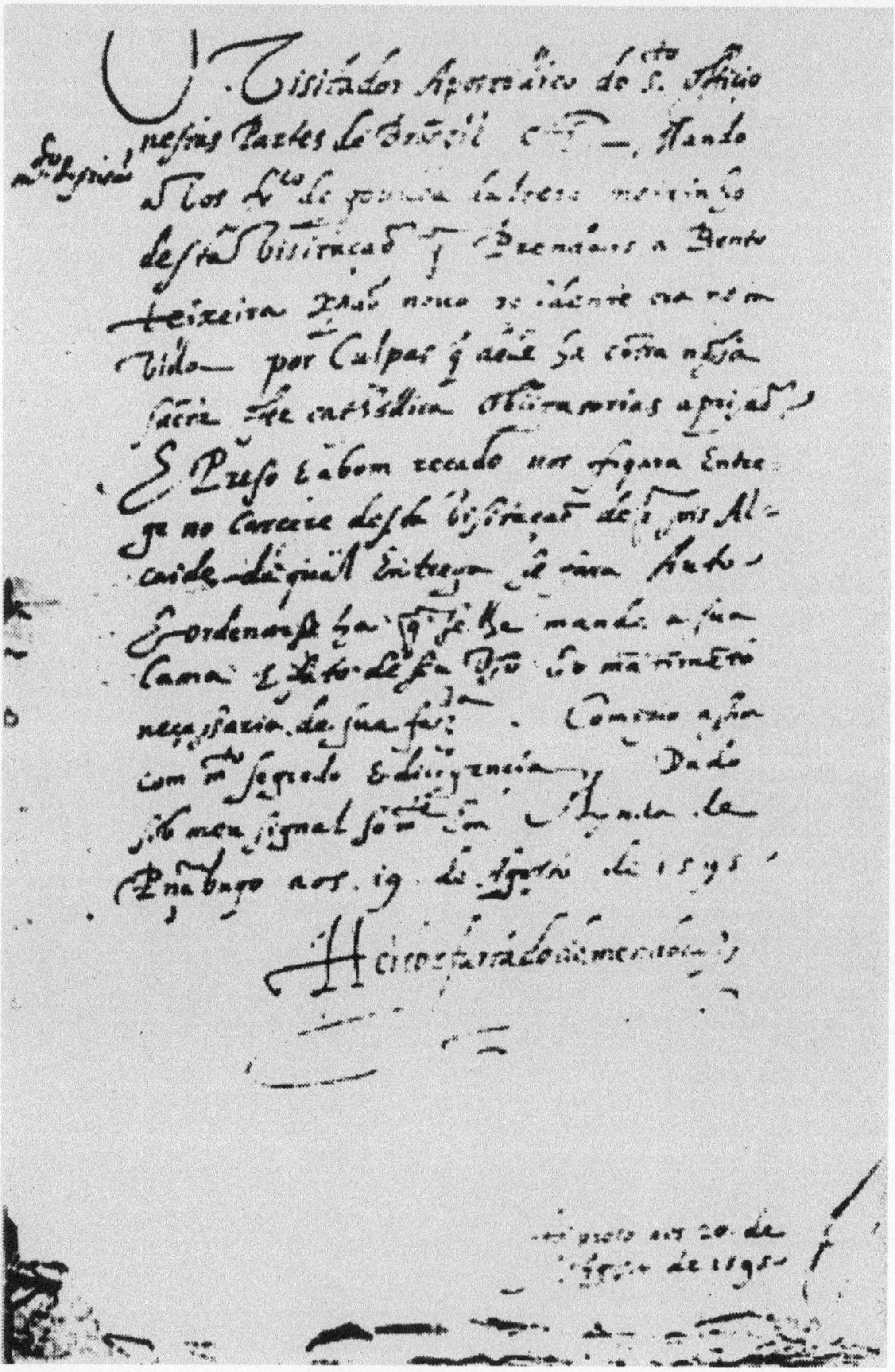

Ordem de prisão do poeta Bento Teixeira, preso em Pernambuco em 1595 acusado de judaísmo.

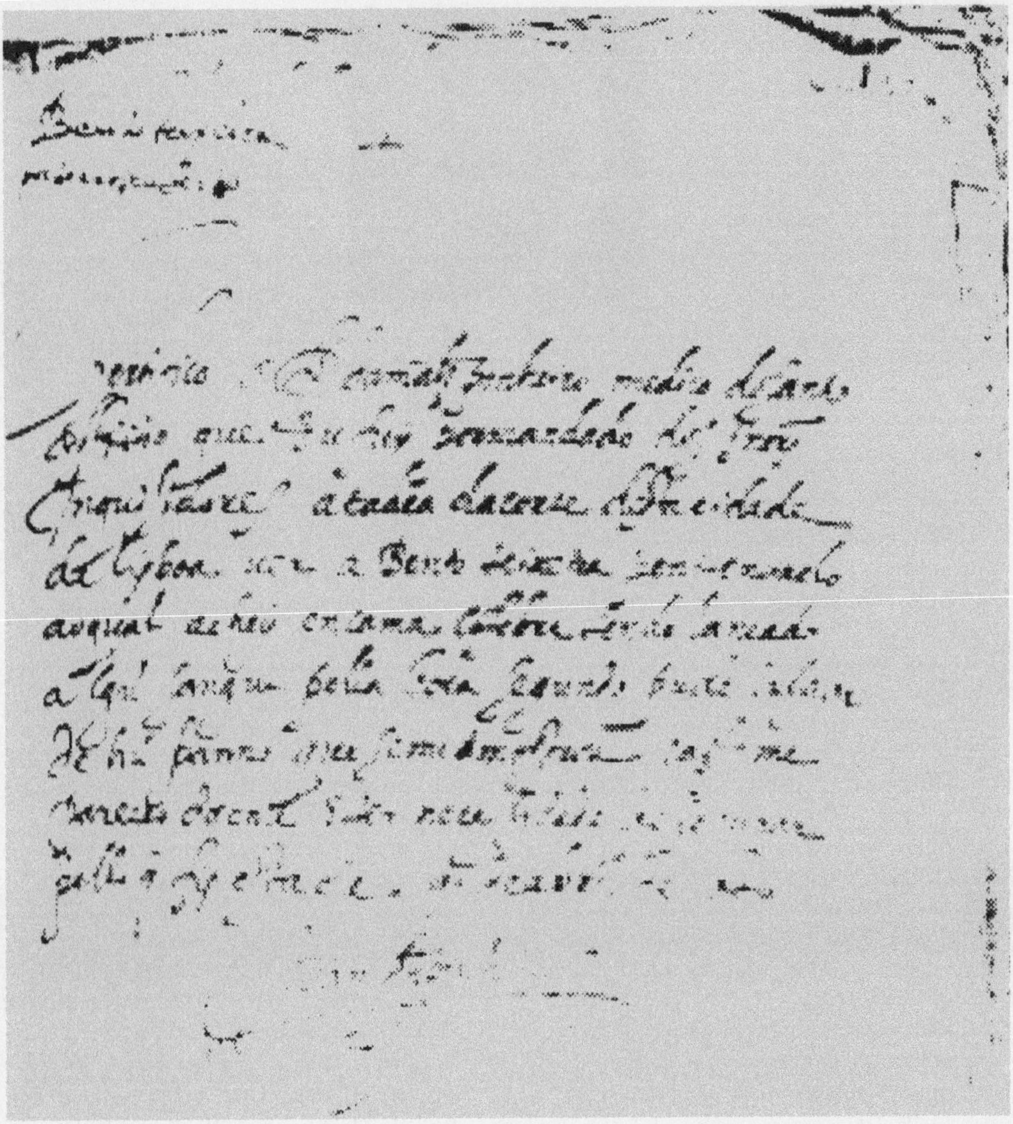

Laudo médico do Santo Ofício de Lisboa sobre a saúde de Bento Teixeira no cárcere, 1600.

C

CLEMENTE DA FONSECA SILVA;

PROCESSO N. 8.662; Inquisição de Lisboa. *Idade:* 30; *natural:* arraial de Santo António do Bom Retiro, Sabará; *morador:* arraial de Paracatu, Sabará, Pernambuco; *estado civil:* casado; *ocupação:* alfaiate; *crime:* bigamia; *sentença:* açoite e degredo de seis anos para as galés; *auto de fé:* 20.9 1761. *Observações:* homem pardo.

COSME GONÇALVES;

PROCESSO N. 7.952; Inquisição de Lisboa. *Origem:* cristão-velho; *prisão:* 1592; *idade:* 35; *natural:* Porto, Portugal; *morador:* Bahia; *filiação:* Gonçalo Martins, homem do mar, e Cecília Gonçalves; *estado civil:* casado com Joana Rodrigues, cristã-velha; *ocupação:* marinheiro; *crime:* luteranismo; *sentença:* repreensão feita pelo visitador e penitências espirituais.

COSMO MARTINS;

PROCESSO N. 5.534; Inquisição de Lisboa. *Prisão:* 1594; *idade:* 24; *natural:* Pernambuco; *morador:* Jaguaribe; *filiação:* António Eanes e Catarina Martins, mameluca; *estado civil:* solteiro; *ocupação:* pescador; *crime:* sacrilégio (comungar depois de ter almoçado); *sentença:* penitências espirituais. Pague as custas. *Observações:* o réu confessou no Tempo da graça. Mameluco.

CRESCÊNCIO DE ESCORAR;

PROCESSO N. 2.696; Inquisição de Lisboa. *Prisão:* 1763; *idade:* 33; *natural:* Vila de Vigia, Pará; *morador:* Vila de Vigia, Pará; *estado civil:* casado com Deodata Victoria da Cunha; *ocupação:* ferreiro; *sentença:* ouça sua sentença na Mesa da Visitação perante o visitador, e nela faça abjuração de Levi suspeito na fé. Penitências espirituais. Pague as custas; *auto de fé:* 14.11.1763. *Observações:* apresentado em 3.10.1763. Sabia ler e escrever. Mameluco.

CRISTÓVÃO DA COSTA;

PROCESSO N. 7.951; Inquisição de Lisboa. *Origem:* cristão-velho; *prisão:* 1592; *morador:* Bahia; *filiação:* Fernão Vaz da Costa e Clemência Dórea, genovesa; *crime:* matéria do Santo Ofício; *sentença:* não havendo provas, foi mandado embora e pagou as custas. *Observações:* o processo é composto pela denúncia do padre João Fernandes, vigário da Igreja de Nossa Senhora do Socorro de Tasuepina. No final do processo está escrito: "O réu afirma que não deixou de denunciar nesta Mesa as coisas de que aqui se trata, por malícia, senão por não lhe lembrarem: e não há do contrário prova alguma contra ele."

CRISTÓVÃO DE BULHÕES;

PROCESSO N. 7.950; Inquisição de Lisboa. *Prisão:* 1593; *idade:* 25; *natural:* São Vicente; *morador:* Freguesia de Jaguaribe, Bahia; *filiação:* Inácio de Bulhões, homem pardo, e Francisca, índia; *estado civil:* solteiro; *ocupação:* lavrador; *crime:* gentilidades; *sentença:* faça abjuração de Levi suspeito na fé e na Mesa seja repreendido, e que nunca mais em toda sua vida torne ao sertão e cumpra as mais penitências espirituais. *Observações:* confessou no Tempo da graça. Mameluco.

CRISTÓVÃO DE SÁ BETANCOURT;

PROCESSO N. 2.913; Inquisição de Lisboa. *Origem:* cristão-velho; *prisão:* 1592; *idade:* 30; *natural:* Lisboa, Portugal; *morador:* Bahia; *filiação:* Francisco Alvares Ferreira de Betancourt e Izabel Correia de Almeida; *estado civil:* casado com Francisca Barbosa, cristã-velha; *ocupação:* lavrador; *crime:* proposição herética; *sentença:* abjuração de Levi suspeito na fé; repreensão em Mesa e penitências espirituais; pagamento de 10 cruzados para o Santo Ofício; *auto de fé:* 10.9.1592.

CRISTÓVÃO DO PELAR (FREI);

PROCESSO N. 11.083; Inquisição de Lisboa. *Prisão:* 1716; *idade:* 24; *natural:* Bahia; *morador:* Pernambuco; *estado civil:* solteiro; *ocupação:* religioso da Ordem de São Francisco no Convento de Nossa Senhora das Neves; *crime:* falsa identidade; fazia-se passar por sacerdote confessor sendo somente subdiácono; *sentença:* abjuração de Levi suspeito na fé; instrução religiosa e penitências espirituais. *Observações:* apresentou-se voluntariamente em 26.6.1716. Obteve licença para "ir para onde lhe determinava sua religião".

CRISTÓVÃO FERNANDES;

PROCESSO N. 7.949; Inquisição de Lisboa. *Prisão:* 1591; *natural:* Porto, Portugal; *morador:* Freguesia do Jaguaribe, Bahia; *filiação:* Gaspar Fernandes, lavrador, e Andrezza Fernandes; *estado civil:* casado com Maria André; *ocupação:* pescador; *crime:* ajudou a um fugitivo da Inquisição; *sentença:* penitências espirituais.

CRISTÓVÃO LUÍS;

PROCESSO N. 6.342; Inquisição de Lisboa. *Origem:* cristão-velho; *prisão:* 1595; *idade:* 25; *natural:* Lisboa, Portugal; *morador:* Bahia, assistente em Pernambuco; *filiação:* Luís Alvares Portilho, mercador, e Leonor Fernandes; *estado civil:* solteiro; *ocupação:* mercador; *crime:* luteranismo; *sentença:* excusado de penitência pública. Nesta Mesa seja repreendido e admoestado. Penitências espirituais e pague as custas; *auto de fé:* 28.2.1595. *Observações:* preso em Olinda.

CRISTÓVÃO MARTINS;

PROCESSO N. 6.341; Inquisição de Lisboa. *Origem:* cristão-novo; *prisão:* 1595; *idade:* 30; *natural:* Lisboa, Portugal; *morador:* Olinda, Pernambuco; *filiação:* João Martins, alfaiate, e Ana Fernandes; *estado civil:* casado com Antonia de Freitas; *ocupação:* alfaiate; *crime:* proposição herética; *sentença:* vá ao auto público da fé em corpo descalço, com a cabeça descoberta, com uma vela acesa na mão e nele faça abjuração de Levi suspeito na fé. Penitências espirituais e pague as custas; *auto de fé:* 10.9.1595. *Observações:* tinha a alcunha de "bayeta".

CRISTÓVÃO QUEIXADA;
PROCESSO N. 6.333; Inquisição de Lisboa. *Origem:* cristão-velho; *prisão:* 1595; *idade:* 32; *natural:* Cidade de Guete, reino de Castela; *morador:* Paratibi, Pernambuco; *filiação:* Evangelista Manoel Luna, aduaneiro, mordomo de nobre, e Luiza de Herede; *estado civil:* casado com Catarina Rodrigues, mameluca; *ocupação:* vive de sua roça; *crime:* proposição herética: "O que entra pela boca não é pecado", justificando ter comido carne numa sexta-feira, o que não devia; *sentença:* não haja penitência pública mas somente nesta Mesa seja repreendido e que cumpra as penitências espirituais. E que pague somente 10 cruzados para as despesas do Santo Ofício, e pague as custas. *Observações:* não houve prisão, só notificação para apresentação na Mesa em 27.7.1595 e a primeira sessão na Mesa da Visitação em 3.8.1595.

CUSTÓDIO ALVARES COSTA;
PROCESSO N. 10.414; Inquisição de Lisboa. *Origem:* cristão-velho; *prisão:* 1751; *natural:* São Miguel do Arraial, Bahia.

CUSTÓDIO BERNARDO FERNANDES;
PROCESSO N. 5.843; Inquisição de Lisboa. *Origem:* cristão-velho; *prisão:* 1763; *morador:* Minas Gerais; *estado civil:* solteiro; *ocupação:* religioso do Convento das Macaúbas; *crime:* solicitação.

CUSTÓDIO DA SILVA;
PROCESSO N. 11.178; Inquisição de Lisboa. *Prisão:* 1745; *idade:* 28; *natural:* aldeia do Menino Deus, de Igarapé Grande, Pará; *morador:* Marajó, Pará; *estado civil:* casado; *ocupação:* oficial de carpinteiro; *crime:* bigamia; *sentença:* abjuração de Levi, penitência pública, penitências espirituais e degredo de cinco anos para as galés.

D

DAMIÃO PINTO BARROSO;

PROCESSO N. 1.771; Inquisição de Lisboa. *Prisão:* 1647; *idade:* 29; *natural:* Braga, Portugal; *morador:* Lisboa e havia morado em Salvador, Bahia; *filiação:* Francisco Barroso; *crime:* sodomia; *sentença:* degredo de dez anos para as galés. *Observações:* pena comutada em 1650 para degredo em Angola.

DAMIÃO RODRIGUES MOEDA;

PROCESSO N. 6.526; Inquisição de Lisboa. *Origem:* cristão-novo; *prisão:* 1710; *idade:* 45; *natural:* Idanha, a Nova, Guarda, Portugal; *morador:* Rio de Janeiro; *estado civil:* casado com Ana Rodrigues, cristã-nova; *ocupação:* advogado e lavrador de cana; *crime:* judaísmo; *sentença:* cárcere e hábito penitencial a arbítrio dos inquisidores; com confisco; *auto de fé:* 9.6.1711. *Observações:* esposa, sogros e cunhados penitenciados.

DANIEL PEREIRA;

PROCESSO N. 8.760; Inquisição de Lisboa. *Idade:* 40; *natural:* África; *morador:* Bahia e Recife; *estado civil:* solteiro; *ocupação:* escravo; *crime:* sodomia; *sentença:* degredo de dez anos para as galés; *auto de fé:* 10.10.1748. *Observações:* morreu na enfermaria da cadeia em 1752. Negro.

DAVID DE MIRANDA;

PROCESSO N. 7.489; Inquisição de Lisboa. *Origem:* cristão-novo; *prisão:* 1714 e 1728; *idade:* 28; *natural:* Almeida, Portugal; *morador:* Minas do Ribeirão do Carmo e Bahia; *filiação:* Francisco Rodrigues, curtidor, e Ana de Miranda; *estado civil:* solteiro; *ocupação:* homem de negócios; *crime:* judaísmo; *sentença:* cárcere e hábito penitencial perpétuo; cárcere e hábito penitencial perpétuo sem remissão; com confisco; *auto de fé:* 16.2.1716 e 16.10.1729. *Observações:* parentes penitenciados.

DAVID MENDES DA SILVA;

PROCESSO N. 2.134; Inquisição de Lisboa. *Origem:* cristão-novo; *prisão:* 1730; *idade:* 41; *natural:* Vila Nova de Foscoa, Portugal; *morador:* Minas do Serro do Frio; *filiação:* Gregório da Silva, morador na Bahia e Felipa Mendes; *estado civil:* solteiro; *ocupação:* homem de negócios; *crime:* judaísmo; *sentença:* cárcere e hábito penitencial perpétuo; com confisco; *auto de fé:* 17.6.1731.

DIOGO BERNAL DA FONSECA;
PROCESSO N. 6.525; Inquisição de Lisboa. *Origem:* cristão-novo; *prisão:* 1710; *idade:* 57; *natural:* Celorico, Portugal; *morador:* Rio de Janeiro; *filiação:* Francisco Rodrigues e Maria Bernal; *estado civil:* casado com Maria de Andrade, cristã-nova; *ocupação:* lavrador de cana; *crime:* judaísmo; *sentença:* cárcere e hábito penitencial a arbítrio dos inquisidores; com confisco; *auto de fé:* 9.6.1711. *Observações:* esposa e filho penitenciados.

DIOGO BRANDÃO;
PROCESSO N. 574; Inquisição de Lisboa. *Origem:* cristão-novo.

DIOGO CABRAL;
PROCESSO N. 12.224; Inquisição de Lisboa.

DIOGO CARDOSO COUTINHO;
PROCESSO N. 10.168; Inquisição de Lisboa. *Origem:* cristão-novo; *prisão:* 1712; *idade:* 29; *natural:* Rio de Janeiro; *morador:* Rio de Janeiro; *filiação:* Baltazar Rodrigues Coutinho, senhor de engenho, natural do Rio de Janeiro, e Brites Cardoso, natural de Lisboa, moradores no Rio de Janeiro; *estado civil:* solteiro; *ocupação:* médico; *crime:* judaísmo; *sentença:* cárcere e hábito penitencial a arbítrio dos inquisidores; com confisco; *auto de fé:* 9.7.1713. *Observações:* mãe e irmãos penitenciados.

DIOGO CORRÊA DO VALE;
PROCESSO N. 821; Inquisição de Lisboa. *Origem:* cristão-novo; *prisão:* 1730; *idade:* 58; *natural:* Reino de Castela; *morador:* Minas de Ouro Preto; *filiação:* Luís Corrêa, natural de Vila Real, e Violante de Mesquita; *estado civil:* viúvo; *ocupação:* médico; *crime:* judaísmo; *sentença:* relaxado à justiça secular; com confisco; *auto de fé:* 6.7.1732. *Observações:* filhos, primos e sobrinhos penitenciados.

DIOGO DA COSTA;
PROCESSO N. 2.075; Inquisição de Lisboa. *Origem:* parte cristão-novo; *prisão:* 1664; *idade:* 50; *natural:* Lisboa, Portugal; *morador:* Rio de Janeiro; *filiação:* Cristóvão Gomes, natural de Cadiz, soldado e capitão de galé, e Ana Costa; *estado civil:* casado com Lucrécia Barreta; *ocupação:* mercador e escrivão da fazenda do Rio de Janeiro; *crime:* judaísmo; *sentença:* cárcere e hábito penitencial perpétuo, sem remissão; com confisco; *auto de fé:* 11.3.1668. *Observações:* sabia ler e escrever.

DIOGO DA SILVA MONTARROYO;
PROCESSO N. 9.124; Inquisição de Lisboa. *Origem:* cristão-novo; *prisão:* 1721 e 1724; *idade:* 19; *natural:* Rio de Janeiro; *morador:* Rio de Janeiro; *filiação:* Bento de Lucena, senhor de engenho, e Isabel de Barros Silva, naturais e moradores do Rio de Janeiro; *estado civil:* solteiro; *ocupação:* sem ofício; *crime:* judaísmo; falsidade; *sentença:* abjuração em forma e penitências espirituais; degredo; *auto de fé:* 11.9.1723 e 27.3.1727. *Observações:* apresentou-se no Rio de Janeiro. Avó, mãe, irmãos e primos penitenciados.

DIOGO DE ARAÚJO;
PROCESSO N. 10.130; Inquisição de Lisboa.

DIOGO DE ÁVILA;
PROCESSO N. 7.484; Inquisição de Lisboa. *Origem:* cristão-novo; *prisão:* 1726; *idade:* 31; *natural:* Travaço, Lamego, Portugal; *morador: Bahia*; *filiação:* Francisco Vaz de Ávila e Branca Henriques; *estado civil:* casado com Branca Rodrigues, moradora em Portugal; *ocupação:* homem de negócios; *crime:* judaísmo; *sentença:* cárcere e hábito penitencial perpétuo; com confisco; *auto de fé:* 16.10.1729. *Observações:* família penitenciada.

DIOGO DE ÁVILA HENRIQUES;

PROCESSO N. 2.121; Inquisição de Lisboa. *Origem:* cristão-novo; *prisão:* 1726; *idade:* 26; *natural:* Azevo, Lamego, Portugal; *morador:* Bahia; *filiação:* Jorge Henriques Moreno, rendeiro, e Ana Mendes; *estado civil:* solteiro; *ocupação:* tratante; *crime:* judaísmo; *sentença:* cárcere e hábito penitencial perpétuo, sem remissão, com insígnia de fogo e degredo para as galés; com confisco; *auto de fé:* 17.6.1731.

DIOGO DE MORIM SOARES;

PROCESSO N. 6.345; Inquisição de Lisboa. *Origem:* cristão-velho; *prisão:* 1592; *idade:* 50; *natural:* Ponte de Lima, Portugal; *morador:* Salvador, Bahia; *filiação:* Francisco Soares e Margarida de Morim; *estado civil:* casado com Andressa Dias, mameluca; *ocupação:* escrivão da Alfândega; *crime:* desobediência a uma ordem emitida pela Mesa da Visitação da Santa Inquisição, relativamente aos despachos que se fizeram para navios e embarcações saírem do porto da cidade de Salvador, não os desse aos mestres nem senhores nem a outras pessoas, mas sim os entregasse nesta Mesa para daí serem distribuídos; *sentença:* mandam que em um domingo vá em corpo à Sé e esteja em pé, com a cabeça descoberta, com uma vela acesa na mão, enquanto se celebrar o ofício divino da Missa; *auto de fé:* 20.1.1592. *Observações:* ordem de soltura, 27.1.1592.

DIOGO DIAS;

PROCESSO N. 6.350; Inquisição de Lisboa. *Origem:* cristão-velho; *prisão:* 1595; *idade:* 23; *natural:* Porto, Portugal; *morador:* Pernambuco; *ocupação:* marinheiro; *crime:* proposições heréticas; *sentença:* seja repreendido e admoestado e que se cumpra as penitências espirituais, que em um ano se confesse nas quatro festas principais de Nossa Senhora de Agosto, Natal, Páscoa e Espírito Santo e nelas comungue de conselho de seu confessor e que com alguma razão do modo e propósito perante as testemunhas que lhe ouviram as ditas palavras diga que melhor é o estado do religioso que o de casado, posto que o religioso seja ruim homem e casado seja bom homem. E pague as custas; *auto de fé:* 13.7.1595.

DIOGO DIAS;

PROCESSO N. 10.876; Inquisição de Lisboa; *Origem:* cristão-velho; *prisão:* 1593; *idade:* 23; *natural:* Torres Novas, Portugal; *morador:* Bahia; *estado civil:* solteiro; *crime:* proposições heréticas; *sentença:* vá ao auto público de fé descalço, em corpo, com a cabeça descoberta, com uma vela acesa na mão, onde fará abjuração de Levi suspeito na fé e outrossim cumpra as penitências espirituais seguintes: que por tempo de um ano se confesse nas três festas principais: Natal, Páscoa e Espírito Santo e receba o Santíssimo Sacramento de conselho de seu confessor e jejue uma quarta-feira e reze nela cinco credos em honra da paixão de Nosso Senhor Jesus Cristo; *auto de fé:* 15.8.1593.

DIOGO DIAS (FERNANDES);

PROCESSO N. 8.187; Inquisição de Lisboa. *Origem:* cristão-novo; *prisão:* 1732; *idade:* 35; *natural:* Porto, Portugal; *morador:* Minas do Ribeirão do Carmo; *filiação:* Gaspar Dias Fernandes, médico; *estado civil:* solteiro; *ocupação:* médico; *crime:* judaísmo; *sentença:* cárcere e hábito penitencial perpétuo; com confisco; *auto de fé:* 20.9.1733. *Observações:* sabia ler e escrever.

DIOGO DO COUTO;

PROCESSO N. 6.353; Inquisição de Lisboa. *Origem:* fama de cristão-novo; *prisão:* 1594; *idade:* 36; *natural:* Bahia; *morador:* Pernambuco; *filiação:* filho natural de António Fernandes e Ana Dias; *estado civil:* solteiro; *ocupação:* sacerdote; *crime:* proposição errônea; *sentença:* retratar-se e declarar-se publicamente no sentido que a Igreja traz. Repreensão em Mesa.

DIOGO DUARTE DIQUE DE SOUZA;

PROCESSO N. 10.170; Inquisição de Lisboa. *Origem:* parte cristão-novo; *prisão:* 1711; *idade:* 30; *natural:* Rio de Janeiro; *morador:* Rio de Janeiro, *filiação:* João Dique de Souza, senhor de engenho, natural do Reino, e Isabel Dique, moradores no Rio de Janeiro; *estado civil:* solteiro; *ocupação:* sem ofício; *crime:* judaísmo; *sentença:* cárcere e hábito penitencial perpétuo; com confisco; *auto de fé:* 9.7.1713. *Observações:* pai relaxado à justiça secular em 1714. Sabia ler e escrever.

DIOGO FARTO (OU RODRIGUES DA CRUZ);

PROCESSO N. 8.240; Inquisição de Lisboa. *Origem:* parte cristão-novo; *prisão:* 1714; *idade:* 32; *natural:* Rio de Janeiro; *morador:* Rio de Janeiro; *filiação:* António Farto Dinis, mercador, cristão-velho, natural da Vila de Peniche, e Catarina Gomes Pereira, natural de Santos, moradores no Rio de Janeiro; *estado civil:* solteiro; *ocupação:* mestre em Artes; *crime:* judaísmo; *sentença:* cárcere e hábito penitencial a arbítrio dos inquisidores; com confisco; *auto de fé:* 16.2.1716. *Observações:* mãe, irmãos e sobrinhos penitenciados.

DIOGO FERNANDES CARDOSO;

Inquisição de Lisboa. *Origem:* cristão-novo; *natural:* Canta Ia Piedra, Mediria dei Campo, Castela; *morador:* Savador, Bahia; *filiação:* Domingos Nunes Cardoso, requerente de causas e advogado, e Brites Lopes; *estado civil:* casado com Branca Lopes ou Cardosa; *crime:* judaísmo. *Observações:* no processo de Manoel Nunes da Paz (n. 9.542), o réu aparece preso na Inquisição de Lisboa.

DIOGO FERNANDES CARDOSO;

PROCESSO N. 3.796; Inquisição de Lisboa. *Origem:* cristão-novo; *prisão:* 1726; *idade:* 42; *natural:* Canta Ia Piedra, Castela; *morador:* Bahia; *filiação:* Cristóvão Fernandes, lavrador, e Bernarda Fernandes, moradora em Canta Ia Piedra; *estado civil:* casado com Branca Rodrigues; *ocupação:* tratante; *crime:* judaísmo. *Observações:* foi recolhido ao Hospital de Todos os Santos, em 1726, por ter enlouquecido no cárcere.

DIOGO FONTE;

PROCESSO N. 3.299; Inquisição de Lisboa. *Origem:* cristão-novo; *prisão:* 1594; *natural:* Lisboa, Portugal; *morador:* Vila de Iguaraçu, Pernambuco; *filiação:* Simão Fonte; *estado civil:* casado com Paula Duarte; *sentença:* abjuração em forma e penitências espirituais. *Observações:* esse processo tem o mesmo número do processo de sua esposa Paula Duarte.

DIOGO GONÇALVES;

PROCESSO N. 2.777, Inquisição de Lisboa.

DIOGO GONÇALVES LASO;

PROCESSO N. 1.273 Inquisição de Lisboa. *Origem:* cristão-velho; *prisão:* Iª Visitação do Santo Ofício na Bahia, 1591; *morador:* Bahia; *estado civil:* casado com Guiomar Lopes, cristã-nova; *ocupação:* capitão das minas, nomeado pelo governador D. Francisco de Souza. *Observações:* esse processo tem o mesmo número que o de sua esposa Guiomar Lopes, cristã-nova.

DIOGO HENRIQUES;

PROCESSO N. 9.130; *Origem:* cristão-novo; *idade:* 63; *natural:* Freichadas, Viseu, Portugal; *morador:* Minas de Ouro Preto; *ocupação:* homem de negócios; *crime:* judaísmo; *sentença:* cárcere e hábito penitencial perpétuo; com confisco; *auto de fé:* 13.10.1726.

DIOGO HENRIQUES (OU ABRÃO BUENO);

PROCESSO N. 1.770; Inquisição de Lisboa. *Origem:* cristão-novo; *prisão:* 1646; *idade:* 24; *natural:* Mediria do Rio Seco, Reino de Castela; *morador:* Pernambuco; *filiação:* Pêro Henriques e Ana Vaz; *estado civil:* solteiro; *crime:* judaísmo; *sentença:* cárcere e hábito penitencial perpétuo; com confisco; *auto de fé:* 15.12.1647. *Observações:* foi circuncidado com o nome de Abrão Bueno. Consta como um dos "dez judeus de Pernambuco" que foram presos na Campanha do rio São Francisco, durante a invasão holandesa. Em 1641, morava em Recife com sua mãe. Falava francês correntemente.

DIOGO HENRIQUES FERREIRA;

PROCESSO N. 9.130; Inquisição de Lisboa. *Origem:* cristão-novo; *idade:* 28; *natural:* Covilhã, Fundão, Portugal; *morador:* Salvador, Bahia; *filiação:* Álvaro Henriques Ferreira, homem de negócios, e Maria Pereira, natural de Covilhã, moradores em Lisboa; *estado civil:* casado com Leonor Henriques de Crasto; *ocupação:* homem de negócios; *crime:* judaísmo; *sentença:* penas e penitências espirituais, absoluto em forma e pagamento das custas; *auto de fé:* 7.4.1728. *Observações:* tio paterno homônimo, morador em Covilhã, médico, penitenciado em 1705. Parentes penitenciados. Apresentado em 7.11.1726, responde a processo em liberdade, obrigado a ir diariamente duas vezes à Mesa do Santo Ofício até ser sentenciado. Faleceu em 1751 e foi sepultado na Igreja da Sé em Salvador, Bahia, com todos os sacramentos.

DIOGO LOPES FLORES;

PROCESSO N. 6.528; Inquisição de Lisboa. *Origem:* cristão-novo; *prisão:* 1710; *idade:* 30; *natural:* Fundão, Portugal; *morador:* Rio de Janeiro; *estado civil:* casado com Ana Guterrez, cristã-nova; *ocupação:* lavrador de cana; *crime:* judaísmo; *sentença:* cárcere e hábito penitencial a arbítrio dos inquisidores; com confisco; *auto de fé:* 6.6.1711. *Observações:* esposa, sogros e cunhados penitenciados.

DIOGO LOPES FRANCO;

PROCESSO N. 1.965; Inquisição de Lisboa. *Origem:* cristão-novo, *Prisão:* 1646; *morador:* Bahia; *filiação:* António Rodrigues Franco, mercador, e Izabel Rodrigues; *estado civil:* solteiro; *ocupação:* mercador; *crime:* judaísmo. *Observações:* mercador internacional, comerciava açúcar para Veneza, Hamburgo e Holanda. Denunciado na "Grande Inquirição" de 1646, na Bahia.

DIOGO LOPES;

PROCESSO N. 4.503; Inquisição de Lisboa. *Origem:* cristão-novo.

DIOGO LOPES;

PROCESSO N. 12.364; Inquisição de Lisboa. *Origem:* cristão-novo; *prisão:* 1594; *idade:* 40; *natural:* Lisboa, Portugal; *morador:* Pernambuco, Bahia e Rio de Janeiro; *filiação:* Garcia Lopes e Ines de Caminha; *estado civil:* solteiro; *ocupação:* tratante; *crime:* judaísmo; *sentença:* abjuração de veemente e degredo para as galés; com confisco; *auto de fé:* 3.9.1600.

DIOGO LOPES SIMÕES;
PROCESSO N. 8.209; Inquisição de Lisboa. *Origem:* parte cristão-novo; *prisão:* 1721; *idade:* 24; *natural:* Rio de Janeiro; *morador:* Rio de Janeiro; *filiação:* António Pires Moreira, cristão-velho, e Margarida Rodrigues, naturais e moradores do Rio de Janeiro; *estado civil:* solteiro; *ocupação:* sem ofício; *crime:* judaísmo; *sentença:* cárcere e hábito penitencial a arbítrio dos inquisidores; com confisco; *auto de fé:* 10.10.1723. *Observações:* avó, mãe e irmãos penitenciados.

DIOGO LOURENÇO;
PROCESSO N. 6.347; Inquisição de Lisboa. *Origem:* cristão-novo; *prisão:* 1595; *idade:* 30; *natural:* Porto, Portugal; *morador:* Olinda, Pernambuco; *filiação:* Jerônimo Rodrigues, mercador, e Joana Henriques; *estado civil:* solteiro; *ocupação:* mercador; *crime:* proposição herética: "estado de casado melhor que de solteiro"; *sentença:* abjuração de Levi na Mesa e pagamento das custas; penitências espirituais.

DIOGO MARTINS;
PROCESSO N. 6.348; Inquisição de Lisboa. *Origem:* cristão-velho; *prisão:* 1594; *idade:* 23; *natural:* Olinda, Pernambuco; *morador:* Olinda, Pernambuco; *estado civil:* solteiro; *crime:* proposição herética; *sentença:* repreensão e que cumpra as penitências espirituais seguintes, que se confesse nas três festas principais deste ano, a saber de Nossa Senhora de Agosto, Natal, e do Espírito Santo, e nelas receba o Santíssimo Sacramento de conselho de seu confessor e que jejue a pão e água três sextas-feiras e em cada uma delas reze 15 vezes o Pater Noster a honra da paixão de Nosso Senhor Jesus Cristo. E pague as custas; *auto de fé:* 6.7.1594.

DIOGO MENDES;
PROCESSO N. 6.382; Inquisição de Évora. *Origem:* cristão-novo; *prisão:* 1638.

DIOGO MONTEIRO;
PROCESSO N. 6.343; Inquisição de Lisboa. *Origem:* cristão-velho; *prisão:* Iª Visitação do Santo Ofício à Bahia, 1591; *natural:* Porto, Portugal; *morador:* Bahia; *filiação:* Pedro Dias, mercador e açougueiro, e Antonia Monteiro; *crime:* sacrilégio (comer carne em dias proibidos); *sentença:* repreensão na Mesa e penitências espirituais.

DIOGO MONTEIRO PINTO;
PROCESSO N. 10.680; Inquisição de Lisboa. *Origem:* cristão-velho; *prisão:* 1716; *idade:* 43; *natural:* Montemor, o Velho, Coimbra, Portugal; *morador:* Pará; *estado civil:* casado; *crime:* bigamia; *sentença:* abjuração de Levi suspeito na fé, açoitado pelas ruas públicas, degredado por cinco anos para as galés, instrução religiosa e penitências espirituais; *auto de fé:* 16.2.1716.

DIOGO MORENO FRANCO;
PROCESSO N. 8.207; *Origem:* cristão-novo; *prisão:* 1716 e 1720; *natural:* Crato, Portugal; *morador:* Pernambuco; *ocupação:* capitão da Companhia de cavalos; *crime:* judaísmo e fuga da prisão em que estava por ordem dos Ofícios; *sentença:* foi mandado vir preso ouvir a sentença em Auto e cárcere e hábito penitencial a arbítrio dos inquisidores e degredo de um ano; com confisco; *auto de fé:* 24.10.1717 e 16.6.1720. *Observações:* apresentado em 1716. Depois de preso, fugiu dos cárceres. Preso segunda vez. Pediu a Mesa para "perdoar-lhe o dito degredo pela pobreza em que se acha, desamparo sem família e bastante castigo teve, e vir preso nesses cárceres há seis meses". A Mesa perdoou o degredo e o réu pediu licença para ir para a Bahia.

DIOGO NUNES;
PROCESSO N. 6.344; Inquisição de Lisboa. *Origem:* cristão-novo; *prisão:* Iª Visitação do Santo Ofício à Bahia, 1591; *morador:* Paraíba; *ocupação:* senhor de engenho; *crime:* proposição herética.

DIOGO NUNES;

PROCESSO N. 7.488; Inquisição de Lisboa. *Origem:* cristão-novo; *prisão:* 1729; *idade:* 53; *natural:* São Vicente da Beira, Guarda, Portugal; *morador:* Curralinho, Minas Gerais; *filiação:* Diogo Henriques, tratante, e Clara Henriques; *estado civil:* viúvo; *ocupação:* homem de negócios; *crime:* judaísmo; *sentença:* abjuração em forma e penitências espirituais; *auto de fé:* 9.12.1729. *Observações:* apresentado.

DIOGO NUNES HENRIQUES;

PROCESSO N. 7.487; Inquisição de Lisboa. *Origem:* cristão-novo; *prisão:* 1728; *idade:* 62; *natural:* Freixedas, termo da Vila de Pinhel, Portugal; *morador:* Minas de Ouro Preto; *filiação:* Manoel Fernandes, curtidor, e Brites Rodrigues; *estado civil:* viúvo de Leonor Henriques; *ocupação:* homem de negócios; *crime:* judaísmo; *sentença:* cárcere e hábito penitencial perpétuo; com confisco; *auto de fé:* 16.10.1729.

DIOGO NUNES RIBEIRO;

Inquisição de Lisboa. *Origem:* cristão-novo; *prisão:* 1745; *natural:* Idanha a Nova, Portugal; *morador:* Rio de Janeiro; *filiação:* Diogo Nunes Ribeiro, guarda de alfândega, e Izabel Henriques; *ocupação:* ferrador; *crime:* judaísmo. *Observações:* apresentado em 15.8.1745.

DIOGO NUNES TOMÁS;

PROCESSO N. 196; Inquisição de Lisboa. *Origem:* cristão-novo; *prisão:* 1729; *idade:* 83; *natural:* Serinhaém, Paraíba; *morador:* Paraíba; *filiação:* Gaspar Nunes Espinosa, homem de negócios; *estado civil:* casado com Vitória Barbalha; *ocupação:* sem ofício; *crime:* judaísmo; *sentença:* cárcere e hábito penitencial a arbítrio dos inquisidores; com confisco; *auto de fé:* 20.8.1733. *Observações:* faleceu no cárcere.

DIOGO PIRES DIAMANTE;

PROCESSO N. 9.457; Inquisição de Lisboa. *Origem:* cristão-novo; *prisão:* 1619; *idade:* 37; *natural:* Portugal; *morador:* Engenho de Simão de Leão, Bahia; *estado civil:* casado com Maria Gonçalves, cristã-nova; *ocupação:* feitor-mor da fazenda de Brito Freire; *crime:* judaísmo; *sentença:* abjuração de Levi; *auto de fé:* 12.1621. *Observações:* adoeceu no cárcere. Faleceu em Lisboa em 1621.

DIOGO RODRIGUES (OU ABRAHAM -DIOGUINHO);

PROCESSO N. 5.336; Inquisição de Lisboa. *Origem:* judeu; *prisão:* 1712; *idade:* 52; *natural:* Vidaxe, França; *morador:* Rio de Janeiro e Bahia; *filiação:* Mateus Mendes de Leão, homem de negócios, e Beatriz Rodrigues, naturais e moradores no Porto; *ocupação:* tratante e tendeiro; *crime:* fingiu ser católico batizado e como tal recebeu os sacramentos da Igreja; *sentença:* açoites e cinco anos de galés; *auto de fé:* 9.7.1713. *Observações:* irmão preso pelo mesmo crime.

DIOGO RODRIGUES CALASSA (OU SANCHES);

PROCESSO N. 10.174; Inquisição de Lisboa. *Origem:* cristão-novo; *prisão:* 1712; *idade:* 46; *natural:* Rio de Janeiro; *morador:* Rio de Janeiro; *filiação:* Francisco Rodrigues Calassa, cargueiro de agulha, e Elena Sanchez, naturais e moradores em Elvas, Portugal; *estado civil:* solteiro; *ocupação:* lavrador; *crime:* judaísmo; *sentença:* cárcere e hábito penitencial perpétuo; com confisco; *auto de fé:* 9.7.1713. *Observações:* irmãos e sobrinhos penitenciados.

DIOGO RODRIGUES MOEDA;

PROCESSO N. 10.169; Inquisição de Lisboa. *Origem:* cristão-novo; *prisão:* 1712; *idade:* 54; *natural:* Coimbra, Portugal; *morador:* Rio de Janeiro; *filiação:* Francisco Martins Moeda, lavrador, e Maria Rodrigues; *estado civil:* casado com Inês Moreira, cristã-velha; *ocupação:* lavrador de cana; *crime:* judaísmo; *sentença:* cárcere e hábito penitencial a arbítrio dos inquisidores; com confisco; *auto de fé:* 9.7.1713. *Observações:* irmão penitenciado.

DIOGO TEIXEIRA;

PROCESSO N. 5.724; Inquisição de Lisboa. *Origem:* parte cristão-novo; *prisão:* 1619; *idade:* 28; *natural:* Rio de Janeiro; *morador:* Lisboa, Portugal; *filiação:* Álvaro Fernandes Teixeira e Maria de Azevedo; *estado civil:* solteiro; *crime:* judaísmo; *sentença:* cárcere e hábito penitencial a arbítrio dos inquisidores; com confisco; *auto de fé:* 5.4.1620. *Observações:* solto por despacho de 5.6.1620.

DIOGO VAZ;

PROCESSO N. 3.081; Inquisição de Lisboa. *Origem:* parte cristão-novo; *prisão:* 1667; *natural:* Vila de Campo Maior, Portugal; *morador:* Bahia; *estado civil:* casado; *ocupação:* boticário e capitão de uma fortaleza, alferes; *crime:* judaísmo; *sentença:* cárcere e hábito penitencial a arbítrio dos inquisidores; com confisco; *auto de fé:* 31.3.1669. *Observações:* teve licença do Santo Ofício para ir para qualquer parte de Portugal em abril de 1669.

DIONÍSIO DA SILVA;

PROCESSO N. 3.754; Inquisição de Lisboa. *Origem:* cristão-novo; *prisão:* 1741; *idade:* 30; *natural:* Paraíba; *morador:* sertão do Piauí; *filiação:* José Nunes e Felipa Nunes; *ocupação:* vaqueiro; *crime:* judaísmo; *sentença:* cárcere e hábito penitencial a arbítrio dos inquisidores; com confisco; *auto de fé:* 21.6.1744. *Observações:* sabia ler e escrever.

DIONÍSIO DE ALMEIDA DA COSTA;

PROCESSO N. 9.128; Inquisição de Lisboa. *Prisão:* 1727; *idade:* 34; *natural:* Lorvão, termo de Coimbra, Portugal; *morador:* Minas Gerais; *filiação:* Manuel Luís, lavrador, e Juliana Almeida, natural e moradora de Lorvão; *ocupação:* sacerdote do hábito de São Pedro; *sentença:* degredo de cinco anos para o Algarve e penitências espirituais; *auto de fé:* 1728.

DOMINGOS ÁLVARES;

PROCESSO N. 7.759; Inquisição de Évora. *Prisão:* 1744; *natural:* Costa da Mina, África; *morador:* Rio de Janeiro; *ocupação:* escravo; *crime:* feitiçaria; *sentença:* degredo de quatro anos para Castro Marim e proibição de voltar ao Rio de Janeiro; *auto de fé:* 5.6.1744. *Observações:* negro.

DOMINGOS BATISTA;

PROCESSO N. 11.203; Inquisição de Lisboa. *Origem:* parte cristão-novo; *prisão:* 1716; *idade:* 24; *natural:* Rio de Janeiro; *morador:* Rio de Janeiro; *filiação:* João Batista, mestre de açúcar, cristão-velho, e Margarida Mendes, naturais e moradores do Rio de Janeiro; *estado civil:* solteiro; *ocupação:* carpinteiro; *crime:* judaísmo; *sentença:* cárcere e hábito penitencial perpétuo; com confisco; *auto de fé:* 14.10.1717. *Observações:* mãe e tios penitenciados.

DOMINGOS DE COIMBRA;
PROCESSO N. 10.874; Inquisição de Lisboa. *Prisão:* 1593; *idade:* 24; *natural:* Freguesia de Tasuapina, Bahia; *morador:* Freguesia de Tasuapina, Bahia; *filiação:* António Coimbra e Jenevra Pires, índia; *estado civil:* solteiro; *crime:* sacrilégio (comeu carne sem necessidade nos dias proibidos pela Igreja); *sentença:* vá com uma vela na mão, em corpo, com a cabeça descoberta onde estará enquanto se celebrar o ofício divino da Missa e ouvir leitura de sua sentença, e que jejue cinco quartas-feiras e se confesse uma vez antes da quaresma e comungue de conselho de seu confessor e que nunca mais em toda sua vida torne ao sertão; *auto de fé:* 24.1.1593. *Observações:* na folha de rosto de seu processo, está escrito: "parece que não toca ao Santo Ofício". Mameluco.

DOMINGOS DE SOUZA;
PROCESSO N. 12.893; Inquisição de Lisboa.

DOMINGOS FERNANDES NOBRE (ALCUNHA "TOMACAÚNA");
PROCESSO N. 10.776; Inquisição de Lisboa. *Prisão:* 1592; *idade:* 46; *natural:* Pernambuco; *morador:* Salvador, Bahia; *filiação:* Miguel Fernandes, homem branco, pedreiro, e Joana, índia; *estado civil:* casado com Izabel Beliaga, cristã-velha; *ocupação:* sem ofício; *crime:* gentilidades; *sentença:* repreensão feita na Mesa, abjuração de Levi suspeito na fé, penitências espirituais, proibido de voltar ao sertão e 5 mil réis para despesas do Santo Ofício. *Observações:* confessou no Tempo da graça. Seguidor da seita Santidade. Mameluco.

DOMINGOS LUÍS LEME;
PROCESSO N. 8.206; Inquisição de Lisboa. *Natural:* São Paulo; *morador:* Vila de Nossa Senhora de Bonsucesso, Rio de Janeiro; *estado civil:* casado; *ocupação:* sem ofício; *crime:* bigamia; *auto de fé:* 17.6.1731. *Observações:* preto forro.

DOMINGOS LUÍS MATOSINHOS;
PROCESSO N. 7.957; Inquisição de Lisboa. *Origem:* cristão-velho; *prisão:* 1595; *idade:* 45; *natural:* Matosinhos; *morador:* Pernambuco; *crime:* luteranismo; *sentença:* abjuração de Levi suspeito na fé e penitências espirituais. *Observações:* confessou-se sem ser chamado.

DOMINGOS NUNES;
PROCESSO N. 1.779; Inquisição de Lisboa. *Origem:* cristão-novo; *prisão:* 1730; *idade:* 38; *natural:* Freixedas, termo de Pinhal, Vizeu, Portugal; *morador:* Minas Gerais; *filiação:* António Rodrigues, homem de negócios, e Maria Mendes; *estado civil:* solteiro; *ocupação:* tratante; *crime:* judaísmo; *sentença:* relaxado à justiça secular; com confisco; *auto de fé:* 6.7.1732.

DOMINGOS PIRES;
PROCESSO N. 7.948; Inquisição de Lisboa. *Origem:* cristão-velho; *prisão:* 1594; *idade:* 24; *natural:* Viana da Foz de Lima, Portugal; *morador:* Freguesia de São Lourenço, Pernambuco; *filiação:* João Pires, homem do mar, e Maria Eanes; *estado civil:* solteiro; *ocupação:* criado de soldada; *crime:* proposição herética; *sentença:* vá ao auto público descalço, em corpo com cabeça descoberta, cingido com uma corda, com uma vela acesa na mão, e que nas quatro festas do ano seguinte do Natal, Páscoa, Espírito Santo e Nossa Senhora de Agosto se confesse e comungue de conselho de seu confessor e nos dias em que comungar reze cinco Padre Nossos e cinco Ave Manas à honra das cinco chagas de Nosso Senhor Jesus Cristo, e pague as custas; *auto de fé:* 9.10.1594. *Observações:* na folha de rosto está escrito: "O Édito da Graça é somente para os delitos da fé e não para o pecado nefando... e no mais confessou o réu haver dito que não era pecado mortal dormir carnalmente com mulher solteira pública atento que não era esta culpa... sua confissão".

DOMINGOS RIBEIRO;

PROCESSO N. 6.333; Inquisição de Lisboa. *Origem:* cristão-novo; *prisão:* 1618; *morador:* Sergipe do Conde, Bahia; *estado civil:* casado; *ocupação:* senhor de ilha em Sergipe do Conde; *crime:* judaísmo. *Observações:* falecido. Denunciado por várias pessoas na 2ª Visitação do Santo Ofício, na Bahia em 1618.

DOMINGOS RODRIGUES RAMIRES;

PROCESSO N. 6.517; Inquisição de Lisboa. *Origem:* cristão-novo; *prisão:* 1710; *idade:* 30; *natural:* Rio de Janeiro; *morador:* Rio de Janeiro; *filiação:* Duarte Rodrigues de Andrade, senhor de engenho, natural de Lisboa, e Ana do Vale, natural do Rio de Janeiro, moradores no Rio de Janeiro; *estado civil:* casado com Angela do Vale de Mesquita, cristã-nova; *ocupação:* lavrador de cana; *crime:* judaísmo; *sentença:* cárcere e hábito penitencial perpétuo; com confisco; *auto de fé:* 6.7.1711. *Observações:* mãe, esposa e filhos penitenciados.

DOMINGOS TAVARES;

PROCESSO N. 2.212; Inquisição de Coimbra. *Prisão:* 1640; *idade:* 40; *natural:* Couto, Portugal; *morador:* Nogueira, Portugal e Bahia; *ocupação:* soldado; *crime:* sodomia; *sentença:* degredo de quatro anos para as galés. *Observações:* morou na Bahia em 1625 e 1626.

DOROTEU ANTUNES;

PROCESSO N. 4.230; Inquisição de Lisboa. *Origem:* parte cristão-novo; *prisão:* 1689; *idade:* 18; *natural:* Rio de Janeiro; *morador:* Bahia; *filiação:* António Antunes, natural de Ponte de Lima, e Ursula Arão, cantora, parte cristã-nova; *estado civil:* solteiro; *ocupação:* estudante de latim; *crime:* sodomia; *sentença:* degredo de três anos para o Algarve; *auto de fé:* 27.6.1690.

DUARTE ÁLVARES RIBEIRO;

PROCESSO N. 10.101; Inquisição de Lisboa. *Origem:* cristão-novo; *prisão:* 1618; *idade:* 28; *natural:* Setúbal, Portugal; *morador:* Bahia; *estado civil:* casado com Violante da Costa; *ocupação:* mercador; *crime:* blasfêmia; *sentença:* abjuração de Levi e penitências espirituais; com confisco, *auto de fé:* 17.6.1621. *Observações:* família penitenciada, pai queimado em estátua. Foi submetido ao tormento. Voltou para a Bahia, onde tornou-se senhor de engenho.

DUARTE DA COSTA DA FONSECA;

PROCESSO N. 6.759; Inquisição de Lisboa. *Origem:* parte cristão-novo; *prisão:* 1735; *idade:* 35; *natural:* Vila de Chaves, Braga, Portugal; *morador:* Minas Novas, Bahia; *filiação:* Agostinho Soares da Fonseca, vivia de sua fazenda, e Cristina Pires, naturais de Chaves; *estado civil:* casado; *ocupação:* homem de negócios; *crime:* judaísmo; *sentença:* cárcere e hábito penitencial a arbítrio dos inquisidores; com confisco; *auto de fé:* 10.9.1737.

DUARTE NUNES NOGUEIRA;

PROCESSO N. 10.875; Inquisição de Lisboa. *Origem:* parte cristão-novo; *prisão:* 1593; *morador:* Bahia; *ocupação:* ouvidor geral do Reino de Angola; *crime:* blasfêmia (palavras que disse num momento de ira); *sentença:* se lhe imponham penitências espirituais e que se confesse cinco vezes em um ano e receba o Santíssimo Sacramento de conselho de seu confessor e reze cinco vezes os Salmos penitenciais e pague 6 mil réis para as despesas do Santo Ofício na Bahia; *auto de fé:* 21.8.1593.

DUARTE NUNES TOMÁS;

PROCESSO N. 8.177; Inquisição de Lisboa. *Origem:* parte cristão-novo; *prisão:* 1729; *idade:* 53; *natural:* Serinhaém, Paraíba; *morador:* Engenho Novo, Paraíba; *filiação:* Diogo Nunes Tomás, lavrador, e Vitória Barbalha Bezerra, cristã-velha; *estado civil:* casado com Catarina Pereira Barreto; *ocupação:* sem ofício; *crime:* judaísmo; *sentença:* cárcere e hábito penitencial perpétuo; com confisco; *auto de fé:* 20.9.1733. *Observações:* pai, irmã e filha penitenciados.

DUARTE NUNES VITÓRIA;

PROCESSO N. 6.172; Inquisição de Lisboa. *Origem:* cristão-novo; *prisão:* 1621.

DUARTE RODRIGUES DA FONSECA;

PROCESSO N. 9.131; Inquisição de Lisboa. *Origem:* cristão-novo; *prisão:* 1726; *idade:* 21; *natural:* Rio de Janeiro; *morador:* Vila de Trancoso, Portugal; *filiação:* João da Fonseca Bernal e Gracia Duarte; *estado civil:* casado com Gracia Henriques; *ocupação:* vivia de sua fazenda; *crime:* judaísmo; *sentença:* abjuração em forma e penitências espirituais; *auto de fé:* 27.1.1727. *Observações:* pai, tios, avós e primos penitenciados.

DUARTE RODRIGUES NUNES;

PROCESSO N. 6.647; Inquisição de Lisboa. *Origem:* cristão-novo; *prisão:* 1703; *natural:* Portugal; *morador:* Rio de Janeiro; *filiação:* Pedro Rodrigues da Costa; *estado civil:* solteiro; *ocupação:* mercador; *crime:* judaísmo; *sentença:* cárcere e hábito penitencial a arbítrio dos inquisidores; com confisco; *auto de fé:* 6.9.1705.

DUARTE RODRIGUES RAMIRES (OU ANDRADE);

PROCESSO N. 4.219. Inquisição de Lisboa. *Origem:* cristão-novo; *prisão:* 1734; *natural:* Rio de Janeiro; *morador:* Rio de Janeiro; *filiação:* Domingos Rodrigues Ramires, senhor de engenho, e Angela do Vale de Mesquita, naturais e moradores do Rio de Janeiro; *estado civil:* solteiro; *ocupação:* lavrador de cana; *crime:* judaísmo; *sentença:* cárcere e hábito penitencial a arbítrio dos inquisidores; com confisco; *auto de fé:* 24.7.1735. *Observações:* avós, pais e irmãs penitenciados.

ESTEVÃO BARBOSA GEREZ;
PROCESSO N. 10.427; Inquisição de Lisboa. *Morador:* Santo António do Recife, Pernambuco; *filiação:* Santo António do Recife, Pernambuco; *estado civil:* casado; *ocupação:* sargento-mor dos auxiliares; *crime:* bigamia; *sentença:* degredo de cinco anos para Masagão; *auto de fé:* 24.9.1744.

ESTEVÃO DE VALENÇA CAMINHA;
PROCESSO N. 2.296; Inquisição de Lisboa. *Origem:* cristão-novo; *prisão:* 1729; *idade:* 28; *natural:* Engenho do Meio, Paraíba; *morador:* Engenho Velho, Paraíba; *filiação:* Luís de Valença Caminha, lavrador de cana, e Felipa da Fonseca; *estado civil:* solteiro; *ocupação:* homem de negócios; *crime:* judaísmo; *sentença:* cárcere e hábito penitencial perpétuo; com confisco; *auto de fé:* 17.6.1731.

ESTEVÃO VELHO BARRETO;
PROCESSO N. 14.326; Inquisição de Lisboa. *Origem:* cristão-velho; *prisão:* 1594; *idade:* 21; *natural:* Pernambuco; *morador:* Capibaribe, Freguesia de N. Sra. do Rosário da Várzea, Pernambuco; *filiação:* Álvaro Velho Barreto e Luiza Nunes; *estado civil:* casado com Beatriz de Brito, parte cristã-nova; *crime:* sodomia; *sentença:* que o réu, por tempo de um ano, se confesse cada mês uma vez comungando também de conselho de seu confessor. E que reze uma vez os salmos penitenciais e o rosário de Nossa Senhora de joelhos; e que no dito ano em cinco sextas-feiras traga cingido um cilício. E o repreendam e o admoestem que afaste de cair mais em semelhantes crimes por que será gravissimamente castigado. E pague as custas; *auto de fé:* 6.7.1595. *Observações:* confessou no Tempo da graça.

ESTEVÃO VICENTE MARQUES;
PROCESSO N. 11.825; Inquisição de Lisboa. *Prisão:* 1688; *morador:* Camamei; *filiação:* João Marques Vicente; *ocupação:* homem do mar. *Observações:* esperava o Messias.

F

FAUSTINO (ou FRANCISCO) MENDES DE ARAÚJO;
PROCESSO N. 10.130; Inquisição de Lisboa. *Prisão:* 1699; *natural:* Braga, Portugal; morador, cidade do Grão-Pará; *estado civil:* casado; *crime:* bigamia; *sentença:* que seja preso nos cárceres secretos da Inquisição.

FELÍCIO JORGE;
PROCESSO N. 10.473; Inquisição de Lisboa. *Origem:* cristão-velho; *prisão:* 1661; *idade:* 34; *natural:* Apelação, termo de Lisboa, Portugal; *morador:* Grão-Pará; *filiação:* Vicente Francisco, pedreiro; *estado civil:* solteiro; *ocupação:* pedreiro; *crime:* sodomia; *sentença:* advertido que com seu modo de proceder não dê ocasião de escândalo e que seus bens que foram sequestrados lhe sejam restituídos e deles se paguem as custas; *auto de fé:* 18.9.1662. *Observações:* sabe ler e escrever.

FELIPE DE MENDONÇA;
PROCESSO N. 11.591; Inquisição de Lisboa. *Origem:* parte cristão-novo; *prisão:* 1717; *natural:* Rio de Janeiro; *morador:* Rio de Janeiro; *filiação:* filho natural de Luís de Paredes, senhor de engenho, natural do Rio de Janeiro; *estado civil:* solteiro; *ocupação:* oficial de açúcar; *crime:* judaísmo; sentença: cárcere e hábito penitencial perpétuo; com confisco; *auto de fé:* 14.10.1717. *Observações:* irmãos penitenciados.

FELIPE DE MOURA;
PROCESSO N. 789; Inquisição de Lisboa. *Origem:* cristão-velho; *prisão:* 1644; *morador:* Lisboa e Bahia; *ocupação:* militar; *crime:* sodomia; *sentença:* confinado em uma quinta na Vila de Pena Cova; *Observações:* membro do Conselho Ultramarino, cavaleiro da Ordem de Cristo e de Santiago. Morou na Bahia entre 1638 e 1640.

FELIPE TOMÁS DE MIRANDA;
PROCESSO N. 7.467; Inquisição de Lisboa. *Origem:* cristão-novo; *prisão:* 1619; *idade:* 50; *natural:* Lisboa, Portugal; *morador:* Bahia; *filiação:* Diogo Felipe e Guiomar Tomás; *estado civil:* casado com Maria Cardoso; *ocupação:* advogado e senhor de engenho; *crime:* judaísmo – sodomia; *sentença:* abjuração de Levi; *auto de fé:* 17.12.1621. *Observações:* submetido a tormento. Vivia no Brasil há mais de vinte anos. Pais penitenciados.

FÉLIX JOSÉ DE GOYA (ou FELIPE JOSÉ DA SILVA GAIA ou PADRE FRANCISCO DE FARIA);
PROCESSO N. 3.972; Inquisição de Lisboa. *Prisão:* 1787; *natural:* Pernambuco; *morador:* Ceará; *ocupação:* sacerdote; *crime:* prática de exorcismo; falso sacerdote. *Observações:* ordenada a investigação e feita a inquirição.

FÉLIX MENDES LEITE;

PROCESSO N. 8.916; Inquisição de Lisboa. *Origem:* parte cristão-novo; *prisão:* 1718; *idade:* 24; *natural:* Rio de Janeiro; *morador:* Rio de Janeiro; *filiação:* Francisco Mendes Simões, mestre de meninos, e Tereza Paes de Jesus, naturais e moradores do Rio de Janeiro; *estado civil:* solteiro; *ocupação:* mineiro; *crime:* judaísmo; *sentença:* cárcere e hábito penitencial perpétuo; com confisco; *auto de fé:* 16.6.1720. *Observações:* pai, avós, irmão penitenciados; mãe relaxada à justiça secular.

FÉLIX NUNES DE MIRANDA;

PROCESSO N. 2.293; Inquisição de Lisboa. *Origem:* cristão-novo; *prisão:* 1729; *idade:* 59; *natural:* Almeida, Portugal; *morador:* Bahia; *filiação:* Manoel Nunes de Almeida, mercador, morador em Almeida, e Leonor Henrique, moradora em Salvador, Bahia, ambos naturais de Almeida; *estado civil:* casado com Gracia Rodrigues; *ocupação:* tratante; dono de loja; *crime:* judaísmo; *sentença:* relaxado ao braço secular; com confisco; *auto de fé:* 17.6.1731. *Observações:* foi preso em 1697, na Espanha, e condenado a cárcere e hábito penitencial perpétuo; com confisco de bens. Filho, tios, primos penitenciados.

FERNANDO DE OLIVEIRA;

PROCESSO N. 12.099; Inquisição de Lisboa. *Origem:* cristão-velho.

FERNANDO DE SIQUEIRA (OU VAZ);

Inquisição de Lisboa. *Origem:* cristão-novo; *natural:* Rio de Janeiro; *morador:* Rio de Janeiro; *filiação:* Francisco de Siqueira Machado, médico, natural e morador do Rio de Janeiro; *estado civil:* solteiro; *ocupação:* sem ofício; *crime:* judaísmo; *auto de fé:* 17.6.1715. *Observações:* apresentado. Pai e irmãos penitenciados.

FERNANDO GOMES NUNES;

PROCESSO N. 4.058; Inquisição de Lisboa. *Origem:* cristão-novo; *prisão:* 1739; *idade:* 44; *natural:* Vila Manteiga, Portugal; *morador:* Minas Novas, Goiás; *filiação:* Francisco Gomes, mercador, e Beatriz Nunes; *estado civil:* solteiro; *ocupação:* tratante; *crime:* judaísmo; *sentença:* cárcere e hábito penitencial a arbítrio dos inquisidores; com confisco; *auto de fé:* 18.10.1739. *Observações:* irmãos penitenciados.

FERNANDO HENRIQUES ÁLVARES;

PROCESSO N. 8.172; Inquisição de Lisboa. *Origem:* cristão-novo; *prisão:* 1732; *idade:* 37; *natural:* Vila de Moura, Évora, Portugal; *morador:* rio São Francisco, termo da Vila de Penedo, Pernambuco, *filiação:* Fernando Henriques Álvares, tratante; *estado civil:* casado; *ocupação:* lavrador de mandioca; *crime:* judaísmo; *sentença:* relaxado à justiça secular; com confisco; *auto de fé:* 20.9.1733. *Observações:* pai penitenciado pela Inquisição de Castela.

FERNANDO LOPES DE LEÃO;

PROCESSO N. 11.002; Inquisição de Lisboa. *Origem:* cristão-novo; *prisão:* 1714; *idade:* 19; *natural:* Rio de Janeiro; *morador:* Rio de Janeiro; *filiação:* Fernão Lopes, mercador, natural de Elvas, e Tereza de Leão, natural do Rio de Janeiro, moradores no Rio de Janeiro; *estado civil:* solteiro; *ocupação:* sem ofício; *crime:* judaísmo; *sentença:* cárcere e hábito penitencial perpétuo; com confisco; *auto de fé:* 16.2.1716. *Observações:* mãe e irmãos penitenciados.

FERNÃO CABRAL DE ATAÍDE;

PROCESSO N. 17.065; Inquisição de Lisboa. *Origem:* cristão-velho; *prisão:* 1592; *idade:* 50; *natural:* Silves, Algarve, Portugal; *morador:* Jaguaripe, Bahia; *filiação:* Diogo Fernandes Cabral e dona Ana d'Almada; *estado civil:* casado com Margarida da Costa; *ocupação:* senhor de engenho; *crime:* gentilidades; *sentença:* abjuração de Levi suspeito na fé; degredo de dois anos para fora da costa do Brasil; condenado a pagar mil cruzados para as despesas do Santo Ofício; penitências espirituais; penitenciado publicamente; *auto de fé:* 23.8.1592. *Observações:* apresentação de fiança para soltura a 10.12.1592.

FERNÃO DA SILVA;

PROCESSO N. 8.042; Inquisição de Lisboa. *Prisão:* século XVI.

FERNÃO DIQUE DE SOUZA;

PROCESSO N. 10.243; Inquisição de Lisboa. *Origem:* cristão-novo; *prisão:* 1712; *idade:* 28; *natural:* Rio de Janeiro; *morador:* Rio de Janeiro; *filiação:* João Dique de Souza, natural do Reino, senhor de engenho, e Isabel Dique, natural do Rio de Janeiro, moradores no Rio de Janeiro; *estado civil:* solteiro; *ocupação:* sem ofício; *crime:* judaísmo; *sentença:* cárcere e hábito penitencial perpétuo; com confisco; *auto de fé:* 9.7.1713. *Observações:* pai, irmãos, tios e primos penitenciados.

FERNÃO LOPES;

PROCESSO N. 8.487; Inquisição de Lisboa.

FERNÃO MENDES;

PROCESSO N. 12.556; Inquisição de Lisboa. *Origem:* cristão-novo *Prisão:* 1618; *idade:* 28; *natural:* Porto, Portugal; *morador:* Salvador, Bahia; *filiação:* Jorge Dias e Leonor Mendes; *estado civil:* solteiro; *ocupação:* mercador; *crime:* judaísmo.

FERNÃO MONGE;

PROCESSO N. 12.229; Inquisição de Lisboa. *Observações:* Mameluco.

FERNÃO RODRIGUES PINTO;

PROCESSO N. 2.352; Inquisição de Lisboa. *Prisão:* 1684.

FILIPE JACOB BOTELHO;

PROCESSO N. 2.694; Inquisição de Lisboa. *Origem:* cristão-velho; *prisão:* 1773; *idade:* 32; *natural:* Pará; *morador:* Pará; *estado civil:* viúvo de Margarida Victória de Liza; *ocupação:* vive de sua roça na ilha do Marajó; *crime:* sodomia; *sentença:* admoestação feita em Mesa; advertido que se voltar a cometer tal pecado será castigado; *auto de fé:* 14.11.1774. *Observações:* confissão voluntária; sabe ler e escrever

FLORÊNCIO LOURENÇO DE SOUZA;

PROCESSO N. 6.694; Inquisição de Lisboa. *Prisão:* 1787; *natural:* Uteiga; *morador:* Vila de Melgaço, bispado do Pará; *filiação:* Mário da Cunha e Bernarda de Souza (escravos); *estado civil:* casado com Antonia, índia; *crime:* bigamia. *Observações:* em 1788 estava preso.

FRANCISCO AFONSO CAPARA;

PROCESSO N. 17.813; Inquisição de Lisboa. *Origem:* cristão-velho, mameluco; *prisão:* 1593; *idade:* 40; *natural:* Pernambuco; *morador:* Itaparica, Pernambuco; *filiação:* Diogo Corredeira e Felipa, índia; *estado civil:* casado com Maria Pires, mameluca; *ocupação:* lavrador; *crime:* participação em cerimônias gentílicas e comer carne sem necessidade e sem licença da Igreja; *sentença:* ir ao auto de fé onde estará de pé, em corpo, com a cabeça descoberta, com uma vela acesa na mão, enquanto se celebrar o ofício da Missa, e ouvir a leitura de sua sentença; pagamento de 10 cruzados e nunca mais voltar ao sertão. Jejuará três quartas-feiras e confessar-se-á três vezes ao ano, recebendo o Santíssimo Sacramento de conselho de seu confessor; *auto de fé:* 24.1.1593. *Observações:* confessou no Tempo de graça; na folha de rosto de seu processo inquisitorial consta: "bastava repreender o réu e não o tirar do auto".

FRANCISCO ÁLVARES;

PROCESSO N. 12.196; Inquisição de Lisboa. *Idade:* 36; *natural:* Vila das Caldas, Portugal; *morador:* Bahia; *estado civil:* casado; *ocupação:* cirurgião; *crime:* bigamia; *sentença:* açoite e cinco anos de degredo para as galés; *auto de fé:* 18.7.1741.

FRANCISCO ÁLVARES;

PROCESSO N. 12.196; Inquisição de Lisboa. *Origem:* cristão-velho; *prisão:* 1743; *natural:* Vila das Caldas, Portugal; *morador:* Bahia; *filiação:* José Gomes e Inês Maria; *estado civil:* casado com Maria de Jesus; *ocupação:* cirurgião; *crime:* bigamia; *sentença:* abjuração de Levi suspeito na fé, penitência pública; degredo por cinco anos para as galés; instrução religiosa; *auto de fé:* 21.6.1744.

FRANCISCO ÁLVARES DE BRITO;

PROCESSO N. 6.693; Inquisição de Lisboa. *Prisão:* 1792; *morador:* Rua do Carvão, Cachoeira, Bahia; *crime:* antonomásia. *Observações:* 1792, ano relativo à ordem para se fazerem as diligências por averiguação do caso. Na folha de rosto de seu processo inquisitorial: "sumário contra Francisco Álvares de Brito... chamado por antonomásia o diabo menino".

FRANCISCO ÁLVARES PUGAS;

PROCESSO N. 256; *prisão:* 1742; *estado civil:* solteiro; *ocupação:* religioso; *crime:* solicitação; *auto de fé:* 1.7.1744.

FRANCISCO ANTÓNIO HENRIQUES;

PROCESSO N. 3.376; Inquisição de Lisboa. *Origem:* cristão-novo; *prisão:* 1708; *idade:* 60; *natural:* Mérida, Espanha; *morador:* Rio de Janeiro; *filiação:* António Henriques Pizarro e Izabel Henriques; *estado civil:* casado com Catarina Mendes da Paz, cristã-nova; *ocupação:* mercador; *crime:* judaísmo; *sentença:* cárcere e hábito penitencial perpétuo; com confisco; *auto de fé:* 30.6.1709. *Observações:* esposa e filhos penitenciados.

FRANCISCO CARDOSO DE FARIA;

PROCESSO N. 8.681; Inquisição de Lisboa. *Prisão:* 1761; *idade:* 36; *natural:* Setúbal, Portugal; *morador:* Rio de Janeiro; *filiação:* Francisco Cardoso de Faria; *estado civil:* solteiro; *ocupação:* Clérigo; *crime:* não tendo mais que as Ordens menores, celebrou missas e confessou pessoas dando-lhes ocasião a cometerem idolatrias e a ficarem ligadas com as mesmas culpas que confessavam; *sentença:* condenado ao maior castigo: abjuração de Levi suspeito na fé; suspensão definitiva das ordens que tinha sem poder receber outras; degredado por tempo de oito anos para o Reino de Angola. Será instruído nos Mistérios da fé necessários para a salvação de sua alma e cumprirá as mais penas e penitências espirituais que lhe foram impostas, e pague as custas; *auto de fé:* 20.9.1761.

FRANCISCO CARDOSO PEREIRA;

PROCESSO N. 10.458; Inquisição de Lisboa. *Prisão:* século XVI; *ocupação:* advogado.

FRANCISCO COELHO;

PROCESSO N. 1.717; Inquisição de Lisboa. *Prisão:* 1672; *natural:* São Luís, Maranhão; *morador:* São Luís, Maranhão; *filiação:* André Coelho, carpinteiro, e Maria Gonçalves, tecedeira; *ocupação:* proprietário de fazenda de cana e mandioca; *crime:* sodomia.

FRANCISCO CORREA DE BRITO;

PROCESSO N. 11.726; Inquisição de Lisboa. *Origem:* cristão-velho; *prisão:* 1756; *idade:* 66; *natural:* Vila de Santo António do Recife, Pernambuco; *morador:* Vila de Santa Cruz de Cametá, Pará; *estado civil:* casado; *ocupação:* foi capitão de cavalos; vive de sua fazenda; *crime:* bigamia; *sentença:* repreensão; absoluto da instância de juízo; *auto de fé:* 19.10.1757. *Observações:* sabia ler e escrever.

FRANCISCO CORRÊA DE SÁ;
PROCESSO N. 11.186; Inquisição de Lisboa. *Origem:* cristão-velho; *prisão:* 1745; *natural:* Lisboa, Portugal; *morador:* Brasil; *estado civil:* casado; *ocupação:* ourives; *crime:* bigamia; *auto de fé:* 1745.

FRANCISCO DA CONCEIÇÃO (PADRE);
PROCESSO N. 11.724. Inquisição de Lisboa.

FRANCISCO DA COSTA;
PROCESSO N. 682; Inquisição de Lisboa. *Origem:* cristão-novo; *prisão:* 1714; *morador:* Parati e Minas; *ocupação:* homem de negócios; *crime:* judaísmo. *Observações:* sobrinho de Miguel Teles da Costa, capitão-mor de Parati.

FRANCISCO DA COSTA XAVIER;
PROCESSO N. 719; Inquisição de Lisboa. *Prisão:* 1771; *idade:* 23; *natural:* Bahia; *morador:* Pará; *ocupação:* escravo (do sargento-mor Manuel de Souza Feio); *crime:* sacrilégio (após ter comungado, retirou a partícula sagrada da boca e embrulhou-a num papel); *sentença:* abjuração de Levi suspeito na fé; açoite pelas ruas públicas, degredo para galés de Sua Majestade durante dez anos; instrução espiritual e penitências espirituais; *auto de fé:* 29.9.1771. *Observações:* não sabia ler nem escrever. Negro.

FRANCISCO DA SILVA;
PROCESSO N. 2.412; Inquisição de Lisboa.

FRANCISCO DA SILVA;
PROCESSO N. 8.174; Inquisição de Lisboa. *Morador:* Santo Antão, Pernambuco; *estado civil:* solteiro; *ocupação:* religioso; *crime:* solicitação.

FRANCISCO DE ALBUQUERQUE DE MELO;
PROCESSO N. 9.747; Inquisição de Lisboa. *Prisão:* 1796; *morador:* Recife, Pernambuco; *ocupação:* cadete em seu regimento de Recife; *crime:* libertinagem. *Observações:* apresentação em 9.5.1796; o réu foi jantar na casa de uma prostituta e, embriagado, quebrou uma imagem sacra (caiu de uma cômoda).

FRANCISCO DE ANDRADE;
PROCESSO N. 2.038; Inquisição de Lisboa. *Origem:* cristão-novo; *prisão:* 1714; *idade:* 20; *natural:* Rio de Janeiro; *morador:* Rio de Janeiro; *filiação:* Francisco de Andrade, natural de Lisboa, tesoureiro da Câmara do Rio de Janeiro, e Ana Henriques, natural do Rio de Janeiro, moradores no Rio de Janeiro; *estado civil:* solteiro; *ocupação:* estudante; *crime:* judaísmo; *sentença:* cárcere e hábito penitencial perpétuo, com confisco; *auto de fé:* 16.2.1716. *Observações:* mãe, irmãos, tios e primos penitenciados.

FRANCISCO DE BARROS;
PROCESSO N. 17.812; Inquisição de Lisboa. *Origem:* cristão-velho; *prisão:* 1595; *idade:* 36; *natural:* Vila Nova de Serveira, Portugal; *morador:* Paraíba; *ocupação:* ferreiro; *crime:* blasfêmia; *sentença:* abjuração de Levi, repreensão e penitências públicas; penitenciado publicamente; *auto de fé:* 17.7.1595. *Observações:* confissão no Tempo da graça.

FRANCISCO DE CAMPOS DA SELVA;
PROCESSO N. 9.352; Inquisição de Lisboa. *Origem:* cristão-novo; *prisão:* 1710; *idade:* 45; *natural:* Vila Cabeça do Vide, Olivença, Portugal; *morador:* Rio de Janeiro; *filiação:* João de Campos, sem ocupação, e Elvira da Silva, moradores em Cabeça do Vide; *estado civil:* casado com Branca Henriques da Silveira, cristã-nova; *ocupação:* lavrador de cana; *crime:* judaísmo; *sentença:* cárcere e hábito penitencial perpétuo; com confisco; *auto de fé:* 26.7.1711. *Observações:* mãe, irmãos, sobrinhos e esposa penitenciados.

FRANCISCO DE LUCENA MONTARROYO;
PROCESSO N. 1.340; Inquisição de Lisboa. *Origem:* cristão-novo; *prisão:* 1712; *idade:* 26; *natural:* Rio de Janeiro; *morador:* Rio de Janeiro e Minas Gerais; *filiação:* Diogo de Lucena Montarroyo, senhor de engenho, e Esperança de Azevedo, naturais e moradores do Rio de Janeiro; *estado civil:* casado com Inácia Gomes Ribeira, cristã-velha; *ocupação:* mineiro; *crime:* judaísmo; *sentença:* cárcere e hábito penitencial perpétuo; com confisco; *auto de fé:* 9.7.1713. *Observações:* mãe, irmãos e sobrinhos penitenciados.

FRANCISCO DE MELO FRANCO;
PROCESSO N. 6.540; Inquisição de Lisboa. *Prisão:* 1777; *idade:* 20; *natural:* Paracatu, Minas Gerais; *morador:* Lisboa; *filiação:* João de Melo Franco, fazendeiro, e Ana de Oliveira Caldas, paulista; *estado civil:* solteiro; *ocupação:* estudante de medicina na Universidade de Coimbra; *crime:* herege, naturalista e negou o sacramento do matrimônio; *auto de fé:* 1781. *Observações:* ficou preso nos cárceres da Inquisição até 1781. Interrompeu o curso na universidade ao ser preso e, depois de solto, formou-se em medicina. Voltou para o Brasil em 1817. Autor de *O Reino da Estupidez*.

FRANCISCO DE PAREDES;
PROCESSO N. 8.196; Inquisição de Lisboa. *Origem:* parte cristão-novo; *prisão:* 1716; *idade:* 40; *natural:* Rio de Janeiro; *morador:* Rio de Janeiro; *filiação:* Luís de Paredes, senhor de engenho, natural do Rio de Janeiro, e Leonor da Costa, mulher negra, moradores no Rio de Janeiro; *estado civil:* solteiro; *ocupação:* sacerdote do hábito de São Pedro; *crime:* judaísmo; *sentença:* cárcere e hábito penitencial perpétuo sem remissão, com insígnias de fogo, excluído para sempre do exercício de suas ordens; com confisco; *auto de fé:* 16.7.1720. *Observações:* irmãs e sobrinhos penitenciados.

FRANCISCO DE SANTA TERESA E PAIVA;
PROCESSO N. 9.166; Inquisição de Lisboa. *Prisão:* 1748; *natural:* Vinho, comarca da Vila de Gouveia, Portugal; *morador:* Rio de Janeiro; *estado civil:* solteiro; *ocupação:* religioso; *crime:* solicitação; *sentença:* abjuração de veemente, no auto público da fé, suspensão dos exercícios das Ordens, inabilitado para qualquer ofício, dignidade ou benefício e degredo por dez anos para as galés de Sua Majestade e para sempre da cidade do Rio de Janeiro e freguesias de São João do Carahy e Itaboraí. Penitências espirituais, instrução ordinária na fé e pagamento das custas do processo; *auto de fé:* 20.11.1750.

FRANCISCO FERNANDES CAMACHO;
PROCESSO N. 13.442; Inquisição de Coimbra; *natural:* Vila Nova de Foscoa (ou Lisboa), Portugal; *morador:* Bahia; *estado civil:* casado com Luiza Pereira; *ocupação:* homem de negócios; *crime:* judaísmo; com confisco; *Observações:* preso duas vezes pelo Tribunal de Coimbra. Depois de penitenciado foi para a Inglaterra passando a chamar-se Francisco Martins.

FRANCISCO FERREIRA DA FONSECA;
PROCESSO N. 6; Inquisição de Lisboa. *Origem:* parte cristão-novo; *prisão:* 1730; *idade:* 24; *natural:* Vila Nova de Foscoa, Lamego, Portugal; *morador:* Minas do Fanado, Bahia; *filiação:* Manoel Ferreira Loureiro, que vive de sua fazenda, e Izabel de Moraes, naturais e moradores em Vila Nova de Foscoa; *estado civil:* solteiro; *ocupação:* homem de negócios; *crime:* judaísmo; *sentença:* cárcere e hábito penitencial perpétuo; com confisco; *auto de fé:* 6.1.1732. *Observações:* foi submetido duas vezes ao tormento.

FRANCISCO FERREIRA ISIDORO;

PROCESSO N. 11.965; Inquisição de Lisboa. *Origem:* cristão-novo; *prisão:* 1726; idade: 41; *natural:* Freixo, Lamego, Portugal; *morador:* Vila do Carmo, Minas Gerais; *filiação:* Luís Vaz de Oliveira, tratante, e Felipa Henriques de Oliveira; estado civil: solteiro; *ocupação:* tratante e mineiro; *crime:* judaísmo; *sentença:* cárcere e hábito penitencial perpétuo; com confisco; *auto de fé:* 25.8.1728.

FRANCISCO FERREIRA ISIDORO;

PROCESSO N. 13.734; Inquisição de Lisboa. *Origem:* cristão-novo; *natural:* Freixo, Portugal; *morador:* Minas do Ribeirão do Carmo; *ocupação:* rendeiro; *crime:* judaísmo.

FRANCISCO GOMES DINIZ;

PROCESSO N. 11.001; Inquisição de Lisboa. *Origem:* parte cristão-novo; *prisão:* 1714; *idade:* 34; *natural:* Rio de Janeiro; *morador:* Rio de Janeiro; *filiação:* António Farto Diniz, mercador, natural do Reino, cristão-velho, e Catarina Gomes Pereira, natural de Santos, moradores no Rio de Janeiro; *estado civil:* casado com Teodora Maria de Oliveira, cristã-velha; *ocupação:* advogado; *crime:* judaísmo; *sentença:* cárcere e hábito penitencial perpétuo; com confisco; *auto de fé:* 16.2.1716. *Observações:* mãe, irmãos e tia penitenciados.

FRANCISCO GOMES SARDINHA;

PROCESSO N. 12.242; Inquisição de Lisboa. *Origem:* cristão-velho; *prisão:* 1694; *morador:* Rio de Janeiro; *ocupação:* religioso; *crime:* solicitação.

FRANCISCO GOMES SILVA;

PROCESSO N. 3.592; Inquisição de Évora. *Origem:* cristão-novo; *prisão:* 1704; *idade:* 25; *natural:* Rio de Janeiro; *morador:* Lisboa, Portugal; *filiação:* José Gomes da Silva, homem de negócios, natural do Crato, e Maria de Barros, natural do Rio de Janeiro, moradores no Rio de Janeiro; *estado civil:* solteiro; *ocupação:* contratador; *crime:* judaísmo; *sentença:* cárcere e hábito penitencial a arbítrio dos inquisidores; com confisco; *auto de fé:* 1705.

FRANCISCO GONÇALVES LOPES;

PROCESSO N. 2.901; Inquisição de Lisboa. *Origem:* cristão-novo; *prisão:* 1764; *idade:* 74; *natural:* Ribeira de Cima, freguesia do Salvador, Comarca de Vila Real, Braga, Portugal; *morador:* Minas Gerais; *estado civil:* solteiro; *ocupação:* presbítero secular; *crime:* blasfêmia; *sentença:* suspenso de confessar e fazer exorcismos para sempre; degredado para o Couto de Castro Marim, no Algarve, e penitências espirituais; *auto de fé:* 27.10.1765. *Observações:* em 9.5.1767 foi perdoado do resto de seu degredo, mas não foi autorizado a voltar para o Brasil, sendo obrigado a permanecer em Portugal. Sabia ler e escrever, aprendeu gramática e alguns princípios de moral.

FRANCISCO HENRIQUES DE SIQUEIRA (OU DA PAZ);

PROCESSO N. 10.152; Inquisição de Lisboa. *Origem:* cristão-novo; *prisão:* 1715; *natural:* Rio de Janeiro; *morador:* Rio de lameiro; *filiação:* Francisco António Henriques, mercador, natural de Mérida, Espanha, e Catarina Mendes da Paz, natural do Rio de Janeiro, moradores no Rio de Janeiro; *estado civil:* solteiro; *crime:* judaísmo; *sentença:* penitências espirituais; *auto de fé:* 17.6.1715. *Observações:* apresentado. Pais e irmãos penitenciados.

FRANCISCO JOSÉ;

PROCESSO N. 219; Inquisição de Lisboa. *Origem:* cristão-velho; *prisão:* 1766; *idade:* 38; *natural:* freguesia de São Sebastião da Cumieira, Coimbra, Portugal; *morador:* Belém, Pará; *ocupação:* soldado e alfaiate; *crime:* blasfêmia; *sentença:* mandado para o Hospital de Todos os Santos, onde será observado por médicos e enfermeiros, a fim de deporem na Inquisição os juízos que dele formem, para que depois de feitas as diligências e assinadas se tornasse a ver o processo (15.10.1768). *Observações:* os autos foram concluídos a 21.10.1768. O réu faleceu no hospital a 19.2.1770.

FRANCISCO LOPES LIMA;

PROCESSO N. 8.675; Inquisição de Lisboa. *Prisão:* 1761; *idade:* 27; *natural:* Vila de Santo António do Recife, Pernambuco; *morador:* Vila de Santo António do Recife de Pernambuco; *ocupação:* sacerdote secular; *crime:* por se ordenar sacerdote sendo casado e viva sua mulher; *sentença:* inabilitado para benefícios eclesiásticos e dignidades; privado para sempre do exercício de suas Ordens; *auto de fé:* 20.9.1761.

FRANCISCO LUDOVIDO PEREIRA;

PROCESSO N. 5.674; Inquisição de Lisboa. *Prisão:* 1777; *idade:* 50; *natural:* Maranhão; *morador:* Viçosa, Pernambuco; *estado civil:* casado; *ocupação:* soldado; *crime:* bigamia; *sentença:* abjuração de Levi suspeito na fé, açoitado pelas ruas públicas, degredado durante cinco anos para as galés, instrução espiritual e penitências espirituais; *auto de fé:* 1.8.1777. *Observações:* não sabe ler nem escrever; primeira esposa, Faustina de Campos; segunda esposa, Bárbara Fernandes.

FRANCISCO LUÍS SIQUEIRO;

PROCESSO N. 17.807; Inquisição de Lisboa. *Origem:* cristão-velho; *prisão:* 1593; *idade:* 40; *natural:* Lisboa, Portugal; *morador:* Bahia; *filiação:* António Luís, sirgueiro, e Margarida Alvares; *ocupação:* sirgueiro; *crime:* proposição herética; *sentença:* penitência pública, abjuração de Levi suspeito na fé; sujeito a pagar 10 cruzados para despesas do Santo Ofício, penitências espirituais; *auto de fé:* 15.8.1593. *Observações:* mandado soltar a 9.7.1593.

FRANCISCO MACHADO;

Inquisição de Lisboa. *Origem:* cristão-novo; *natural:* Lisboa, Portugal; *morador:* Rio de Janeiro; *filiação:* Rodrigo Machado; *crime:* judaísmo; *sentença:* relaxado em estátua; *auto de fé:* 20.10.1748. *Observações:* primo do médico Francisco de Siqueira Machado.

FRANCISCO MANOEL DA CUNHA;

PROCESSO N. 11.725; Inquisição de Lisboa. *Origem:* cristão velho; *prisão:* 1758; *idade:* 33; *natural:* Couto de Alentim, Braga, Portugal; *morador:* Belém do Grão-Pará; *estado civil:* casado; *crime:* bigamia; *sentença:* abjuração de Levi, penitências espirituais e instrução religiosa; *auto de fé:* 20.7.1758. *Observações:* sabe ler e escrever.

FRANCISCO MARTINS;

PROCESSO N. 8.761; Inquisição de Lisboa.

FRANCISCO MENDES;

PROCESSO N. 8.502; Inquisição de Lisboa. *Origem:* cristão-novo; *morador:* Igaraçu, Pernambuco; *ocupação:* lavrador e mercador; *crime:* proposições heréticas.

FRANCISCO MENDES SIMÕES;

PROCESSO N. 11.597; Inquisição de Lisboa. *Origem:* parte cristão-novo; *prisão:* 1714; *idade:* 47; *natural:* Rio de Janeiro; *morador:* Rio de Janeiro; *filiação:* Diogo Lopes Simões, mercador, natural de Vila de Potimão, Algarve, e Maria Rodrigues, natural do Rio de Janeiro, moradores no Rio de Janeiro; *estado civil:* casado com Tereza Paes de Jesus, cristã-nova; *ocupação:* mestre de meninos; *crime:* judaísmo; *sentença:* cárcere e hábito penitencial perpétuo sem remissão; com confisco; *auto de fé:* 24.10.1717. *Observações:* esposa e filhos penitenciados. Esposa relaxada ao braço secular.

FRANCISCO MOURÃO;

PROCESSO N. 9.315; Inquisição de Lisboa. *Origem:* cristão-novo; *prisão:* 1656; *idade:* 60; *natural:* Fundão, Portugal; *morador:* Bahia; *filiação:* Jorge Rodrigues da Cunha e Ana Rodrigues; *estado civil:* casado com Leonor Diniz; *ocupação:* almoxarife da Companhia de Comércio do Brasil; tratante; *crime:* judaísmo; *sentença:* cárcere e hábito penitencial perpétuo; com confsco; *auto de fé:* 17.10.1660. *Observações:* denunciado na "Grande Inquirição" de 1646 na Bahia.

FRANCISCO NUNES;

PROCESSO N. 7.297; Inquisição de Lisboa. *Origem:* cristão-velho; *prisão:* 1593; *idade:* 22; *natural:* Ilhéus, Bahia; *morador:* Bahia; *filiação:* Diogo Álvares, ferreiro, e Izabel Nunes; *estado civil:* solteiro; *crime:* blasfêmia; *sentença:* repreensão na Mesa e penitências espirituais. Pagamento das custas.

FRANCISCO NUNES DA COSTA;

PROCESSO N. 10.697; Inquisição de Lisboa. *Origem:* cristão-novo; *prisão:* 1715; *idade:* 73; *natural:* Rio de Janeiro; *morador:* Rio de Janeiro; *filiação:* Gabriel Rodrigues e Izabel Rodrigues; *estado civil:* casado com Joana das Neves, cristã-velha; *ocupação:* escrivão; *crime:* judaísmo; *sentença:* penas espirituais; *auto de fé:* 16.2.1716. *Observações:* irmã, filhas, sobrinhos penitenciados.

FRANCISCO NUNES DE MIRANDA;

PROCESSO N. 1.292; Inquisição de Lisboa. *Origem:* parte cristão-novo; *prisão:* 1700; *idade:* 49; *natural:* Almeida, Lamego, Portugal; *morador:* Salvador, Bahia; *filiação:* António Nunes, curtidor, e Guiomar Nunes; naturais e moradores em Almeida; *estado civil:* casado com Isabel Bernal, cristã-nova; *ocupação:* médico; *crime:* judaísmo; *sentença:* absoluto informa ecclesia, penitências espirituais e instrução ordinária. Ouviu sua sentença em Mesa do Santo Ofício; *auto de fé:* 19.2.1701. *Observações:* apresentou-se ao Tribunal de Coimbra em 1669; tios, primos, irmãos, sobrinhos, filhos penitenciados. Há uma menção de degredo para o Brasil em 1669 de seu pai, António Nunes, cujo crime é desconhecido. Viveu em Espanha e depois Bahia, onde faleceu.

FRANCISCO NUNES VIZEU;

PROCESSO N. 4.167; Inquisição de Lisboa.

FRANCISCO OLIVEIRA BARBOSA;

PROCESSO N. 12.197; Inquisição de Lisboa. *Origem:* cristão-velho; *prisão:* 1757; *morador:* Bahia; *estado civil:* solteiro; *ocupação:* religioso; capelão em Crumatahy; *crime:* solicitação.

FRANCISCO PAES BARRETO;

PROCESSO N. 10.113; Inquisição de Lisboa. *Origem:* parte cristão-novo; *prisão:* 1714; *idade:* 53; *natural:* Rio de Janeiro; *morador:* Rio de Janeiro; *filiação:* Agostinho Luís, lavrador, e Francisca Paes, moradores no Rio de Janeiro; *estado civil:* solteiro; *ocupação:* sem ofício; *crime:* judaísmo; *sentença:* cárcere e hábito penitencial a arbítrio dos inquisidores; com confisco; *auto de fé:* 14.10.1714.

FRANCISCO PAES BARRETO;

PROCESSO N. 10.138; Inquisição de Lisboa. *Origem:* cristão-novo; *prisão:* 1714; *idade:* 53; *natural:* Rio de Janeiro; *morador:* Rio de Janeiro; *filiação:* Agostinho Luís, lavrador, e Francisca Paes; *estado civil:* solteiro; *ocupação:* sem ofício; *crime:* judaísmo; *sentença:* cárcere e hábito penitencial a arbítrio dos inquisidores; com confisco; *auto de fé:* 14.10.1714. *Observações:* primos penitenciados.

FRANCISCO PAREDES DA SILVA;

PROCESSO N. 10.239; Inquisição de Lisboa. *Origem:* cristão-novo; *prisão:* 1723; *idade:* 28; *natural:* Rio de Janeiro; *morador:* Rio de Janeiro; *filiação:* Manuel de Paredes, senhor de engenho, natural do Rio de Janeiro, e Esperança, mulher negra; *estado civil:* solteiro; *ocupação:* caixeiro; *crime:* judaísmo; *sentença:* cárcere e hábito penitencial perpétuo sem remissão; com confisco; *auto de fé:* 10.10.1723. *Observações:* parentes penitenciados; sabe ler e escrever. "Em 12 de março de 1727, concederam os senhores inquisidores licença ao réu Francisco de Paredes para poder ir para a cidade do Rio de Janeiro, sua pátria".

FRANCISCO PEREIRA DE MOURA;

PROCESSO N. 436; Inquisição de Lisboa. *Origem:* cristão-novo; *prisão:* 1733; *idade:* 40; *natural:* Engenho do Meio, Paraíba; *morador:* Pernambuco; *filiação:* Manuel Pereira, feitor, e Ana Estácia da Paraíba; *crime:* judaísmo; *sentença:* cárcere e hábito penitencial perpétuo sem remissão; com confisco; *auto de fé:* 24.7.1735. *Observações:* parentes penitenciados.

FRANCISCO PINTO DE ARAÚJO;

PROCESSO N. 2.910; Inquisição de Lisboa. *Prisão:* 1763; *idade:* 62; *natural:* freguesia de Santa Eulália de Barrocas, Braga, Portugal; *morador:* São Paulo; *filiação:* Francisco Pinto, lavrador; *ocupação:* mercador de fazendas secas; *crime:* impediu oficiais do Santo Ofício de fazerem uma penhora; *sentença:* degredado por dois anos para a Vila de Parnaíba e exclusão do serviço do Santo Ofício, até nova mercê do Conselho Geral, e penitências espirituais; *auto de fé:* 7.1.1765. *Observações:* sabe ler e escrever, era familiar do Santo Ofício.

FRANCISCO PINTO D'OUTEL;

PROCESSO N. 10.888; Inquisição de Lisboa. *Origem:* cristão-velho; *prisão:* 1595; *idade:* 56; *natural:* Bragança, Portugal; *morador:* São Lourenço, Pernambuco; *filiação:* António Pinto, abade, meio cônego da Sé de Évora, e Inês Pires; *estado civil:* solteiro; *ocupação:* religioso, clérigo de missa e vigário de São Lourenço; *crime:* usou o nome da Santa Inquisição a fim de efetuar uma prisão e opinar em relação a certas questões de doutrina; *sentença:* seja asperamente repreendido e admoestado e se lhe imponha silêncio e que nunca nesta matéria nem em outras periculosas que não entenda se meta nem as trate nem sustente e que se conforme com a doutrina que lhe der o religioso letrado que lhe será nomeado para instruir nesta matéria e no que releva para sua salvação com a qual continuará o tempo que lhe for declarado. E nesta Mesa se lhe imponham penitências espirituais de confissões, orações e jejuns; e que pague somente 10 cruzados para as despesas do Santo Ofício. E pelas causas relatadas atrás seja excusado de penitência pública e de abjuração; *auto de fé:* 17.3.1595.

FRANCISCO PIRES;

PROCESSO N. 17.809; Inquisição de Lisboa. *Prisão:* 1592; *idade:* 30; *natural:* Porto Seguro, Bahia; *morador:* Sergipe do Conde, Bahia; *filiação:* António Eanes, lavrador, e Catarina, índia; *estado civil:* solteiro; *ocupação:* lavrador; *crime:* gentilidades; *sentença:* vá ao auto público da Sé em corpo, desbarretado, com uma corda cingida e uma vela acesa na mão. Penitências espirituais e pague as custas. *Observações:* mameluco.

FRANCISCO PIRES;

PROCESSO N. 17.810; Inquisição de Lisboa. *Origem:* cristão-velho; *prisão:* 1592; *idade:* 34; *natural:* Vila do Conde, Bahia; *morador:* Sergipe do Conde, Bahia; *filiação:* João Pires, carpinteiro, e Felipa Dias; *estado civil:* viúvo; *ocupação:* lavrador; *crime:* proposição herética; *sentença:* abjuração de Levi na Mesa. Repreensão, penitências espirituais e pague as custas. *Observações:* apresentado no Tempo da graça.

FRANCISCO PIRES;

PROCESSO N. 17.811; Inquisição de Lisboa. *Origem:* cristão-velho; *prisão:* 1592; *idade:* 30; *natural:* Porto, Portugal; *morador:* estava de passagem na Bahia; *filiação:* Domingos Pires, pescador, e Violante Gonçalves; *estado civil:* casado com Felipa Gonçalves, cristã-velha; *ocupação:* contramestre da nau Nossa Senhora do Castelo; *crime:* tendo sido preso pelos luteranos, rezou com eles; *sentença:* admoestação e repreensão na Mesa. Penitências espirituais e pagamento das custas. *Observações:* apresentado no Tempo da graça.

FRANCISCO PORTILLO DE MELO;

PROCESSO N. 3.776; Inquisição de Lisboa. *Prisão:* 1757.

FRANCISCO RAMIRES;

PROCESSO N. 1.847; Inquisição de Lisboa.

FRANCISCO RODRIGUES (ALCUNHA "CHITO");

Inquisição de Coimbra. *Origem:* cristão-novo; *natural:* Vila de Almeida ou Pemela, Portugal; *morador:* Bahia; *filiação:* António da Cruz e Ana Fernandes; *estado civil:* casado com Ana de Miranda; *ocupação:* curtidor e homem de negócios; *crime:* judaísmo. *Observações:* preso duas vezes pelo Tribunal de Coimbra.

FRANCISCO RODRIGUES;

PROCESSO N. 17.814; Inquisição de Lisboa. *Origem:* cristão-novo; *prisão:* 1594; *idade:* 25; *natural:* Ponte de Lima, Portugal; *morador:* Olinda, Pernambuco; *estado civil:* solteiro; *ocupação:* alfaiate; *crime:* proposições heréticas; *sentença:* vá ao auto público de fé descalço em corpo, com a cabeça descoberta, cingido com uma corda, com uma vela acesa na mão, e faça abjuração de Levi suspeito na fé, e que por espaço de um mês continue no Mosteiro que lhe será declarado para ser instruído das coisas que lhe relevam para a salvação de sua alma e cumpra as mais penitências espirituais seguintes: confessar-se-á às quatro festas principais do ano primeiro que vem, exemplo: Natal, Páscoa, Espírito Santo, Nossa Senhora, de Agosto, e nelas comungará de conselho de seu confessor e jejuará duas sextas-feiras em cada uma das quais rezará cinco Padres Nossos e cinco Ave Manas; *auto de fé:* 23.9.1594. *Observações:* na folha de rosto: "não é de penitência pública, não há abjuração"; pais cristãos-novos; confessou no Tempo da graça.

FRANCISCO RODRIGUES DIAS;

PROCESSO N. 9.347; Inquisição de Lisboa. *Origem:* cristão-novo; *prisão:* 1708; *idade:* 47; *natural:* Guarda, Portugal; *morador:* Bahia; *filiação:* Fernão Rodrigues Monsatto, curtidor, natural da Guarda, e Clara Dias, natural da Guarda, moradores na Guarda; *estado civil:* casado com Brites Nunes, cristã-nova; *ocupação:* curtidor; *crime:* judaísmo; *sentença:* cárcere e hábito penitencial perpétuo sem remissão; com confisco; *auto de fé:* 26.7.1710. *Observações:* esposa penitenciada em 1709.

FRANCISCO SERRÃO DE CASTRO;

PROCESSO N. 12.894; Inquisição de Lisboa. *Prisão:* 1767; *morador:* Pará; *crime:* sodomia. *Observações:* denúncia contra Francisco Serrão de Castro: um escravo de Serrão, em 2.6.1767, na Mesa da Visita do Pará, Colégio Santo Alexandre, denunciou há seis anos na loja da casa.

FRANCISCO SIQUEIRA MACHADO;

PROCESSO N. 1.892; Inquisição de Lisboa. *Origem:* cristão-novo; *prisão:* 1708; *idade:* 42; *natural:* Rio de Janeiro; *morador:* Rio de Janeiro; *filiação:* José Fernandes de Miranda, mercador, natural de Miranda d'Ouro, e Izabel da Paz, natural de Lisboa, moradores no Rio de Janeiro; *estado civil:* casado com Catarina de Miranda, cristã-nova; *ocupação:* médico; *crime:* judaísmo; *sentença:* cárcere e hábito penitencial a arbítrio dos inquisidores; com confisco; *auto de fé:* 30.6.1709. *Observações:* avós, tio, irmãos, esposa e filhos penitenciados. Deu-se, em Mesa, licença a Francisco de Siqueira Machado para viver na Vila de Abrantes, com sua família (23.11.1712). Aprendeu filosofia e medicina.

FRANCISCO SOARES CHAVES;

PROCESSO N. 8; Inquisição de Lisboa. *Prisão:* 1731; *morador:* Paraíba; *ocupação:* clérigo subdiácono na Vila Porto Calvo; *crime:* reverendo, vivia com mulheres, andava vestido como secular. Casou-se na Paraíba; *sentença:* abjuração de Levi, degredo para galés de Sua Majestade, suspenso da Ordem.

FRANCISCO XAVIER;

PROCESSO N. 10.270; Inquisição de Lisboa. *Origem:* parte cristão-novo; *prisão:* 1721; *idade:* 18; *natural:* Rio de Janeiro; *morador:* Rio de Janeiro; *filiação:* João Álvares Viana, barqueiro, cristão-velho, e Maria de Jesus, natural do Rio de Janeiro, moradores no Rio de Janeiro; *estado civil:* solteiro; *ocupação:* soldado infante; *crime:* judaísmo; *sentença:* cárcere e hábito penitencial perpétuo; com confisco; *auto de fé:* 10.10.1723. *Observações:* mãe e irmãos penitenciados.

FRANCISCO XAVIER;

PROCESSO N. 9.370; Inquisição de Lisboa. *Origem:* parte cristão-novo; *prisão:* 1714; *natural:* Rio de Janeiro; *morador:* Rio de Janeiro; *filiação:* André da Veiga, mercador, natural do Reino, e Ana Correia, natural do Rio de Janeiro, cristã-velha, moradores no Rio de Janeiro; *estado civil:* solteiro; *ocupação:* soldado de Infantaria; *crime:* judaísmo; *sentença:* cárcere e hábito penitencial perpétuo; com confisco; *auto de fé:* 10.10.1723. *Observações:* irmãos presos.

FRANCISCO XAVIER MARTINS;

PROCESSO N. 8.761; Inquisição de Lisboa. *Idade:* 48; *natural:* São Julião da Lage, Braga, Portugal; *morador:* Bahia; *estado civil:* casado; *crime:* bigamia; *sentença:* açoite e degredo de cinco anos para as galés; *auto de fé:* 20.10.1748.

FRUTUOSO ÁLVARES;

PROCESSO N. 5.846; Inquisição de Lisboa. *Origem:* cristão-velho; *prisão:* 1591; *idade:* 65; *natural:* Braga, Portugal; *morador:* Matoim, Bahia; *filiação:* Janaluarez e Maria Gonçalves; *estado civil:* solteiro; *ocupação:* religioso; *crime:* sodomia; *sentença:* admoestação, suspensão das ordens sacras por cinco meses, pagamento de 20 cruzados para as despesas do Santo Ofício e penitências espirituais.

G

GABRIEL FERNANDES;
PROCESSO N. 7.955; Inquisição de Lisboa. *Prisão:* 1594; *morador:* Olinda, Pernambuco; *estado civil:* casado; *ocupação:* carpinteiro; *crime:* proposição herética.

GABRIEL MENDES (OU ABRÃO MENDES);
PROCESSO N. 11.362; Inquisição de Lisboa. *Origem:* cristão-novo; *prisão:* 1646; *idade:* 22; *natural:* Porto, Portugal; *morador:* Recife, Pernambuco e Bahia; *filiação:* Felipe Mendes e Maria Nunes; *crime:* judaísmo; *sentença:* abjuração em forma e penitências espirituais; *auto de fé:* 15.12.1647. *Observações:* esteve em Hamburgo em 1636; falava alemão; voltou à Bahia após penitenciado.

GABRIEL PAREDES;
PROCESSO N. 7.966; Inquisição de Lisboa. *Origem:* parte cristão-novo; *prisão:* 1714; *idade:* 43; *natural:* Rio de Janeiro; *morador:* Rio de Janeiro; *filiação:* Rodrigo Mendes de Paredes, natural do Rio de Janeiro, lavrador de cana, e Francisca, natural de Angola, negra, solteira; *estado civil:* solteiro; *ocupação:* carpinteiro; *crime:* judaísmo; *sentença:* cárcere e hábito penitencial perpétuo; com confisco; *auto de fé:* 16.2.1716. *Observações:* parentes, primos e irmãos penitenciados.

GABRIEL RODRIGUES PAIS LEME;
PROCESSO N. 5.529; Inquisição de Lisboa. *Origem:* cristão-novo; *prisão:* 1796; *morador:* Vila de Sabará e depois Rio de Janeiro; *filiação:* Fernão Dias Pais Leme; *ocupação:* era capitão e governador das minas; *crime:* proposições heréticas (dizia que não éramos obrigados a guardar os mandamentos que foram compostos pela Igreja, mas só os da Lei de Deus). *Observações:* seu processo é composto pela denúncia do Comissário António Meirelles.

GASPAR AFONSO ÁLVARES;
PROCESSO N. 12.749; Inquisição de Lisboa. *Origem:* cristão-velho; *prisão:* 1595; *idade:* 80; *natural:* concelho de Barroso, Braga, Portugal; *morador:* Pernambuco; *filiação:* Afonso Martins, lavrador, e Catarina Gonçalves; *estado civil:* viúvo de Felipa Gonçalves; *crime:* blasfêmia; *sentença:* não se deve proceder contra o réu. Mas, seja repreendido na Mesa do Santo Ofício. Olinda. 23.8.1595.

GASPAR AFONSO CASTANHA;
PROCESSO N. 12.839; Inquisição de Lisboa. *Origem:* cristão-novo; *prisão:* 1592; *natural:* Lisboa, Portugal; *morador:* Salvador, Bahia; *crime:* proposição herética; *sentença:* que seja solto e não fale nas matérias que não entende. *Observações:* "foram vistos estes autos pelo Conselho Geral", 9.2.1593. Sabia ler e escrever. Apresentado no Tempo da graça.

GASPAR CASTANHO;

PROCESSO N. 11.031; Inquisição de Lisboa. *Origem:* cristão-novo; *prisão:* 1592; *natural:* Lisboa, Portugal; *morador:* Bahia; *crime:* proposições heréticas. *Observações:* apresentou-se no Tempo da graça. Sabia ler e escrever.

GASPAR COELHO;

PROCESSO N. 11.069; Inquisição de Lisboa. *Origem:* cristão-velho; *prisão:* 1594; *idade:* 23; *natural:* Vila de Frades, Braga, Portugal; *morador:* Olinda, Pernambuco; *filiação:* Baltazar Pires, pedreiro, e Apolônia Coelha; *crime:* proposição herética; *sentença:* vá ao auto público de fé, descalço, em corpo, com a cabeça descoberta e com uma vela acesa na mão e cumpra as mais penitências espirituais seguintes: confessar-se às quatro festas principais, Natal, Páscoa, Espírito Santo, Nossa Senhora de Agosto no ano seguinte, e nelas comungará de conselho de seu confessor e jejuará três sextas-feiras em cada uma das quais rezará cinco Pater Noster e cinco Ave Marias à honra do Santíssimo Sacramento, e pague as custas; *auto de fé:* 9.10.1594.

GASPAR DA COSTA;

PROCESSO N. 13.167; Inquisição de Lisboa. *Origem:* cristão-velho; *prisão:* 1593; *natural:* Pedrogão Grande, Coimbra, Portugal; *morador:* Salvador, Bahia; *estado civil:* casado com Guiomar Rodrigues; *crime:* proposições heréticas; *sentença:* penitência pública, que embarque para Portugal para junto de sua esposa e receba instrução religiosa; *auto de fé:* 24.1.1593.

GASPAR DA CUNHA;

PROCESSO N. 11.074; Inquisição de Lisboa. *Origem:* cristão-velho; *prisão:* 1593; *natural:* Tomar, Portugal; *morador:* Bahia.; *filiação:* Bartolomeu Dias, lavrador, e Izabel Pires; *estado civil:* casado com Luiza Fernandes; *ocupação:* alfaiate; *crime:* proposição herética; *sentença:* penitências espirituais, abjuração de Levi. Pague as custas. *Observações:* do ordinário de Angola, veio remetido com suas culpas à Visitação do Santo Ofício do Brasil.

GASPAR DIAS MACHADO (OU MATADO);

PROCESSO N. 11.133; Inquisição de Lisboa. *Origem:* cristão-novo; *prisão:* 1595; *idade:* 40; *natural:* Alfena, termo da cidade do Porto, Portugal; *morador:* Recife, Pernambuco; *filiação:* Manoel Dias, carniceiro, e Izabel Afonso; *estado civil:* casado com Beatriz Luís; *ocupação:* barqueiro; *crime:* proposição herética; *sentença:* seja repreendido, que se confesse e comungue de conselho de seu confessor quatro vezes ao ano seguinte, fora de obrigação da quaresma, e pague somente 4 mil réis para as despesas do Santo Ofício, e pague as custas; *auto de fé:* 20.9.1595.

GASPAR FERNANDES PEREIRA;

PROCESSO N. 8.777; Inquisição de Lisboa. *Origem:* parte cristão-novo; *prisão:* 1725; *idade:* 35; *natural:* Mogadouro, Portugal; *morador:* Cachoeira (Recôncavo Baiano), Bahia; *filiação:* Manoel Lopes Dourado e Maria Pereira; *estado civil:* casado com Josefa Maria Rosa; *ocupação:* homem de negócios, mineiro, caixeiro; *crime:* judaísmo; *sentença:* cárcere e hábito penitencial perpétuo; com confisco; *auto de fé:* 13.10.1726. *Observações:* em 1730 morava em Lisboa; esposa e irmão penitenciados.

GASPAR FIGUEIRA;

PROCESSO N. 13.278; Inquisição de Lisboa. *Origem:* cristão-velho *Prisão:* 1591; *natural:* ilha de São Miguel; *morador:* Pernambuco; *filiação:* Miguel Gil, lavrador, e Catarina Simões; *estado civil:* casado com Maria Pinta, cristã-velha; *crime:* usou o apelido "Santo Ofício" sem ser oficial, com o fim de prender um moço mameluco que andava fugido e era seu filho; *sentença:* que o réu seja repreendido muito nesta Mesa e cumpra as penitências espirituais seguintes: que neste ano daqui até o Natal se confesse três vezes e tome o Santíssimo Sacramento de conselho de seu confessor, e em cada um dos ditos dias que confessar e comungar, reze uma vez os Salmos penitenciais de David. E pague as custas somente 20 .... para as despesas do Santo Ofício e as custas; *auto de fé:* 2.8.1592.

GASPAR GOMES; PROCESSO N. 5.019; *Origem:* parte cristão-novo; *prisão:* 1643; *natural:* Portugal; *morador:* Bahia; *filiação:* Sebastião Gomes; *estado civil:* solteiro; *ocupação:* soldado e sapateiro; *crime:* judaísmo; *sentença:* relaxado à justiça secular; com confisco; *auto de fé:* 16.6.1644.

GASPAR GOMES MUACHO; PROCESSO N. 11.076; Inquisição de Lisboa. *Origem:* cristão-novo; *prisão:* 1593; *idade:* 46; *natural:* Torres Novas, Portugal; *morador:* Taparica, Bahia; *crime:* proposição herética; *sentença:* abjuração de Levi, penitência pública e penitências espirituais; *auto de fé:* 3.1.1593.

GASPAR HENRIQUES; PROCESSO N. 6.486; Inquisição de Lisboa. *Origem:* cristão-novo; *prisão:* 1726; *idade:* 27; *natural:* Travasso, Lamego, Portugal; *morador:* Salvador, Bahia; *filiação:* Francisco Vaz D'Ávila e Branca Henriques, naturais e moradores em Travasso; *estado civil:* casado com Ana Gomes Coutinho, cristã-nova; *ocupação:* mineiro; *crime:* judaísmo; *sentença:* cárcere e hábito penitencial perpétuo; com confisco; *auto de fé:* 1728. *Observações:* pai, mãe, tios, primos e cunhado penitenciados.

GASPAR NUNES BARRETO; PROCESSO N. 11.075; Inquisição de Lisboa. *Origem:* parte cristão-novo; *prisão:* 1592; *idade:* 40; *natural:* Bahia; *morador:* Paraguassu, freguesia de Taparica, Bahia; *filiação:* Francisco Nunes e Joana Barreta; *estado civil:* casado com Ana Alveloa; *crime:* judaísmo; *sentença:* vá ao ato dos penitenciados à Sé, em corpo, com a cabeça descoberta e com uma vela acesa na mão onde lhe será lida sua sentença; pague 50 cruzados para as despesas do Santo Ofício. E pague as custas na Bahia, 10.12.1592. E que seja absoluto da excomunhão em que incorreu conforme o Monitório Geral. *Observações:* este Gaspar Nunes adoeceu em cama de doença ruim e prolongada por isso não houve tempo para fazer a penitência pública, mas pagou a condenação.

GASPAR RODRIGUES; PROCESSO N. 11.061; *Origem:* cristão-velho; *prisão:* 1593; *idade:* 30; *natural:* Torres Novas, Portugal; *morador:* Salvador, Bahia; *filiação:* Pedro Vaz e Margarida Rodrigues; *ocupação:* feitor de engenho; *crime:* sodomia; *sentença:* não ficaram provadas as acusações contra o réu.

GASPAR SOARES FIGUEIROA; PROCESSO N. 13.279; Inquisição de Lisboa.

GOMES RODRIGUES MILÃO; PROCESSO N. 2.499; Inquisição de Lisboa. *Origem:* cristão-novo; *prisão:* 1608; *idade:* 20; *natural:* Lisboa, Portugal; *morador:* Lisboa e Pernambuco; *filiação:* Henrique Dias Milão, homem de negócio, e Guiomar Nunes; *estado civil:* casado com Beatriz Rodrigues, cristã-nova; *ocupação:* homem de negócio; *crime:* judaísmo; *sentença:* cárcere e hábito penitencial perpétuo com insígnias de fogo; com confisco; *auto de fé:* 28.10.1609. *Observações:* morou em Pernambuco de 1592 a 1605. Pais e irmãos penitenciados.

GONÇALO ÁLVARES; PROCESSO N. 12.229; Inquisição de Lisboa. *Observações:* mameluco.

GONÇALO FERNANDES; PROCESSO N. 17.762; Inquisição de Lisboa. *Prisão:* 1593; *Origem:* mameluco; *idade:* 25; *natural:* Bahia; *morador:* Bahia; *crime:* gentilidades; *sentença:* abjuração de Levi, repreensão, nunca mais volte ao sertão; pagamento de 5 cruzados para as despesas do Santo Ofício; *auto de fé:* 27.1.1593.

GONÇALO PEREIRA DE ÁVILA;

PROCESSO N. 3.449; Inquisição de Lisboa. *Prisão:* 1785; *idade:* 53; *natural:* Vila de Iguaraçu, Pernambuco; *morador:* Vila de Iguaraçu, Pernambuco; *estado civil:* casado; *crime:* bigamia; *sentença:* admoestado para que faça uma confissão inteira de suas culpas. *Observações:* primeira mulher, Maria da Conceição; segunda mulher, Antonia Pereira. Sabia ler e escrever.

GONÇALO PIRES;

PROCESSO N. 4.307; Inquisição de Lisboa. *Origem:* cristão-novo; *prisão:* 1593; *idade:* 18; *natural:* Termo de Ponte de Lima, Portugal; *morador:* Salvador, Bahia; *filiação:* Afonso Pires, ferrador, e Izabel Gonçalves; *estado civil:* solteiro; *ocupação:* sem ofício; *crime:* sodomia; *sentença:* seja degredado seis meses para fora desta cidade e quatro léguas ao redor dela e pague 10 mil réis para as despesas do Santo Ofício. E se lhe imponham penitências espirituais de jejuns, e disciplinas e confissões. E pague as custas. *Observações:* pais do réu eram cristãos-novos. O réu fugiu para Roma e daí voltou para Lisboa onde foi reconciliado.

GONÇALO VAZ;

PROCESSO N. 4.308; Inquisição de Lisboa. *Origem:* cristão-velho; *prisão:* 1591; *idade:* 27; *natural:* Ponte de Lima, Portugal; *morador:* Bahia; *ocupação:* mestre de navio (navio Santo Antônio); *crime:* luteranismo; *sentença:* mandam que em pena e penitência de suas culpas, um domingo, enquanto se celebrar o ofício divino da Missa na Sé Catedral desta cidade, esteja de pé com a cabeça descoberta e uma vela acesa na mão no meio da igreja e nela se lhe publique esta sentença e pague as custas; *auto de fé:* 8.9.1591. *Observações:* em 8 de dezembro se passou mandado para esse réu ser solto.

GREGÓRIO FERNANDES;

PROCESSO N. 17.762; Inquisição de Lisboa.

GUILHERME BATISTA DE CARVALHO;

PROCESSO N. 9.691. *Origem:* cristão-novo; *prisão:* 1716; *idade:* 20; *natural:* Rio de Janeiro; *morador:* Rio de Janeiro; *filiação:* João Batista, mestre de açúcar, cristão-velho, e Margarida Mendes, naturais e moradores do Rio de Janeiro; *estado civil:* solteiro; *ocupação:* carpinteiro; *crime:* judaísmo; *sentença:* cárcere e hábito penitencial perpétuo; com confisco; *auto de fé:* 14.10.1717. *Observações:* mãe e primos penitenciados.

GUILHERME GOMES;

PROCESSO N. 947; Inquisição de Lisboa. *Origem:* cristão-novo; *prisão:* 1712; *idade:* 21; *natural:* Rio de Janeiro; *morador:* Rio de Janeiro; *filiação:* Aires de Miranda, lavrador de cana, natural da Bahia, e Ana Gomes, natural do Rio de Janeiro, moradores no Rio de Janeiro; *estado civil:* solteiro; *ocupação:* estudante; *crime:* judaísmo; *sentença:* cárcere e hábito penitencial perpétuo; com confisco; *auto de fé:* 9.7.1713. *Observações:* mãe e irmãos penitenciados.

HEITOR ANTUNES; PROCESSO N. 4.309; Inquisição de Lisboa. *Origem:* cristão-novo; *prisão:* 1591; *morador:* Engenho Matoim, sertão da Bahia para a banda de Jaguaripe; *estado civil:* casado com Ana Rodrigues, cristã-nova; *ocupação:* senhor de engenho; *crime:* judaísmo. *Observações:* falecido. Na folha de rosto do processo: "testemunhas contra Heitor Antunes, cristão-novo, defunto, além das mais que tem contra si no processo de sua mulher Ana Rodrigues".

HENRIQUE DA SILVA; PROCESSO N. 4.259; Inquisição de Lisboa. *Origem:* cristão-novo; *natural:* Vila da Goiânia; *morador:* Engenho Velho, Paraíba; *filiação:* Gaspar da Silva e Branca Figueiroa; *estado civil:* casado com Guiomar de Valença; *ocupação:* lavrador de cana; *crime:* judaísmo. *Observações:* defunto na viagem para Lisboa. Mãe, cunhada e irmãos penitenciados.

HENRIQUE FRÓES (OU MONIZ); PROCESSO N. 426; Inquisição de Lisboa. *Origem:* cristão-novo; prisão: 1734; *idade:* 37; *natural:* Vila Covilhã, Guarda, Portugal; *morador:* Minas de Ouro Preto; *filiação:* Manoel Fróes e Maria Henriques, natural e moradora em Covilhã; *estado civil:* solteiro; *ocupação:* mineiro; *crime:* judaísmo; *sentença:* cárcere e hábito penitencial a arbítrio dos inquisidores; com confisco; *auto de fé:* 24.7.1735. *Observações:* tios penitenciados.

HENRIQUE MENDES; PROCESSO N. 4.305; Inquisição de Lisboa. *Origem:* cristão-novo; *prisão:* 1593; *morador:* Pernambuco e Porto Seguro; *estado civil:* casado com Violante Rodrigues; *ocupação:* alfaiate; *crime:* judaísmo. *Observações:* o réu era já defunto. O processo consta apenas de uma denúncia contra o réu em como este participava em práticas judaicas e juntava-se com os judeus. Papéis trazidos à Mesa por Fernão Vaz.

HENRIQUE NUNES DE PAIVA; PROCESSO N. 4.613; Inquisição de Lisboa. *Origem:* cristão-novo; *prisão:* 1725; *idade:* 25; *natural:* Rio de Janeiro; *morador:* Lisboa, Portugal; *crime:* judaísmo. *Observações:* apresentado em 5 de fevereiro de 1725.

HIPÓLITO JOSÉ DA COSTA PEREIRA FURTADO DE MENDONÇA; Inquisição de Lisboa. *Prisão:* 1802; *idade:* 28; *natural:* Colónia de Sacramento; *morador:* Lisboa; *filiação:* Félix da Costa Furtado de Mendonça, fazendeiro no Rio de Janeiro, e Ana Josefa Pereira; *ocupação:* advogado e jornalista; *crime:* maçonaria. *Observações:* formou-se na Universidade de Coimbra em 1789, no curso de Leis e Filosofia. Fugiu dos cárceres da Inquisição em 1805. Em Londres, fundou o periódico *Correio Braziliense*. Escreveu *Narrativa da Perseguição*, publicado em Londres em 1811.

INÁCIO CARDOSO;
PROCESSO N. 5.463; Inquisição de Lisboa.

INÁCIO CARDOSO DE AZEREDO;
PROCESSO N. 5.447; Inquisição de Lisboa. *Origem:* cristão-novo; *prisão:* 1712; *idade:* 35; *natural:* Rio de Janeiro; *morador:* Rio de Janeiro e Minas Gerais; *filiação:* Agostinho de Paredes, senhor de engenho, e Ana de Azeredo, naturais e moradores do Rio de Janeiro; *estado civil:* casado com Branca Coutinho, cristã-nova; *ocupação:* advogado; *crime:* judaísmo; *sentença:* cárcere e hábito penitencial perpétuo; com confisco: *auto de fé:* 9.7.1713. *Observações:* família penitenciada.

INÁCIO DE ANDRADE SOARES;
PROCESSO N. 7.889; Inquisição de Lisboa. *Origem:* parte cristão-novo; *prisão:* 1714; *idade:* 22; *natural:* Rio de Janeiro; *morador:* Rio de Janeiro; *filiação:* Francisco de Andrade Soares, que foi tesoureiro da Câmara do Rio de Janeiro; natural do Reino, e Ana Hennques, natural do Rio de Janeiro, moradores no Rio de Janeiro; *estado civil:* solteiro; *ocupação:* soldado; *crime:* judaísmo; *sentença:* cárcere e hábito penitencial perpétuo; com confisco; *auto de fé:* 14.10.1714. *Observações:* mãe e irmãos penitenciados.

INÁCIO DE BARCELOS;
PROCESSO N. 13.196; Inquisição de Lisboa. *Origem:* cristão-velho; *prisão:* 1592; *natural:* ilha Terceira; *morador:* Ilhéus, Bahia; *filiação:* Afonso de Barcelos Machado e Izabel Gonçalves; *estado civil:* casado com D. Joana, cristã-velha; *crime:* proposição herética; *sentença:* repreensão, penitências espirituais e pagamento de 5 cruzados para as despesas do Santo Ofício. *Observações:* o réu foi relevado da condenação de 5 cruzados e em vez disso foi condenado a penitências espirituais. 12.7.1593.

INÁCIO DE OLIVEIRA BARROS OU COELHO;
PROCESSO N. 5.445; Inquisição de Lisboa. *Origem:* parte cristão-novo; *prisão:* 1712; *idade:* 27; *natural:* Rio de Janeiro; *morador:* Rio de Janeiro; *filiação:* Rodrigo Coelho do Bomsucesso, lavrador de cana, cristão-velho, e Izabel de Barros, naturais e moradores do Rio de Janeiro; *estado civil:* solteiro; *ocupação:* soldado; *crime:* judaísmo; *sentença:* cárcere e hábito penitencial a arbítrio dos inquisidores; com confisco; *auto de fé:* 9.7.1713. *Observações:* avó, tia, primos e irmãos penitenciados.

INÁCIO DOS SANTOS BICUDO;
PROCESSO N. 6.226; Inquisição de Lisboa. *Prisão:* 1792; *natural:* Paraíba; *morador:* Juquiri, bispado de São Paulo; *estado civil:* casado com Florência da Silva; *crime:* bigamia. *Observações:* o réu faleceu na cadeia em 2.2.1790, em São Paulo.

INÁCIO FERNANDES;

PROCESSO N. 17.347; Inquisição de Lisboa.

INÁCIO FRANCISCO;

PROCESSO N. 3.354; Inquisição de Lisboa. *Origem:* parte cristão-novo; *prisão:* 1725; *idade:* 24; *natural:* Rio de Janeiro; *morador:* Rio de Janeiro; *filiação:* João Álvares Viana, barqueiro, cristão-velho, e Maria de Jesus, natural do Rio de Janeiro, moradores do Rio de Janeiro; *estado civil:* solteiro; *ocupação:* soldado infante; *crime:* judaísmo; *sentença:* cárcere e hábito penitencial perpétuo; com confisco; *auto de fé:* 6.5.1725. *Observações:* mãe e irmãos penitenciados.

INÁCIO GOMES PEREIRA;

PROCESSO N. 12.211; Inquisição de Lisboa. *Origem:* cristão-novo; *prisão:* 1732; *idade:* 29; *natural:* Engenho Velho, Paraíba; *morador:* Engenho Novo, Paraíba; *filiação:* Diogo Nunes e Catarina Pereira; *ocupação:* lavrador de tabaco; *crime:* judaísmo. *Observações:* morreu no cárcere.

INÁCIO JOAQUIM E ESCOLÁSTICA BENTAS;

PROCESSO N. 2.703; Inquisição de Lisboa. *Prisão:* 1771; *idade:* 50; *natural:* sertão do rio Negro; *morador:* Serzedelo, bispado do Maranhão; *estado civil:* Escolástica era casada a segunda vez com Inácio Joaquim; *crime:* bigamia; *sentença:* (de Inácio Joaquim) repreensão e obrigação de se instruir nos mistérios da fé. *Observações:* Inácio Joaquim não sabia ler nem escrever. Escolástica Bentas não tem sentença nem auto de fé porque faleceu. Ambos índios.

INÁCIO LUÍS;

PROCESSO N. 3.353; Inquisição de Lisboa. *Origem:* parte cristão-novo; *prisão:* 1725; *natural:* Rio de Janeiro; *morador:* Rio de Janeiro; *filiação:* Manuel Luís Ferreira, mercador, cristão-velho, e Catarina Gomes Palhana, naturais e moradores do Rio de Janeiro; *estado civil:* solteiro; *ocupação:* tratante; *crime:* judaísmo; *sentença:* cárcere e hábito penitencial perpétuo; com confisco; *auto de fé:* 6.5.1725. *Observações:* avó, mãe, tios e irmãos penitenciados.

ISIDORO DA SILVA;

PROCESSO N. 2.289; Inquisição de Lisboa. *Prisão:* 1732; *idade:* 42; *natural:* Bahia; *morador:* Bahia; *filiação:* António da Silva, lavrador de mandioca; *estado civil:* solteiro; *ocupação:* cordoeiro; *crime:* proposição herética; *sentença:* degredo de três anos para o bispado de Miranda; *auto de fé:* 6.6.1732.

ISIDORO DE ALMEIDA (OU ANTÓNIO JOSÉ VILANOVA);

PROCESSO N. 10.346; Inquisição de Lisboa. *Natural:* Porto, Portugal; *morador:* ilha Grande, Rio de Janeiro; *estado civil:* casado; *ocupação:* alfaiate; *crime:* bigamia; *sentença:* degredo de quatro anos para Angola; *auto de fé:* 18.6.1741.

J

JACINTO DA SILVA;
PROCESSO N. 11.316; Inquisição de Lisboa. *Prisão:* 1725; *idade:* 25; *natural:* Guarda, Portugal; *morador:* Santos; *estado civil:* casado; *ocupação:* médico; *crime:* bigamia; *sentença:* penitência pública com abjuração de Levi e degredo por tempo de cinco anos para as galés; *auto de fé:* 26.6.1728. *Observações:* sabia ler e escrever.

JACOME BRANCO;
PROCESSO N. 13.099; Inquisição de Lisboa. *Prisão:* 1593; *natural:* Rio de Janeiro; *morador:* Bahia; *sentença:* não há prova suficiente para o condenar a penas maiores; penitências espirituais; *auto de fé:* 1593. *Observações:* sabia ler e escrever. Mameluco.

JACOME FERNANDES;
PROCESSO N. 4.304; Inquisição de Lisboa. *Origem:* cristão-velho; *prisão:* 1593; *idade:* 60; *natural:* Termo de Ponte de Lima, Portugal; *morador:* Tasuapina, Bahia; *filiação:* Gonçalo Eanes, lavrador, e Maria Martins; *estado civil:* viúvo; *ocupação:* lavrador; *crime:* blasfêmia; *sentença:* vá ao auto público que se celebra na Sé em corpo, com a cabeça descoberta, onde estará com uma vela acesa na mão enquanto se celebrar o ofício divino da Missa; penitências espirituais; *auto de fé:* 24.1.1593.

JERONIMO CORRÊA;
PROCESSO N. 7.872; Inquisição de Lisboa. *Idade:* 25; *morador:* Maranhão; *ocupação:* soldado; *crime:* sodomia.

JERONIMO HENRIQUES;
Inquisição de Lisboa. *Origem:* cristão-novo; *idade:* 51; *natural:* lugar do Escalhão, castelo Rodrigo, Lamego, Portugal; *morador:* Bahia; *ocupação:* tratante; *crime:* judaísmo; *sentença:* cárcere e hábito que se tira no auto; *auto de fé:* 13.10.1726.

JERONIMO HENRIQUES;
PROCESSO N. 7.887; Inquisição de Lisboa. *Origem:* cristão-novo; *idade:* 14; *natural:* Rio de Janeiro; *morador:* Rio de Janeiro/Lisboa; *filiação:* Francisco de Siqueira Machado, médico, natural do Rio de Janeiro, e Leonor Henriques, moradores no Rio de Janeiro; *estado civil:* solteiro; *ocupação:* estudante; *crime:* judaísmo; *sentença:* abjuração de Levi em forma e penitências espirituais; *auto de fé:* 17.6.1715. *Observações:* apresentado em Lisboa em 1715. Pai e irmãos penitenciados.

JERONIMO MONTEIRO;
PROCESSO N. 10.755; Inquisição de Lisboa. *Origem:* cristão-velho; *prisão:* 1595; *estado civil:* casado; *crime:* bigamia; *sentença:* por falta de provas o réu foi solto e desobrigado de sua fiança; *auto de fé:* 7.7.1595.

JERONIMO RODRIGUES;

PROCESSO N. 10.003; Inquisição de Lisboa. *Origem:* cristão-novo; *prisão:* 1729; *idade:* 50; *natural:* lugar do Escalhão, Lamego, Portugal; *morador:* Bahia; *filiação:* José Cardoso, tratante, natural de Escalhão, e Izabel Nunes, natural de Pinhal, moradores em Escalhão; *estado civil:* casado com Guiomar Rosa; *ocupação:* tratante; *sentença:* cárcere e hábito penitencial a arbítrio dos inquisidores; com confisco; *auto de fé:* 5.12.1729. *Observações:* apresentado. Filho penitenciado.

JOANE ARNS (FLAMENGO);

PROCESSO N. 8.582; Inquisição de Lisboa. *Prisão:* Iª Visitação, na Bahia, em 1591; *idade:* 26; *natural:* Grifão; *morador:* Bahia. *filiação:* Alberto, lavrador, e Ana; *estado civil:* solteiro; *ocupação:* mestre-carpinteiro; *crime:* blasfêmia; *sentença:* repreendido e admoestado em Mesa.

JOÃO AFONSO;

PROCESSO N. 2.561; Inquisição de Lisboa. *Origem:* cristão-velho; *prisão:* 1595; *idade:* 35; *natural:* Esposende, Braga, Portugal; *morador:* Olinda, Pernambuco; *filiação:* António Afonso, homem de mar, e Luiza Gonçalves, moradores em Leça; *estado civil:* casado com Inácia Ribeira, cristã-velha; *ocupação:* piloto; *crime:* luteranismo; *sentença:* o réu seja excusado de penitência pública e que nesta Mesa seja repreendido e admoestado e se lhe mande que frequente as confissões, ofícios divinos e pregações; *auto de fé:* 28.2.1595.

JOÃO ÁLVARES DE SANTA MARIA, FREI;

PROCESSO N. 15.928; Inquisição de Lisboa. *Origem:* cristão-velho; *prisão:* 1725; *idade:* 22; *natural:* Santos; *morador:* Lisboa, Portugal; *filiação:* Francisco Lourenço Rodrigues e Maria Alvares; *estado civil:* solteiro; *ocupação:* religioso da Ordem do Carmo e estudante de teologia no Colégio do Carmo de Coimbra; *crime:* judaísmo; *sentença:* reconciliado em forma, na sala de Audiência do Santo Ofício de Madri, a portas fechadas, em 8.10.1725. *Observações:* apresentou-se em Madri em 1725 com confissão escrita de próprio punho, datada de 9.1.1725.

JOÃO ÁLVARES DE FIGUEIRÓ;

PROCESSO N. 1.251; Inquisição de Lisboa. *Origem:* cristão-novo; *prisão:* 1709; *idade:* 40; *natural:* Rio de Janeiro; *morador:* Rio de Janeiro; *filiação:* Ayres de Miranda, lavrador de cana, natural da Bahia, e Ana Gomes, natural do Rio de Janeiro, moradores no Rio de Janeiro; *estado civil:* solteiro; *ocupação:* advogado; *crime:* judaísmo; *sentença:* cárcere e hábito penitencial perpétuo; com confisco; *auto de fé:* 26.7.1711. *Observações:* mãe e irmãos penitenciados.

JOÃO ALVES;

PROCESSO N. 16.946; Inquisição de Lisboa. *Prisão:* 1733; *ocupação:* religioso; *crime:* quebra do sigilo sacramental.

JOÃO BATISTA;

PROCESSO N. 4.307; Inquisição de Lisboa. *Origem:* cristão-novo; *prisão:* 1593; *idade:* 33; *natural:* Lisboa, Portugal; *morador:* Salvador, Bahia; *filiação:* Francisco Rodrigues Montemor e Felipa Taeros, judeus da Turquia; *estado civil:* solteiro; *ocupação:* mercador judeu, turco, convertido ao cristianismo em Lisboa; *crime:* sodomia.

JOÃO BONO;

PROCESSO N. 2.558; Inquisição de Lisboa. *Prisão:* 1591; *idade:* 20; *natural:* Amures; *morador:* Bahia; *filiação:* João Bono, alfaiate, e Tomna, flamengos; *ocupação:* criado de Nicolau Mendes; *crime:* luteranismo; *sentença:* que um domingo seja levado descalço, em corpo, com a cabeça descoberta à Sé e assim esteja, de pé, enquanto se celebrar o ofício divino da Missa, com uma vela acesa na mão; abjuração de Levi suspeito na fé e sirva dois meses em um mosteiro de religiosos que lhe será determinado; *auto de fé:* 25.10.1591. *Observações:* flamengo.

JOÃO CARVALHO DE BARROS;

PROCESSO N. 15.097; Inquisição de Lisboa. *Prisão:* 1703; *idade:* 26; *natural:* Bahia; *morador:* Matoim, Bahia; *filiação:* Agostinho Carvalho e Maria de Barros, mulher parda; *estado civil:* solteiro; *ocupação:* rendeiro; *crime:* sodomia.

JOÃO CORRÊA XIMENES;

PROCESSO N. 274; Inquisição de Lisboa. *Origem:* parte cristão-novo; *prisão:* 1723; *idade:* 22; *natural:* Rio de Janeiro; *morador:* Rio de Janeiro; *filiação:* João Corrêa Ximenes, tabelião e senhor de engenho, e Brites de Paredes, naturais e moradores do Rio de Janeiro; *estado civil:* solteiro; *ocupação:* soldado infante; *crime:* judaísmo; *sentença:* cárcere e hábito penitencial a arbítrio dos inquisidores; com confisco; *auto de fé:* 10.10.1723. *Observações:* apresentado. Hábito tirado após a sentença. Toda família penitenciada.

JOÃO CORRÊA XIMENES;

PROCESSO N. 956; Inquisição de Lisboa. *Origem:* parte cristão-novo; *prisão:* 1712; *idade:* 56; *natural:* Rio de Janeiro; *morador:* Rio de Janeiro; *filiação:* José Corrêa Ximenes, tabelião, cristão-velho, natural de Lisboa, e Maria de Maris, natural do Rio de Janeiro, moradores do Rio de Janeiro; *estado civil:* casado com Brites de Paredes, cristã-nova; *ocupação:* tabelião e senhor de engenho; *crime:* judaísmo; *sentença:* cárcere e hábito penitencial perpétuo; com confisco; *auto de fé:* 9.7.1713. *Observações:* esposa, filhos, irmão e sobrinhos penitenciados.

JOÃO DA COSTA;

PROCESSO N. 256; Inquisição de Lisboa. *Prisão:* 1744 *estado civil:* solteiro; *ocupação:* religioso; *crime:* solicitação.

JOÃO DA CRUZ;

PROCESSO N. 2.219; Inquisição de Lisboa. *Origem:* parte cristão-novo; *prisão:* 1716; *idade:* 36; *natural:* Rio de Janeiro; *morador:* Rio de Janeiro; *filiação:* padre Bento Cardoso, cristão-novo, e uma mulher negra de Angola; *estado civil:* solteiro; *ocupação:* alfaiate; *crime:* judaísmo; *sentença:* cárcere e hábito penitencial perpétuo; com confisco; *auto de fé:* 16.6.1720. *Observações:* pai preso. Sabia ler e escrever. Homem pardo.

JOÃO DA CRUZ;

PROCESSO N. 9.089; Inquisição de Lisboa. *Origem:* cristão-novo; *prisão:* 1710; *idade:* 24; *natural:* Almeida, Portugal; *morador:* Bahia; *filiação:* Francisco Rodrigues, curtidor, natural e morador em Almeida, Portugal, e Ana de Miranda, natural de Almeida, Portugal e moradora na Bahia; *estado civil:* solteiro; *ocupação:* curtidor; *crime:* judaísmo; *sentença:* cárcere e hábito penitencial perpétuo; com confisco; *auto de fé:* 26.7.1711.

JOÃO DA FONSECA BERNAL;

PROCESSO N. 11.784; Inquisição de Lisboa. *Origem:* cristão-novo; *prisão:* 1711; *idade:* 36; *natural:* Celorico, Portugal; *morador:* Rio de Janeiro; *estado civil:* viúvo de Gracia Duarte, cristã-nova; *ocupação:* lavrador de cana; *crime:* judaísmo; *sentença:* cárcere e hábito penitencial perpétuo; com confisco; *auto de fé:* 27.7.1711. *Observações:* irmão penitenciado.

JOÃO DA SILVA (ALCUNHA "O CURTO");

PROCESSO N. 502; Inquisição de Lisboa. *Idade:* 36; *natural:* Luanda, Angola; *morador:* Bahia; *ocupação:* barbeiro; *crime:* feitiçaria; *sentença:* cárcere a arbítrio dos inquisidores e quatro anos para Silves, Algarve; *auto de fé:* 20.7.1756. Escravo.

JOÃO DE BARROS LEAL;

PROCESSO N. 17.771; Inquisição de Lisboa. *Prisão:* século XVIII; *morador:* Pará; *ocupação:* vigário; *crime:* feitiçaria.

JOÃO DE COINTA (SENHOR DE BOLES);

PROCESSO N. 5.451; Inquisição de Lisboa. *Prisão:* 1560; *natural:* Boles, França; *morador:* São Vicente e Rio de Janeiro; *estado civil:* casado.

JOÃO DE COUTO TOLEDO (OU JOÃO MONIZ BARRETO);

PROCESSO N. 8.799; Inquisição de Lisboa. *Prisão:* 1678; *idade:* 25; *natural:* Vila da Praia, Ilha Terceira; *morador:* Santos, bispado do Rio de Janeiro; *estado civil:* casado; *ocupação:* sem ofício; *crime:* bigamia; *sentença:* açoite e degredo de cinco anos para as galés; *auto de fé:* 10.5.1682. *Observações:* em 17.9.1683 o inquisidor geral o livrou do degredo e pôde regressar ao Brasil. Sabia ler e escrever, e um pouco de latim.

JOÃO DE LEÃO;

PROCESSO N. 9.719; Inquisição de Lisboa. *Origem:* cristão-novo; *natural:* Guarda, Portugal; *morador:* Bahia. *Observações:* denunciado na "Grande Inquirição" de 1646. Irmão de Diogo de Leão, "homem bom" na Bahia.

JOÃO DE MATOS HENRIQUES;

PROCESSO N. 3.752; Inquisição de Lisboa. *Origem:* cristão-novo; *prisão:* 1729; *idade:* 30; *natural:* Maçai do Chão, Guarda, Portugal; *morador:* Minas de Ribeirão do Carmo; *filiação:* Francisco Cruz Henriques, que vive de sua fazenda, natural de Almeida, Portugal, e Felipa Nunes de Matos, natural de Maçai do Chão; *estado civil:* solteiro; *ocupação:* tratante; *crime:* judaísmo; *sentença:* cárcere e hábito penitencial a arbítrio dos inquisidores; com confisco; *auto de fé:* 18.6.1741.

JOÃO DE MORAIS MONTESINHOS;

PROCESSO N. 11.769; Inquisição de Lisboa. *Origem:* cristão-novo; *prisão:* 1729; *idade:* 27; *natural:* Bahia; *morador:* Bahia, Minas Gerais, *filiação:* Luís Mendes de Morais, homem de negócio, natural de Moymenta da Beira, e Maria Coutinho, natural do Rio de Janeiro, moradores na Bahia; *estado civil:* solteiro; *ocupação:* tratante; *crime:* judaísmo; *sentença:* abjuração em forma e penitências espirituais; *auto de fé:* 17.6.1731. *Observações:* avó (Ana Gomes), tios e primos penitenciados, presos no Rio de Janeiro.

JOÃO DE MOURA FOGAÇA;

PROCESSO N. 3.259; Inquisição de Lisboa. *Origem:* parte cristão-novo; *prisão:* 1669; *natural:* Rio de Janeiro; *morador:* Rio de Janeiro; *filiação:* Mateus de Moura Fogaça, cristão-velho, e Úrsula da Costa; *estado civil:* solteiro; *ocupação:* sacerdote do Hábito de São Pedro; *crime:* solicitação; *sentença:* acusações foram julgadas improcedentes. *Observações:* foi remetido para Coimbra em 1669, pelo prelado da Cidade do Rio de Janeiro, D. Manuel de Souza Almada, que enviou junto uma carta datada de 21.10.1668, pedindo que se abrisse processo contra o réu.

JOÃO DE SOUZA MARTINS;

PROCESSO N. 346; Inquisição de Lisboa. *Idade:* 39; *natural:* São Miguel de Cabreiro, Braga; *morador:* Bahia; *estado civil:* casado; *ocupação:* marceneiro; *crime:* bigamia; *sentença:* açoite e cinco anos de degredo para as galés; *auto de fé:* 20.10.1748.

JOÃO DIAS;

PROCESSO N. 2.562; Inquisição de Lisboa. *Origem:* cristão-velho; *prisão:* 1593; *natural:* ilha Terceira; *morador:* Jacuípe, junto da fazenda de Garcia d'Ávila, Bahia; *filiação:* Pedro Brás, lavrador, e Izabel Lopes; *estado civil:* casado com Antonia Dias, índia; *ocupação:* lavrador; *crime:* foi excomungado e não pediu benefício da absolvição (em 1590); *sentença:* que seja repreendido em Mesa e pague 10 cruzados para as despesas do Santo Ofício e que vá absolver-se e satisfazer no Juízo Eclesiástico, onde foi excomungado; *auto de fé:* 24.1.1593. *Observações:* "por mandado do senhor Vigário Geral absolvido da excomunhão maior João Dias e por ele me pedir esta certidão lhe passei hoje, 29.1.1593", a Manuel Rodrigues.

JOÃO DIQUE DE SOUZA;

PROCESSO N. 10.139; Inquisição de Lisboa. *Origem:* cristão-novo; *prisão:* 1711; *idade:* 67; *natural:* Lisboa, Portugal; *morador:* Rio de Janeiro; *filiação:* Diogo Duarte de Souza, que vivia de sua fazenda e Catarina Dique, naturais e moradores em Lisboa; *estado civil:* casado; *ocupação:* senhor de engenho; *crime:* judaísmo; *sentença:* relaxado a justiça secular; com confisco; *auto de fé:* 14.10.1714. *Observações:* sabia ler e escrever. Filhos penitenciados.

JOÃO DO ESPÍRITO SANTO, FREI (OU JOÃO BARBOSA);

PROCESSO N. 13.076; Inquisição de Lisboa. *Origem:* cristão-velho; *prisão:* 1612; *natural:* Bahia; *morador:* convento de São Bento, Lisboa, Portugal; *estado civil:* solteiro; *ocupação:* religioso professo da Ordem de São Bento; *crime:* luteranismo; *sentença:* reclusão perpétua no mosteiro de Santo André de Rendulfe (Ordem de São Bento) onde andará com hábito de noviço; exoneração de todos os cargos e atividades de religioso; instrução religiosa e penitências espirituais; *auto de fé:* 13.1.1612. *Observações:* fugiu do mosteiro em 1614 e regressou voluntariamente vestido de leigo. É denominado de incorrigível "por quebrar as regras da lei católica". É preso a 2ª vez, acusado de proposições heréticas, e condenado a continuar a penitência em reclusão no mosteiro de São Romão, junto a Viana, também da Ordem de São Bento, em 23.2.1615. Em 1616 é dispensado da reclusão, ficando ainda sujeito a várias penas espirituais.

JOÃO DOS SANTOS;

PROCESSO N. 8.285; Inquisição de Lisboa. *Origem:* parte cristão-novo; *prisão:* 1715; *natural:* Rio de Janeiro; *morador:* Rio de Janeiro; *filiação:* João Álvares Viana, barqueiro, cristão-velho, e Maria Jesus; *estado civil:* solteiro; *ocupação:* mineiro; *crime:* judaísmo; *sentença:* cárcere e hábito penitencial perpétuo; com confisco; *auto de fé:* 16.6.1720. *Observações:* sabia ler e escrever. Mãe e irmãs penitenciadas.

JOÃO DURÃO DA SILVEIRA;

PROCESSO N. 5.708; Inquisição de Lisboa. *Origem:* cristão-novo; *prisão:* 1744; *idade:* 50; *natural:* Rio de Janeiro; *morador:* São João del Rei, Minas Gerais; *filiação:* Manoel Durão, barbeiro, e Beatriz de Figueiró, naturais e moradores do Rio de Janeiro; *estado civil:* solteiro; *ocupação:* mineiro; *crime:* sodomia; *sentença:* açoitado pelas ruas, degredo de dez anos para as galés; *auto de fé:* 1746.

JOÃO FERNANDES;

PROCESSO N. 2.559; Inquisição de Lisboa. *Prisão:* 1595; *natural:* Bahia; *morador:* Pernambuco; *filiação:* João Bento, francês, e Catarina Fernandes, mameluca; *ocupação:* lavrador; *crime:* sodomia; *sentença:* dois anos de degredo para as galés do Reino e nelas remará os ditos dois anos sem soldo, fazendo penitência de tão graves culpas e confessando-se a cada mês; *auto de fé:* 1595. *Observações:* foi preso a segunda vez, acusado de "fuga propositada da embarcação" mas "dada a sua enfermidade confirmada por certidão e exames médicos, lhe comutam os dois anos de degredo para as galés". Foi degredado por cinco anos para a Paraíba onde "servirá ao Rei durante cinco anos sem soldo nem salário algum, somente os alimentos". Mameluco.

JOÃO FERREIRA MACHADO (OU MATADO);

PROCESSO N. 9.479; Inquisição de Lisboa. *Origem:* cristão-velho; *prisão:* 1725; *idade:* 37; *natural:* Abrantes, Guarda, Portugal; *morador:* Vila de Santos, bispado do Rio de Janeiro; *estado civil:* casado; *ocupação:* furador; *crime:* poligamia; *sentença:* degredo de sete anos para as galés; *auto de fé:* 20.7.1728. *Observações:* preso pela primeira vez em Abrantes em 1716, por proposições heréticas. Condenado a cárcere a arbítrio dos inquisidores e degredo de três anos para o bispado de Miranda; *auto de fé:* 16.2.1716. Sabia ler e escrever.

JOÃO FREIRE;

PROCESSO N. 2.557; Inquisição de Lisboa. *Origem:* cristão-velho; *prisão:* 1595; *idade:* 18; *natural:* Setúbal, Portugal; *morador:* Pernambuco; *filiação:* Diogo Ferreira, tesoureiro da alfândega de Lisboa, e Margarida Fernandes, mulher parda; *estado civil:* solteiro; *ocupação:* soldado; *crime:* sodomia; *sentença:* degredo de dois anos para as galés do Reino, para nelas servir e remar sem vencer soldo algum; *auto de fé:* 25.9.1595. *Observações:* na folha de rosto "esse delito merece a pena de morte". Mulato.

JOÃO GOMES;

PROCESSO N. 8.534; Inquisição de Lisboa. *Origem:* cristão-novo; *prisão:* 1737; *morador:* Paraíba; *filiação:* filho natural de Joana Gomes da Silveira; *crime:* judaísmo; *sentença:* abjuração de Levi; *auto de fé:* 1.9.1737, na Mesa. *Observações:* A mãe morreu no cárcere.

JOÃO GOMES DE BARROS;

PROCESSO N. 5.446; Inquisição de Lisboa. *Origem:* parte cristão-novo; *prisão:* 1712 *idade:* 30; *natural:* Rio de Janeiro; *morador:* Rio de Janeiro; *filiação:* Rodrigo Coelho do Bonsucesso, lavrador, cristão-velho, e Izabel de Barros, naturais e moradores do Rio de Janeiro; *estado civil:* solteiro; *ocupação:* homem de negócios; *crime:* judaísmo; *sentença:* cárcere e hábito penitencial perpétuo; com confisco; *auto de fé:* 9.7.1713, no Rocio. *Observações:* avó, tia e irmãos penitenciados.

JOÃO GOMES DE CARVALHO;

PROCESSO N. 8.764; Inquisição de Lisboa. *Origem:* cristão-novo; *prisão:* 1725; *idade:* 26; *natural:* Porto, Portugal; *morador:* Bahia, Lisboa; *filiação:* Francisco Lopes Carranca e Maria Gomes; *estado civil:* casado com Luiza Maria Rosa; *ocupação:* homem de negócios; *crime:* judaísmo; *sentença:* cárcere e hábito penitencial perpétuo; com confisco; *auto de fé:* 13.10.1726.

JOÃO GOMES SODRÉ PEREIRA;

PROCESSO N. 276; Inquisição de Lisboa. *Origem:* parte cristão-novo; *prisão:* 1720; *idade:* 29; *natural:* Rio de Janeiro; morador. Rio de Janeiro; *filiação:* João Gomes da Silva Pereira, senhor de engenho, cristão-velho, e Catarina de Azeredo, naturais e moradores do Rio de Janeiro; *estado civil:* solteiro; *ocupação:* soldado infante; *crime:* judaísmo; *sentença:* cárcere e hábito penitencial perpétuo; com confisco; *auto de fé:* 10.10.1723. *Observações:* irmãos penitenciados.

JOÃO GONÇALVES;

PROCESSO N. 2.555; Inquisição de Lisboa. *Origem:* cristão-velho; *prisão:* 1593; *idade:* 29; *natural:* Ilha da Madeira; *morador:* Bahia; *estado civil:* casado com Inês Fernandes; *ocupação:* mestre-de-açúcar no engenho de Fernão Cabral de Ataíde; *crime:* bigamia; *sentença:* absolvido; *auto de fé:* 31.7.1593. *Observações:* notificada à Mesa em 25.10.1592.

JOÃO GONÇALVES;

PROCESSO N. 13.098; Inquisição de Lisboa. *Origem:* cristão-velho; *prisão:* Iª Visitação à Bahia, em 1591; *idade:* 20; *natural:* Ilhéus, Bahia; *morador:* Sergipe do Conde, Bahia; *filiação:* Tomé Fernandes e Izabel Gonçalves; *estado civil:* solteiro; *ocupação:* alfaiate; *crime:* gentilidades; *sentença:* proibição de voltar ao sertão e penitências espirituais.

JOÃO HENRIQUES;

PROCESSO N. 8.378; Inquisição de Lisboa. *Origem:* parte cristão-novo; *prisão:* 1741; *idade:* 27; *natural:* São Vicente da Beira, Guarda, Portugal; *morador:* Minas de Paracatu; *filiação:* João Henriques, boticário, e Maria Gomes, cristã-velha; *estado civil:* solteiro; *ocupação:* boticário; *crime:* judaísmo; sentença: relaxado à justiça secular; com confisco; *auto de fé:* 20.10.1748.

JOÃO HENRIQUES DE CASTRO;

PROCESSO N. 950; Inquisição de Lisboa. *Origem:* cristão-novo; *prisão:* 1712; *idade:* 60; *natural:* Vila Cova Acoelheira, Lamego, Portugal; *morador:* Rio de Janeiro; *filiação:* Marcos Henriques de Castro, capitão-mor em Vila Acoelheira, e Izabel Fernandes; *estado civil:* casado com Maria Henriques, cristã-nova; *ocupação:* lavrador de cana; *crime:* judaísmo; *sentença:* cárcere e hábito penitencial perpétuo; com confisco; *auto de fé:* 9.7.1713. *Observações:* esposa e filhos penitenciados.

JOÃO LOPES DA VEIGA;

PROCESSO N. 952; Inquisição de Lisboa. *Origem:* cristão-novo; *prisão:* 1712; *idade:* 29; *natural:* Rio de Janeiro; *morador:* Rio de Janeiro e Vila de Estremoz, Portugal; *filiação:* Fernão Lopes, mercador, natural de Elvas, e Tereza de Leão, natural do Rio de Janeiro; moradores no Rio de Janeiro; *estado civil:* solteiro; *ocupação:* advogado; *crime:* judaísmo; *sentença:* cárcere e hábito penitencial a arbítrio dos inquisidores; com confisco; *auto de fé:* 9.7.1713. *Observações:* apresentado em 12.10.1712 em Lisboa. Hábito tirado depois de lida a sentença. Mãe e irmãos penitenciados.

JOÃO LOPES NUNES;

PROCESSO N. 2.354; Inquisição de Lisboa. *Origem:* cristão-novo; *prisão:* 1704; *natural:* Portugal; *morador:* Santos; *estado civil:* solteiro; *ocupação:* mercador; *crime:* judaísmo; *sentença:* cárcere e hábito penitencial a arbítrio dos inquisidores; com confisco; *auto de fé:* 19.10.1704.

JOÃO MARQUES PINTO;

PROCESSO N. 12.950; Inquisição de Lisboa. *Prisão:* 1798; *natural:* Portugal; *morador:* Rio de Janeiro; *estado civil:* professor régio de língua grega. *Observações:* foi acusado junto com António Justino de Brito Lima, escrivão dos resíduos e ausentes. Os autos foram conclusos em 13.1.1798.

JOÃO MENDES DA SILVA;

PROCESSO N. 11.806; Inquisição de Lisboa. *Origem:* parte cristão-novo; *prisão:* 1712; *idade:* 53; *natural:* Rio de Janeiro; *morador:* Rio de Janeiro; *filiação:* André Mendes da Silva, mercador, natural do Crato, e Maria Henriques, cristã-velha, natural do Rio de Janeiro; moradores no Rio de Janeiro; *estado civil:* casado com Lourença Coutinho, cristã-nova; *ocupação:* advogado; *crime:* judaísmo; *sentença:* cárcere e hábito penitencial perpétuo; com confisco; *auto de fé:* 9.7.1713. *Observações:* esposa e filhos penitenciados. Pai do dramaturgo brasileiro António José da Silva, "o Judeu".

JOÃO MENDES DE MORAIS;

PROCESSO N. 15.480; Inquisição de Lisboa. *Origem:* parte cristão-novo; *prisão:* 1728; *natural:* Bahia; *morador:* Jacobina, Bahia; *filiação:* Luís Mendes de Morais e Antonia Morais.

JOÃO MENDES SANCHES SALGUEIRO;

PROCESSO N. 10.511; Inquisição de Lisboa. *Prisão:* 1789; *natural:* Matas, junto à Vila de Ameeira; *morador:* Vila das Alagoas, Pernambuco; *filiação:* Alferes dos Matos e Natália Lopes; *estado civil:* professor régio de gramática latina; *crime:* proposições heréticas; *sentença:* não tem, pois não foi comprovada a acusação.

JOÃO NUNES;

PROCESSO N. 885 (E N. 1.491); Inquisição de Lisboa. *Origem:* cristão-novo; *prisão:* 1592; *natural:* Castro Dairo, Lamego, Portugal; *morador:* Olinda; *filiação:* Manoel Nunes, mercador, e Lucrécia Rodrigues; *estado civil:* solteiro; *ocupação:* mercador e senhor de engenho na Paraíba; *crime:* sacrilégio (desrespeito ao crucifixo) e amancebamento; *sentença:* absolvido por falta de provas.

JOÃO NUNES DA FONSECA;

PROCESSO N. 9.966; Inquisição de Lisboa. *Origem:* cristão-novo; *prisão:* 1729; *idade:* 66; *natural:* Paraíba; *morador:* Paraíba; *crime:* judaísmo; *sentença:* cárcere e hábito penitencial perpétuo; com confisco; *auto de fé:* 17.6.1731.

JOÃO NUNES DE LARA;

Inquisição de Lisboa. *Origem:* cristão-novo; *prisão:* 1741; *idade:* 27; *natural:* Guarda, Portugal; *morador:* Bahia, assistente em Minas do Ribeirão do Carmo; *filiação:* Francisco Nunes de Lara; *estado civil:* solteiro; *ocupação:* homem de negócios; *crime:* judaísmo; *auto de fé:* 18.6.1741. *Observações:* seus irmãos foram presos.

JOÃO NUNES TOMAZ;

PROCESSO N. 8.033; Inquisição de Lisboa. *Origem:* parte cristão-novo; *prisão:* 1732; *idade:* 50; *natural:* Engenho Pindoba, Paraíba; *morador:* Engenho do Meio, Paraíba; *filiação:* Gaspar Nunes Espinga, lavrador de mandioca, e Joana do Rego; *estado civil:* solteiro; *ocupação:* homem de negócios; *crime:* judaísmo; *sentença:* cárcere e hábito penitencial a arbítrio dos inquisidores; com confisco; *auto de fé:* 20.10.1733. *Observações:* a família foi penitenciada.

JOÃO NUNES VELHO (SAMUEL VELHO);

PROCESSO N. 11.575; Inquisição de Lisboa. *Origem:* cristão-novo; *prisão:* 1646; *idade:* 34; *natural:* Guarda, Portugal; *morador:* Recife, Pernambuco; *filiação:* António Velho e Maria Catarina Nunes; *estado civil:* solteiro; *ocupação:* mercador; *crime:* judaísmo; *sentença:* cárcere e hábito penitencial a arbítrio dos inquisidores; com confisco; *auto de fé:* 15.12.1647. *Observações:* fora "enrolador" de tabaco em Amsterdã. Fugiu de Portugal em abril de 1648 e chegou em Amsterdã em maio do mesmo ano.

JOÃO NUNES VISEU;

PROCESSO N. 1.195; Inquisição de Lisboa. *Origem:* cristão-novo; *prisão:* 1710; *idade:* 37; *natural:* Idanha Nova, Guarda, Portugal; *morador:* Rio de Janeiro; *filiação:* Manoel Nunes Viseu, lavrador, natural de Almeida, Portugal, e Catarina Rodrigues, natural de Idanha Nova, moradores no Rio de Janeiro; *estado civil:* casado com Izabel Gomes da Costa, cristã-nova; *ocupação:* médico; *crime:* judaísmo; *sentença:* cárcere e hábito penitencial perpétuo; com confisco; *auto de fé:* 26.6.1711. *Observações:* obteve licença em 9.11.1711 para ir para Castelo Branco em companhia de sua mãe e para poderem também sair da Vila de Idanha, Montanha e Alpedinha. Sabia ler e escrever. Mãe, esposa, irmãs penitenciadas.

JOÃO NUNES VISEU;

PROCESSO N. 9.326; Inquisição de Lisboa. *Origem:* cristão-novo; *idade:* 17; *natural:* São Vicente da Beira, Guarda, Portugal; *morador:* Rio de Janeiro; *filiação:* Manoel Nunes Idanha, médico, e Elena Nunes; *estado civil:* solteiro; *ocupação:* sem ofício; *crime:* judaísmo; *sentença:* cárcere e hábito penitencial perpétuo; com confisco; *auto de fé:* 26.7.1711. *Observações:* mãe, irmã, tios e primos penitenciados.

JOÃO PEREIRA DE SOUZA;

PROCESSO N. 16.902; Inquisição de Lisboa. *Prisão:* antes de 1624.

JOÃO PERES CALDEIRA;

PROCESSO N. 7.893; Inquisição de Lisboa. *Origem:* cristão-novo; *prisão:* 1714; *idade:* 60; *natural:* Rio de Janeiro; *morador:* Rio de Janeiro; *filiação:* Antônio Peres Caldeira e Marta Gomes, mulher parda; *estado civil:* solteiro; *ocupação:* sacerdote do Hábito de São Pedro e advogado formado em Coimbra; *crime:* judaísmo; *sentença:* absoluto na instância (sepultura eclesiástica); com confisco; *auto de fé:* 14.10.1714. *Observações:* defunto nos cárceres em 11.7.1714.

JOÃO PERES DA FONSECA;

PROCESSO N. 4.947; Inquisição de Lisboa. *Origem:* parte cristão-novo; *prisão:* 1714; *natural:* Rio de Janeiro; *morador:* Rio de Janeiro; *filiação:* João Rodrigues Calassa, senhor de engenho, e Madalena Peres; *estado civil:* solteiro; *ocupação:* sem ofício; *crime:* judaísmo; *sentença:* cárcere e hábito penitencial a arbítrio dos inquisidores; com confisco; *auto de fé:* 16.2.1716. *Observações:* pais e irmãos penitenciados.

JOÃO PINTO COELHO;

PROCESSO N. 8.573; Inquisição de Lisboa. *Origem:* cristão-velho; *prisão:* 1727; *idade:* 33; *natural:* Guarda, Portugal; *morador:* Bahia; *filiação:* Miguel Pinto Coelho, procurador de causas, e Izabel Francisca, natural da Guarda, Portugal; *estado civil:* solteiro; *ocupação:* procurador de causas; *crime:* fingiu-se de sacerdote e envergando estas vestes celebrou missa, ouviu confissões e proferiu palavras de absolvição a várias pessoas; *sentença:* açoite e degredo para as galés; *auto de fé:* 26.7.1728.

JOÃO RODRIGUES (OU FERNANDES);

Inquisição de Lisboa. *Idade:* 37; *natural:* ilha Terceira; *morador:* Magé, recôncavo do Rio de Janeiro; *ocupação:* lavrador de mandioca; *crime:* bigamia; *sentença:* açoite e cinco anos de degredo para as galés; *auto de fé:* 20.9.1733.

JOÃO RODRIGUES CALASSA;

PROCESSO N. 955; Inquisição de Lisboa. *Origem:* cristão-novo; *prisão:* 1712; *idade:* 65; *natural:* Portugal; *morador:* Rio de Janeiro; *filiação:* João Rodrigues Calassa, sirgueiro, e Elena Sanches, naturais e moradores em Elvas; *estado civil:* casado com Madalena Peres; *ocupação:* senhor de engenho; *crime:* judaísmo; *sentença:* cárcere e hábito penitencial perpétuo; com confisco; *auto de fé:* 9.7.1713. *Observações:* esposa e filhos penitenciados.

JOÃO RODRIGUES DA COSTA;

PROCESSO N. 6.846; Inquisição de Lisboa. *Origem:* parte cristão-novo; *idade:* 24; *morador:* Rio de Janeiro/Minas Gerais; *filiação:* João Rodrigues da Costa, homem de negócios, e Cecília da Costa; *estado civil:* solteiro; *crime:* judaísmo; *sentença:* cárcere e hábito penitencial perpétuo; com confisco; *auto de fé:* 16.10.1729.

JOÃO RODRIGUES DE ANDRADE;

PROCESSO N. 10.140; Inquisição de Lisboa. *Origem:* cristão-novo; *prisão:* 1712; *idade:* 56; *natural:* Rio de Janeiro; *morador:* Rio de Janeiro; *filiação:* Miguel Lopes de Oliveira, homem de negócios, e Maria Madalena; *estado civil:* viúvo; *ocupação:* lavrador de cana; *crime:* judaísmo; *sentença:* cárcere e hábito penitencial perpétuo; com confisco; *auto de fé:* 14.10.1714. *Observações:* irmã e filhos penitenciados.

JOÃO RODRIGUES DE MESQUITA;

PROCESSO N. 8.018; Inquisição de Lisboa. *Origem:* cristão-novo; *prisão:* 1733; *natural:* Vinhaes, Miranda, Portugal; *morador:* arraial do Tijuco; *filiação:* Manoel Rodrigues, tendeiro; *estado civil:* solteiro; *ocupação:* homem de negócios; *crime.:* judaizante; *sentença:* absoluto na instância (sepultura em terra consagrada); *auto de fé:* 9.10.1739. *Observações:* faleceu no cárcere.

JOÃO RODRIGUES DE MORAES;

PROCESSO N. 423; Inquisição de Lisboa. *Idade:* 22; *natural:* Miranda, Portugal; *morador:* Vila Rica, Minas Gerais; *filiação:* Manoel Rodrigues de Moraes, alfaiate; *estado civil:* solteiro; *ocupação:* clérigo *in minoribus*; *crime:* por confessar sem ser sacerdote; *sentença:* suspenso para sempre do exercício de suas ordens, inabilitado para as mais e degredo de seis anos para as galés; *auto de fé:* 24.7.1735.

JOÃO RODRIGUES DO VALE;

PROCESSO N. 1.191; Inquisição de Lisboa. *Origem:* cristão-novo; *prisão:* 1710; *idade:* 58; *natural:* Rio de Janeiro; *morador:* Rio de Janeiro; *filiação:* Manuel do Vale da Silveira, senhor de engenho, natural de Lisboa, e Izabel Gomes da Costa, natural do Rio de Janeiro, moradores no Rio de Janeiro; *estado civil:* casado com Leonor Guterrez, cristã-nova; *ocupação:* senhor de engenho; *crime:* judaísmo; *sentença:* cárcere e hábito penitencial perpétuo; com confisco; *auto de fé:* 26.7.1711. *Observações:* esposa, filhos, irmãos e sobrinhos penitenciados.

JOÃO RODRIGUES MARINHO;

PROCESSO N. 2.560; Inquisição de Lisboa. *Origem:* cristão-velho; *prisão:* 1594; *idade:* 48; *natural:* ilha da Madeira; *morador:* Olinda, Pernambuco; *filiação:* Fernão Álvares e Leonor Nunes; *estado civil:* casado; *ocupação:* marinheiro; *crime:* proposição herética; *sentença:* que daqui por diante seja atentado em suas palavras que sejam católicas e cristãs e que em suas práticas algumas vezes perante algumas pessoas traga algum razoado propósito com que diga que o estado dos religiosos é melhor e mais excelente que o dos casados, e que ter o contrário é heresia; *auto de fé:* 1.2.1594. *Observações:* o réu estava em Pernambuco cumprindo pena de degredo de sete anos por adultério.

JOÃO SOARES DE MESQUITA;

PROCESSO N. 11.480 Inquisição de Lisboa. *Origem:* cristão-novo; *prisão:* 1710; *natural:* Rio de Janeiro; *morador:* Rio de Janeiro; *filiação:* João Soares Pereira, senhor de engenho, natural de Alentejo, e Leonor Gomes, natural do Rio de Janeiro; moradores no Rio de Janeiro; *estado civil:* casado com Izabel Gomes da Costa, cristã-nova; *ocupação:* lavrador de canas; *crime:* judaísmo; *sentença:* cárcere e hábito penitencial perpétuo; com confisco; *auto de fé:* 11.6.1711. *Observações:* esposa, tios e primos penitenciados.

JOÃO TOMÁS BRUM;
PROCESSO N. 8.640; Inquisição de Lisboa. *Origem:* cristão-novo; *prisão:* 1709; *idade:* 29; *natural:* Rio de Janeiro; *morador:* Rio de Janeiro; *filiação:* João Tomás Brum, natural de Sevilha, lavrador de cana, e Branca Gomes, natural do Rio de Janeiro; *estado civil:* viúvo; *ocupação:* lavrador de cana; *crime:* judaísmo; *sentença:* cárcere e hábito penitencial a arbítrio dos inquisidores; com confisco; *auto de fé:* 26.6.1711. *Observações:* irmão, cunhada e sobrinhos penitenciados.

JOÃO TOMÁS DE CASTRO;
PROCESSO N. 9.999; Inquisição de Lisboa. *Origem:* cristão-novo; *prisão:* 1726; *natural:* Rio de Janeiro; *morador:* Rio de Janeiro e Lisboa; *filiação:* Miguel de Castro Lara, advogado, e Maria Coutinho, naturais e moradores do Rio de Janeiro; *estado civil:* solteiro; *ocupação:* médico; *crime:* judaísmo; *sentença:* relaxado à justiça secular; com confisco; *auto de fé:* 13.10.1729. *Observações:* família toda penitenciada.

JOÃO VALADARES;
PROCESSO N. 5.422; Inquisição de Lisboa.

JOAQUIM AMORIM DE CASTRO E LUÍS TAVARES DOS SANTOS;
PROCESSO N. 7.035; Inquisição de Lisboa. *Prisão:* 1797; *natural:* Vila de Cachoeira, Bahia (ambos); *morador:* Vila de Cachoeira, Bahia (ambos); *ocupação:* juiz de fora da Vila de Cachoeira e, o segundo, advogado; *crime:* sodomia, comer carne em dias proibidos, ter em sua casa uma mulher de 15 anos sem que se confesse, ouça missa e cumpra o preceito da quadragésima. *Observações:* o processo foi encerrado pois as testemunhas não confirmam as acusações.

JOAQUIM ANTÓNIO;
PROCESSO N. 12.824; Inquisição de Lisboa. *Crime:* sodomia.

JOAQUIM DE ALMEIDA PORTUGAL PEREIRA;
PROCESSO N. 132; Inquisição de Lisboa. *Origem:* cristão-novo.

JOAQUIM PEDRO;
PROCESSO N. 218; Inquisição de Lisboa. *Prisão:* 1764; *natural:* Cametá, Pará; *morador:* Vila de Beja, Pará; *ocupação:* sem ofício, sacristão da Igreja da Vila de Beja; *crime:* feitiçaria; *sentença:* "superabundante castigo de sua culpa e larga; prisão de mais de quatro anos que tem tido na cidade do Pará". *Observações:* processo constituído de auto de prisão, genealogia e exame. Índio.

JORGE DE ARAÚJO;
PROCESSO N. 2.550; Inquisição de Lisboa. *Prisão:* 1595; *idade:* 30; *natural:* Pernambuco; *morador:* Pernambuco; *crime:* palavras exageradas. Disse, relativamente ao desembarque de uns franceses num fato, que por ali nem Deus poderia andar; *sentença:* repreendido e admoestado na Mesa; *auto de fé:* 16.3.1595. *Observações:* por ser pobre e não haver perigo de fuga, nem de não saber a verdade, lhe deu esta Vila de Olinda por prisão. Mameluco.

JORGE DE SOUZA;
PROCESSO N. 2.552; Inquisição de Lisboa. *Origem:* cristão-novo; *prisão:* 1595; *idade:* 17; *natural:* Olinda, Pernambuco; *morador:* Pernambuco; *filiação:* Fernão de Souza e Andreza Jorge; *estado civil:* solteiro; *crime:* sodomia; *sentença:* cinco anos de degredo para Angola e penitências espirituais; *auto de fé:* 29.10.1595. *Observações:* na folha de rosto: "Este delito é gravíssimo e as leis dão pena de morte para ele".

JORGE DIAS;
PROCESSO N. 16.895; Inquisição de Lisboa. *Prisão:* século XVIII; *morador:* Pará; *crime:* blasfêmia.

JORGE DIAS BRANDÃO;
PROCESSO N. 11.752; Inquisição de Lisboa. *Origem:* cristão-novo; *prisão:* 1647; *natural:* Viana, Portugal; *morador:* Lisboa, Bahia, Rio de Janeiro; *filiação:* Francisco Dias e Joana Brandão, fidalgos; *estado civil:* casado; *ocupação:* contratador; *crime:* judaísmo. *Observações:* denunciado na "Grande Inquirição" de 1646, na Bahia.

JORGE GONÇALVES;
PROCESSO N. 7.338; Inquisição de Lisboa. *Origem:* cristão-velho; *prisão:* 1662; *idade:* 50; *natural:* Messejena; *morador:* Pará; *ocupação:* religioso; *crime:* solicitação; *sentença:* advertido de como deverá proceder em sua vida e costumes, degredado do lugar de delitos e suspenso do poder de confessar para sempre; *auto de fé:* 2.8.1662. *Observações:* sabia ler e escrever, aprendeu latim e lições de casos de consciência.

JORGE MARTINS;
PROCESSO N. 2.551; Inquisição de Lisboa. *Origem:* cristão-velho; *prisão:* 1592; *idade:* 76; *natural:* Vila de Guimarães; *morador:* Vila de São Jorge, Ilhéus, Bahia; *filiação:* Baltazar Martins e Leonor Vaz; *estado civil:* casado com Catarina Faia; *ocupação:* lavrador; *crime:* proposições heréticas; *sentença:* abjuração de Levi suspeito na fé. Que se vá desta cidade na primeira embarcação para sua casa em Ilhéus.

JORGE RODRIGUES TOMÁS;
PROCESSO N. 10.265; Inquisição de Lisboa.

JOSÉ;
PROCESSO N. 212; Inquisição de Lisboa. *Prisão:* 1764; *natural:* costa da Mina; *morador:* rua São Vicente, Pará; *ocupação:* escravo de Manoel de Souza; *crime:* feitiçaria; *sentença:* que seja repreendido asperamente por termo que assinará, e admoestado para não fazer curas (1768). *Observações:* negro.

JOSÉ;
PROCESSO N. 2.556; Inquisição de Lisboa. *Prisão:* 1595; *idade:* 30; *natural:* Beja; *morador:* Pernambuco; *filiação:* Garcia de Santilhano e Catarina, negra; *ocupação:* escravo de Álvaro Fernandes; *crime:* blasfêmia; *sentença:* vá ao auto público da fé descalço, em corpo, com a cabeça descoberta, com uma vara atravessada na boca e com uma vela acesa na mão, nele faça abjuração de Levi suspeito na fé, e que seja açoitado publicamente pelas ruas costumadas desta vila. Penitências espirituais; *auto de fé:* 10.9.1595, Olinda. *Observações:* mulato.

JOSÉ ALVES;
PROCESSO N. 8.059; Inquisição de Lisboa. *Prisão:* 1746; *idade:* 40; *morador:* São Bento das Barcas, Maranhão; *ocupação:* vigário; *crime:* abuso do poder eclesiástico; *sentença:* três anos de degredo para o Algarve.

JOSÉ ANTÓNIO DAS MERCÊS (OU JOSÉ LÕES);
PROCESSO N. 8.910; Inquisição de Lisboa. *Idade:* 27; *natural:* Hanover; *morador:* Olinda, Pernambuco; *filiação:* Bernardo de Lões; *estado civil:* solteiro; *crime:* por se rebatizar, tendo sido batizado; *sentença:* açoite e dois anos de degredo para as galés; *auto de fé:* 20.9.1761.

JOSÉ BARRETO DE FARIA;
PROCESSO N. 4.950; Inquisição de Lisboa. *Origem:* cristão-novo; *prisão:* 1714; *idade:* 50; *natural:* Rio de Janeiro; *morador:* Rio de Janeiro; *filiação:* Tomas Rodrigues, natural do Rio de Janeiro, lavrador, e Lucrécia Barreta; moradores no Rio de Janeiro; *estado civil:* solteiro; *ocupação:* aguardenteiro; *crime:* judaísmo; *sentença:* cárcere, e hábito penitencial perpétuo; com confisco; *auto de fé:* 24.3.1714.

JOSÉ BOTELHO;

PROCESSO N. 3.792; Inquisição de Lisboa. *Origem:* cristão-novo; *natural:* Rio de Janeiro; *filiação:* João Rodrigues de Andrade, senhor de engenho. *Observações:* ordem de prisão em 25.10.1714. Considerado defunto.

JOSÉ CARDOSO DE MELO;

PROCESSO N. 2.778; Inquisição de Lisboa. *Prisão:* 1783; *idade:* 59; *natural:* Santo António do Urubu; *ocupação:* curtidor de couros e criador de gado; *crime:* falso testemunho; *sentença:* três anos de degredo e penitências espirituais.

JOSÉ CARNEIRO;

PROCESSO N. MAÇO 27.201; Inquisição de Lisboa. *Morador:* Pernambuco; *ocupação:* capitão; *crime:* feitiçaria.

JOSÉ CARVALHO CHAVES;

PROCESSO N. 11.680; Inquisição de Lisboa. *Origem:* cristão-novo; *prisão:* 1714; *idade:* 50; *natural:* Lisboa; *morador:* Rio de Janeiro; *filiação:* Inácio de Carvalho, natural de Lisboa, e Catarina Gomes de Souza, natural de Viçosa; moradores em Lisboa; *estado civil:* casado com Maria Lopes, cristã-nova; *ocupação:* lavrador de cana, mercador de loja; *crime:* judaísmo; *sentença:* absolvido na instância de juízo; *auto de fé:* 17.2.1716. *Observações:* esposa, cunhados e sobrinhos penitenciados.

JOSÉ CORRÊA XIMENES;

PROCESSO N. 5.449; Inquisição de Lisboa. *Origem:* parte cristão-novo; *prisão:* 1712; *natural:* Rio de Janeiro; *morador:* Rio de Janeiro; *filiação:* José Corrêa Ximenes, natural de Lisboa, cristão-velho, e Maria de Maris, natural do Rio de Janeiro; moradores no Rio de Janeiro; *estado civil:* casado com Guiomar de Azeredo, cristã-nova; *ocupação:* senhor de engenho; *crime:* judaísmo; *sentença:* cárcere e hábito penitencial perpétuo; com confisco; *auto de fé:* 9.7.1713. *Observações:* esposa, filhos, irmão e sobrinhos penitenciados.

JOSÉ CORRÊA XIMENES;

PROCESSO N. 7.262; Inquisição de Lisboa. *Origem:* parte cristão-novo; *prisão:* 1714; *idade:* 32; *natural:* Rio de Janeiro; *morador:* Rio de Janeiro; *filiação:* José Corrêa Ximenes, senhor de engenho, natural do Rio de Janeiro, e Bernarda, mulher parda, moradores no Rio de Janeiro; *estado civil:* solteiro; *ocupação:* lavrador; *crime:* judaísmo; *sentença:* cárcere e hábito penitencial perpétuo; com confisco; *auto de fé:* 14.10.1714. *Observações:* pai e irmão penitenciados.

JOSÉ CORREIA DE QUEIROZ;

PROCESSO N. 2.798; Inquisição de Lisboa. *Prisão:* 1791; *morador:* Goiás, freguesia do rio das Velhas; *estado civil:* solteiro; *ocupação:* religioso; *crime:* solicitação.

JOSÉ DA ANUNCIAÇÃO;

PROCESSO N. 11.708; Inquisição de Lisboa. *Morador:* Bahia; *estado civil:* solteiro; *ocupação:* religioso; *crime:* solicitação.

JOSÉ DA COSTA;

PROCESSO N. 8.448; Inquisição de Lisboa. *Origem:* cristão-novo; *prisão:* 1683; *natural:* Lisboa; *morador:* São Paulo; *filiação:* Gaspar da Costa Mesquita; *estado civil:* casado; *crime:* judaísmo; *sentença:* cárcere e hábito penitencial perpétuo; com confisco; *auto de fé:* 26.11.1684. *Observações:* pai e irmãos penitenciados.

JOSÉ DA COSTA;

PROCESSO N. 10.002; Inquisição de Lisboa. *Origem:* parte cristão-novo; *prisão:* 1728; *idade:* 38; *natural:* Lisboa; *morador:* Bahia; *filiação:* André Vareda, natural de Lisboa, cristão-velho, e Brites Pereira, natural de Mogadouro; *estado civil:* casado com Ana Bernal de Miranda; *ocupação:* homem de negócios; *crime:* judaísmo; *sentença:* cárcere e hábito penitencial perpétuo; com confisco; *auto de fé:* 16.10.1729. *Observações:* cunhado, tios e primos penitenciados.

JOSÉ DA CRUZ HENRIQUES; PROCESSO N. 10.004; Inquisição de Lisboa. *Origem:* cristão-novo; *prisão:* 1728; *idade:* 26; *natural:* Vila de Pinhal, Viseu, Portugal; *morador:* Minas de Ribeirão do Carmo; *filiação:* António Rodrigues, tratante, e Violante Henriques, naturais de Almeida, Portugal, moradores em Pinhal; *estado civil:* solteiro; *ocupação:* dizimeiro; *crime:* judaísmo; *sentença:* cárcere e hábito penitencial perpétuo; com confisco; *auto de fé:* 26.10.1729.

JOSÉ DA FONSECA CAMINHA; PROCESSO N. 2.608; Inquisição de Lisboa. *Origem:* cristão-novo; *prisão:* 1734; *idade:* 30; *natural:* Engenho Novo, Paraíba; *morador:* Pedro dos Angicos, Bahia; *filiação:* Luis de Valença Caminha, lavrador de cana, natural de Pernambuco, e Felipa da Fonseca, natural da Paraíba; moradores no Engenho Velho, Paraíba; *estado civil:* solteiro; *ocupação:* mineiro; *crime:* judaísmo; *sentença:* cárcere e hábito penitencial a arbítrio dos inquisidores; com confisco; *auto de fé:* 24.7.1735. *Observações:* só sabia ler e escrever o seu nome. Família penitenciada.

JOSÉ DA FONSECA REGO; PROCESSO N. 8.039; Inquisição de Lisboa. *Origem:* cristão-novo; *prisão:* 1732; *idade:* 26; *natural:* rio das Marés, Paraíba; *morador:* sertão das Piranhas, Paraíba; filiação: Manoel Henriques da Fonseca, lavrador de cana, e Joana do Rego, naturais e moradores da Paraíba; *estado civil:* solteiro; *ocupação:* lavrador de cana; *crime:* judaísmo; *sentença:* absoluto na instância (sepultura em terra consagrada); com confisco; *auto de fé:* 20.9.1733. *Observações:* faleceu nos cárceres. Irmãos, tios e primos penitenciados.

JOSÉ DA FONSECA SOUTOMAIOR; PROCESSO N. 4.089; Inquisição de Lisboa. *Origem:* parte cristão-novo; *prisão:* 1725; *idade:* 23; *natural:* Rio de Janeiro; *morador:* Rio de Janeiro; *filiação:* Luís Vieira de Medanha Soutomaior, lavrador de cana, cristão-velho, e Clara de Morais, naturais e moradores do Rio de Janeiro; *estado civil:* solteiro; *ocupação:* lavrador de cana; *crime:* judaísmo; *sentença:* cárcere e hábito penitencial perpétuo; com confisco; *auto de fé:* 16.10.1729. *Observações:* mãe e irmãos penitenciados.

JOSÉ DA SILVA (OU RIBEIRO); PROCESSO N. 11.693; Inquisição de Lisboa. *Origem:* cristão-velho; *prisão:* 1716; *idade:* 27; *natural:* Santarém, Portugal; *morador:* Vila de Santos; *ocupação:* cerieiro; *crime:* fez-se passar por familiar do Santo Ofício; *sentença:* penitência pública, instrução religiosa, penitências espirituais, degredo de três anos para Angola; *auto de fé:* 24.10.1717. *Observações:* sabia ler e escrever.

JOSÉ DA SILVA E JOÃO RODRIGUES; PROCESSO N. 5.638; Inquisição de Lisboa. *Prisão:* 1780; *natural:* Portugal; *morador:* Pará; *ocupação:* soldados do regimento da praça de Vila de Macapá; *crime:* blasfêmia. *Observações:* o processo é composto essencialmente por declarações de testemunhas e foi concluído a 3.7.1780.

JOSÉ DE BARROS; PROCESSO N. 11.684; Inquisição de Lisboa. *Origem:* cristão-novo; *prisão:* 1714; *idade:* 31; *natural:* Rio de Janeiro; *morador:* Rio de Janeiro; *filiação:* António de Barros, advogado e senhor de engenho, e Brites de Lucena, naturais e moradores do Rio de Janeiro; *estado civil:* solteiro; *ocupação:* mineiro; *crime:* judaísmo; *sentença:* cárcere e hábito penitencial perpétuo, sem remissão, com insígnias de fogo, e degredo de cinco anos para as galés; com confisco; *auto de fé:* 24.10.1717. *Observações:* mãe, irmãos e cunhados penitenciados.

JOSÉ DE IGARETA (OU JANUÁRIO DE SÃO PEDRO);

PROCESSO N. 3.693; Inquisição de Lisboa. Prisão 1741; *idade:* 36; *natural:* Quito, Peru; *morador:* Bahia e Sergipe; *ocupação:* religioso da Ordem de São Domingos; *crime:* falsidade ideológica – fingiu-se sacerdote e ministro do Santo Ofício; *sentença:* inabilitado para ser promovido a ordens e degredo de dez anos para as galés; *auto de fé:* 18.6.1741.

JOSÉ DE LIS (OU ISAAC DE CASTRO);

PROCESSO N. 11.550; Inquisição de Lisboa. *Origem:* cristão-novo; *prisão:* 1647; *natural:* Tartas, França; *morador:* Bahia, Pernambuco e Paraíba; *filiação:* Abraham e Benvinda Castro; *crime:* judaísmo; *sentença:* relaxado à justiça secular; com confisco; *auto de fé:* 15.12.1647. *Observações:* queimado vivo.

JOSÉ DE PACHECO DE AZEVEDO;

PROCESSO N. 11.683; Inquisição de Lisboa. *Origem:* parte cristão-novo; *prisão:* 1714; *idade:* 62; *natural:* Rio de Janeiro; *morador:* Rio de Janeiro; *filiação:* Francisco Pacheco de Azevedo, lavrador de cana, natural de Lisboa, e Inácia de Aguiar, cristã-velha, natural da Bahia; moradores no Rio de Janeiro; *estado civil:* casado com D. Maria, cristã-velha; *ocupação:* senhor de engenho; *crime:* judaísmo; *sentença:* cárcere e hábito penitencial a arbítrio dos inquisidores; com confisco; *auto de fé:* 24.10.1717. *Observações:* o pai faleceu no mar vindo preso para Lisboa.

JOSÉ DE SIQUEIRA MACHADO;

PROCESSO N. 5.277; Inquisição de Lisboa. *Origem:* cristão-novo; *prisão:* 1712; *idade:* 18; *natural:* Rio de Janeiro; *morador:* Rio de Janeiro; *filiação:* Francisco de Siqueira Machado, médico, natural do Rio de Janeiro, e Leonor Henriques, natural de Lisboa; moradores no Rio de Janeiro; *estado civil:* solteiro; *ocupação:* estudante; *crime:* judaísmo; *sentença:* cárcere e hábito penitencial a arbítrio dos inquisidores; com confisco; *auto de fé:* 9.7.1713. *Observações:* pai, irmãos e meio-irmãos penitenciados.

JOSÉ DO VALE;

PROCESSO N. 5.471; Inquisição de Lisboa. *Origem:* cristão-novo; *prisão:* 1712; *idade:* 16; *natural:* Rio de Janeiro; *morador:* Rio de Janeiro; *filiação:* António do Vale de Mesquita, mercador, natural de Lisboa, e Elena do Vale, natural do Rio de Janeiro; moradores no Rio de Janeiro; *estado civil:* solteiro; *ocupação:* sem ofício; *crime:* judaísmo; *sentença:* cárcere e hábito penitencial perpétuo; com confisco; *auto de fé:* 9.7.1713. *Observações:* família penitenciada.

JOSÉ FELIZARDO;

PROCESSO N. 8.909; Inquisição de Lisboa. *Morador:* Vila de Abadia, Bahia; *ocupação:* carpinteiro; *crime:* feitiçaria. *Observações:* pardo.

JOSÉ FELIZARDO;

PROCESSO N. 12.884; Inquisição de Lisboa. *Morador:* fazenda de Manuel Pereira, no Capipará, Pernambuco; *estado civil:* casado; *crime:* bigamia.

JOSÉ FERNANDES;

PROCESSO N. 6.695; Inquisição de Lisboa. *Prisão:* 1790; *morador:* Vila das Alagoas, Pernambuco; *ocupação:* mestre de latinidades; *crime:* blasfêmia. *Observações:* termo de conclusão em 27.12.1790, em Olinda, Pernambuco. Termo de remessa para Lisboa em 1.1.1791.

JOSÉ FERNANDES CAMACHO;

Inquisição de Coimbra. *Origem:* meio cristão-novo; *prisão:* 1725; *idade:* 50; *natural:* Vila de Almeida, Portugal ou Vila Nova de Fozcoa, Portugal; *morador:* Cachoeira, Bahia; *estado civil:* casado com Ana de Miranda; *ocupação:* mercador; *crime:* judaísmo; com confisco; *auto de fé:* 25.5.1727.

JOSÉ GOMES DE PAREDES;
PROCESSO N. 265; Inquisição de Lisboa. *Origem:* cristão-novo; *prisão:* 1721; *idade:* 22; *natural:* Rio de Janeiro; *morador:* Rio de Janeiro; *filiação:* Manoel de Paredes, senhor de engenho, e Catarina Marques; naturais e moradores do Rio de Janeiro; *estado civil:* solteiro; *ocupação:* estudante de gramática; *crime:* judaísmo; *sentença:* cárcere e hábito penitencial perpétuo; com confisco; *auto de fé:* 10.10.1723. *Observações:* mãe, irmãs, tios e primos presos.

JOSÉ GOMES SILVA (OU MARCOS HENRIQUES);
PROCESSO N. 7.547; Inquisição de Lisboa. *Origem:* cristão-novo; *prisão:* 1712; *idade:* 66; *natural:* Crato, Portugal; *morador:* Rio de Janeiro; *filiação:* Belquior Henriques e Catarina Mendes; *estado civil:* casado com Izabel de Paredes, cristã-nova (2º matrimônio); *ocupação:* contratador, senhor de engenho; *crime:* judaísmo; *sentença:* relaxado em estátua; com confisco; *auto de fé:* 14.10.1714. *Observações:* reconciliado anteriormente pelo Santo Ofício. Fugiu com os franceses do Rio de Janeiro em 1712. Esposa, filhos e netos penitenciados.

JOSÉ GONÇALO VIEIRA;
PROCESSO N. 10.433; Inquisição de Lisboa. *Origem:* cristão-velho; *prisão:* 1744; *idade:* 44; *natural:* Lisboa, Portugal; *morador:* Rio de Janeiro; *estado civil:* casado; *ocupação:* cirurgião; *crime:* bigamia; *sentença:* açoite e degredo por seis anos para as galés; *auto de fé:* 14.9.1747. *Observações:* que ele não sabe ciência alguma e só sabe a arte da cirurgia posto que não é examinado nela.

JOSÉ INÁCIO LEITE;
PROCESSO N. 7.057; Inquisição de Lisboa. *Morador:* Jaguaribe, Bahia; *estado civil:* casado; *ocupação:* meirinho; *crime:* proposições heréticas e desacato. *Observações:* esse processo é composto apenas por denúncias contra o réu.

JOSÉ JANUÁRIO DA SILVA;
PROCESSO N. 2.706; Inquisição de Lisboa. *Origem:* cristão-velho; *prisão:* 1764; *natural:* Lisboa, Portugal; *morador:* Pará; *crime:* feitiçaria; *sentença:* abjuração de Levi suspeito na fé, instrução religiosa e penitências espirituais; *auto de fé:* 16.1.1764.

JOSÉ JOAQUIM DE CARVALHO;
PROCESSO N. 5.863; Inquisição de Lisboa. *Idade:* 30; *natural:* Rio de Janeiro; *morador:* Pernambuco; *ocupação:* médico; *crime:* sacrilégio (negou adoração ao Santíssimo Sacramento); *sentença:* oito dias de prisão na cadeia pública; *auto de fé:* 16.1.1764.

JOSÉ LOPES DE LEÃO;
PROCESSO N. 9.367; Inquisição de Lisboa. *Origem:* cristão-novo; *prisão:* 1714; *idade:* 24; *natural:* Rio de Janeiro; *morador:* Rio de Janeiro; *filiação:* Fernão Lopes, mercador, natural de Elvas, e Tereza de Leão, natural do Rio de Janeiro; moradores no Rio de Janeiro; *estado civil:* solteiro; *ocupação:* soldado; *crime:* judaísmo; *sentença:* cárcere e hábito penitencial perpétuo sem remissão; com confisco; *auto de fé:* 24.10.1717. *Observações:* mãe e irmãos penitenciados.

JOSÉ LUÍS FREIRE (OU MANUEL DOS REIS TOURINHO);
PROCESSO N. 8.440; Inquisição de Lisboa. *Origem:* cristão-velho; *prisão:* 1740; *idade:* 46; *natural:* Vila de Santo Amaro de Taparica, Bahia; *morador:* Vila de Cachoeira, Bahia; *filiação:* Gregório Luís, alferes, e Maria de Souza, natural e moradora da Vila de Santo Amaro de Taparica; *estado civil:* casado; *ocupação:* carpinteiro; *crime:* bigamia; *sentença:* açoite e degredo para as galés; *auto de fé:* 18.6.1741.

JOSÉ MARTINS;

PROCESSO N. 508; Inquisição de Lisboa. *Idade:* 30; *natural:* Riachão, Jacobina, Bahia; *morador:* Riachão, Jacobina, Bahia; *crime:* feitiçaria; *sentença:* cárcere a arbítrio dos inquisidores, açoite e cinco anos de degredo para Miranda; *auto de fé:* 20.7.1756. *Observações:* negro livre.

JOSÉ MIGUEL PIRES;

PROCESSO N. 13.327; Inquisição de Lisboa. *Prisão:* 1764; *morador:* Pará; *crime:* castigou uma moça de 13 anos, que após o castigo não podia mais mexer os pés. Já tendo feito o mesmo a escravos seus.

JOSÉ NUNES;

PROCESSO N. 15; Inquisição de Lisboa. *Origem:* parte cristão-novo; *prisão:* 1731; *idade:* 51; *natural:* Engenho do Meio, Paraíba; *morador:* rio das Marés, Pernambuco; *filiação:* Gaspar Nunes, lavrador de cana, natural do Engenho do Meio, Paraíba, e Izabel de Gois, natural da cidade da Paraíba; *estado civil:* casado com Felipa Nunes, cristã-nova; *ocupação:* lavrador de roça; *crime:* judaísmo; *sentença:* cárcere e hábito penitencial a arbítrio dos inquisidores; com confisco; *auto de fé:* 6.7.1732. *Observações:* esposa, irmã, cunhada e sobrinhos penitenciados.

JOSÉ NUNES;

PROCESSO N. 430; Inquisição de Lisboa. *Origem:* cristão-novo; *Prisão:* 1734; *idade:* 38; *natural:* Freixo da Espada a Cinta, Braga, Portugal; *morador:* arraial do Serro Frio; *filiação:* Francisco Nunes, torcedor de seda, natural de Freixo da Espada, e Felipa da Fonseca, natural de Trancoso; moradores em Freixo da Espada; *estado civil:* solteiro; *ocupação:* vendeiro; *crime:* judaísmo; *sentença:* cárcere e hábito penitencial perpétuo; com confisco; *auto de fé:* 24.7.1735.

JOSÉ NUNES PINTO;

PROCESSO N. 11.692; Inquisição de Lisboa. *Prisão:* 1716; *idade:* 39; *natural:* Cabeceira de Basto, Braga, Portugal; *morador:* Rio de Janeiro; *filiação:* António do Couto, lavrador, e Senhorinha Pinto; *sentença:* abjuração de Levi, açoite e degredo de cinco anos para as galés; *auto de fé:* 24.10.1717.

JOSÉ PALHA;

PROCESSO N. 5.672; Inquisição de Lisboa. *Prisão:* 1774; *idade:* 30; *natural:* Piemonte, reino da Sardenha; *morador:* Pará; *ocupação:* soldado; *crime:* ato herético; *sentença:* abjuração de veemente, suspeito na fé, açoitado e degredado por toda vida para as galés e penitências espirituais; *auto de fé:* 1.8.1777. *Observações:* obteve perdão do degredo em 2.5.1783. Sabia ler e escrever.

JOSÉ PEREIRA DA CUNHA (FREI JOSÉ DE SÃO PEDRO);

PROCESSO N. 8.786; Inquisição de Lisboa. *Idade:* 38; *natural:* Vila de Almada; *morador:* Cachoeira, Bahia; *ocupação:* religioso; *crime:* por se casar sendo religioso; *sentença:* degredo de sete anos para Angola e proibido de voltar para Cachoeira; *auto de fé:* 13.10.1726.

JOSÉ PINTO FERREIRA;

PROCESSO N. 8.912; Inquisição de Lisboa. *Origem:* cristão-novo; *prisão:* 1761; *idade:* 48; *natural:* Tomar, Portugal; *morador:* Vila de Gois&ts; *filiação:* Manoel Ferreira, homem de negócios, natural de Setúbal, e Michaela Archangela, natural de Lisboa; moradores em Tomar; *ocupação:* advogado; *crime:* judaísmo; *sentença:* cárcere e hábito penitencial a arbítrio dos inquisidores; com confisco; *auto de fé:* 20.9.1761. *Observações:* irmãos e sobrinhos penitenciados.

JOSÉ RAMIRES DO VALE;
PROCESSO N. 8.138; Inquisição de Lisboa. *Origem:* cristão-novo; *prisão:* 1710; *idade:* 32; *natural:* Rio de Janeiro; *morador:* Rio de Janeiro; *filiação:* Duarte Rodrigues de Andrade, senhor de engenho, natural de Lisboa, e Ana do Vale, natural do Rio de Janeiro; moradores no Rio de Janeiro; *estado civil:* casado com Izabel de Mesquita, cristã-nova; *ocupação:* senhor de engenho; *crime:* judaísmo; *sentença:* cárcere e hábito penitencial perpétuo; com confisco; *auto de fé:* 26.7.1711. *Observações:* mãe, irmãos e sobrinhos penitenciados.

JOSÉ RIBEIRO DIAS;
PROCESSO N. 10.426; Inquisição de Lisboa. *Prisão:* século XVIII; *idade:* 55; *natural:* Braga, Portugal; *morador:* Minas de Paracatu; *ocupação:* sacerdote do Hábito de São Pedro; *crime:* sodomia; *sentença:* suspensão para sempre do exercício de suas ordens, privado de benefícios e ofícios, inabilitado para outros e dez anos de degredo para as galés; *auto de fé:* 24.9.1744.

JOSÉ RODRIGUES CARDOSO;
PROCESSO N. 19; Inquisição de Lisboa. *Origem:* cristão-novo; *prisão:* 1729; *idade:* 23; *natural:* Bahia; *morador:* Bahia e Curralinho, Minas Gerais; *filiação:* Jerônimo Rodrigues Cardoso, mercador, e Guiomar da Rosa; *estado civil:* solteiro; *ocupação:* tratante, mineiro; *crime:* judaísmo; *sentença:* cárcere e hábito penitencial perpétuo; com confisco; *auto de fé:* 6.7.1732. *Observações:* mãe penitenciada.

JOSÉ RODRIGUES DA SILVA;
PROCESSO N. 501; Inquisição de Lisboa. *Prisão:* 1754; *idade:* 70; *natural:* ilha de Faial; *morador:* Santa Luzia, Sacramento; *estado civil:* casado; *crime:* bigamia; *sentença:* açoite e degredo de cinco anos para as galés; *auto de fé:* 20.7. 1756.

JOSÉ RODRIGUES PINTO (OU SILVA);
PROCESSO N. 5.176; Inquisição de Lisboa. *Idade:* 36; *natural:* Monções, Guarda, Portugal; *morador:* Rio Verde, Minas Gerais; *estado civil:* casado; *crime:* bigamia; *sentença:* açoite e cinco anos de degredo para as galés; *auto de fé:* 20.7.1756.

JOSÉ VIEIRA TAVARES;
PROCESSO N. 9.197; Inquisição de Lisboa. *Origem:* cristão-velho; *idade:* 40; *natural:* Vila de Itu, São Paulo; *morador:* Vila de Itu, São Paulo; *estado civil:* casado; *ocupação:* oficial de celeiro; *crime:* bigamia; *sentença:* penitência pública com abjuração de Levi, degredo de cinco anos para as galés; *auto de fé:* 16.10.1746.

JÚLIO CÉSAR PEROGALI;
PROCESSO N. 5.671; Inquisição de Lisboa. *Natural:* Milão; *morador:* Pará; *ocupação:* soldado; *crime:* desacato na ocasião em que recebia a comunhão; *sentença:* vá ao auto público da fé açoitado pelas ruas públicas; *auto de fé:* 1.8.1777. *Observações:* se retornasse a Lisboa seria preso (7.5.1784).

L

LÁZARO ARANHA;
PROCESSO N. 12.927; Inquisição de Lisboa. *Prisão:* 1593; *idade:* 43; *natural:* Porto Seguro, Bahia; *morador:* freguesia de Paraguassu, Bahia; *filiação:* Manoel Rodrigues Magalhães, cristão-velho e Maria, índia forra; *estado civil:* casado com Luiza Corrêa, mameluca; *crime:* blasfêmia; *sentença:* repreensão na Mesa, penitências espirituais e pagamento das custas. *Observações:* mameluco.

LÁZARO DA CUNHA;
PROCESSO N. 11.068; Inquisição de Lisboa. *Prisão:* 1593; *idade:* 30; *natural:* Espírito Santo; *filiação:* Tristão da Cunha e Izabel Pais; *estado civil:* solteiro; *crime:* gentilidade; *sentença:* abjuração de leve penitências espirituais, pagamento de 20 cruzados para as despesas do Santo Ofício e "que nunca mais volte ao sertão"; *auto de fé:* 1593. *Observações:* mameluco.

LEONARDO;
PROCESSO N. 11.070; Inquisição de Lisboa. *Origem:* cristão-velho; *prisão:* 1593; *idade:* 23; *natural:* Lisboa, Portugal; *morador:* freguesia de Sergipe, Bahia; *filiação:* Gaspar Rodrigues, marinheiro, e Branca Leonardo; *estado civil:* solteiro; *crime:* blasfêmia; *sentença:* vá ao auto público de fé, descalço, desbarretado, em corpo, cingido com uma corda, com um pau na boca e uma vela na mão. Penitências espirituais.

LEONARDO RODRIGUES DO PORTO;
PROCESSO N. 2.732; Inquisição de Lisboa. *Origem:* cristão-novo; *prisão:* 1618.

LOPO RODRIGUES DE SOUZA;
PROCESSO N. 8.330; Inquisição de Lisboa. *Origem:* cristão-novo; *Prisão:* 1658; *idade:* 29; *filiação:* Manoel Jorge; *ocupação:* mercador; *crime:* judaísmo; *sentença:* cárcere e hábito penitencial perpétuo sem remissão; com confisco; *auto de fé:* 15.12.1658. *Observações:* irmãos penitenciados.

LOURENÇO DE MATOS;
PROCESSO N. 8.156; Inquisição de Lisboa. *Idade:* 50; *natural:* Caminha, Braga, Portugal; *morador:* Espírito Santo; *estado civil:* casado; *ocupação:* sapateiro; *crime:* bigamia; *sentença:* açoite e cinco anos de degredo para as galés; *auto de fé:* 26.7.1711.

LOURENÇO GOMES;
PROCESSO N. 2.731; Inquisição de Lisboa. *Origem:* cristão-novo; *prisão:* 1618.

LOURENÇO LEMOS;
PROCESSO N. 1.564; Inquisição de Lisboa. *Morador:* Tapuitapera-Piriguaçu, Maranhão; *crime:* feitiçaria.

LUCAS DA COSTA PEREIRA;
PROCESSO N. 205; Inquisição de Lisboa. *Origem:* cristão-velho; *Prisão:* 1746; *idade:* 54; *natural:* Funchal, Ilha da Madeira; *morador:* Minas de Paracatu, bispado de Pernambuco; *filiação:* Manoel da Costa Pereira, mercador e Joana Teixeira; *estado civil:* solteiro; *ocupação:* cirurgião; *crime:* sodomia; *sentença:* açoite e degredo por 10 anos para as galés de Sua Majestade; *auto de fé:* 24.9. 1747. *Observações:* foi libertado após cumprir 8 anos nas galés.

LUCAS DE SOUZA, FREI;
PROCESSO N. 6.702; Inquisição de Lisboa. *Prisão:* 1653; *estado civil:* solteiro; *ocupação:* religioso; *crime:* sodomia.

LUÍS ÁLVARES;
PROCESSO N. 9.052; Inquisição de Lisboa. *Origem:* cristão-novo; *prisão:* 1733; *idade:* 60; *natural:* Sítio de Serinhaém, Paraíba; *morador:* Sítio de Santa Luzia das Tabocas, Paraíba; *filiação:* João Álvares Sanches, cirurgião, e Izabel da Fonseca, naturais e moradores de Serinhaém; *estado civil:* casado; *ocupação:* vive de sua roça; *crime:* judaísmo; *sentença:* cárcere e hábito penitencial perpétuo; com confisco; *auto de fé:* 1.9.1737. *Observações:* irmã penitenciada.

LUÍS ÁLVARES;
PROCESSO N. 11.073; Inquisição de Lisboa. *Origem:* cristão-novo; *prisão:* 1620; *idade:* 51; *natural:* Évora, Portugal; *morador:* Bahia; *crime:* fuga da Inquisição. *Observações:* denunciado na 1ª Visitação à Bahia, em 1591, como tendo fugido de Angola para o Brasil, por medo da Inquisição, onde foi capturado e enviado novamente para Lisboa. Preso em 5.9.1620. Sabia ler e escrever.

LUÍS ALVARES MONTARROYO;
PROCESSO N. 695; Inquisição de Lisboa. *Origem:* cristão-novo; *prisão:* 1712; *idade:* 32; *natural:* Rio de Janeiro; *morador:* Rio de Janeiro; *filiação:* Diogo de Lucena Montarroyo, senhor de engenho, e Esperança de Azeredo, naturais e moradores do Rio de Janeiro; *estado civil:* solteiro; *ocupação:* sem ofício; *crime:* judaísmo; *sentença:* cárcere e hábito penitencial a arbítrio dos inquisidores; com confisco; *auto de fé:* 9.7.1713. *Observações:* mãe, irmãos e sobrinhos penitenciados.

LUÍS CABRAL MALDONADO;
PROCESSO N. 96; Inquisição de Lisboa. *Origem:* cristão-velho; *prisão:* 1761; *idade:* 33; *natural:* freguesia do Amparo de Merica; *morador:* freguesia de São João do Itaboraí, bispado do Rio de Janeiro; *filiação:* Azeredo Coutinho, que foi tenente de cavalos; *estado civil:* solteiro; *ocupação:* familiar do Santo Ofício e soldado; *crime:* prendeu pessoas sem ordem da Inquisição; *sentença:* privado do cargo de familiar do Santo Ofício e degredo por cinco anos para a praça de Mazagão, e quanto às perdas e danos que poderia causar com as injustas prisões, deixam direito reservado às partes para poderem havê-las pelos meios competentes; *auto de fé:* 20.9.1761. *Observações: antes* o réu se chamava Luís Cabral de Távora. Sabia ler e escrever e estudou gramática no Rio de Janeiro.

LUÍS DE CASTRO;
PROCESSO N. 2.553; Inquisição de Lisboa. *Origem:* cristão-velho; *prisão:* 1593; *natural:* Évora, Portugal; *morador:* Bahia; *ocupação:* clérigo; *crime:* proposição herética; *sentença:* mandam que seja suspenso no ofício e benefício por três meses e que reze os salmos penitenciais, e o condenam a pagar 10 cruzados; *auto de fé:* 18.8.1593.

LUÍS DE MATOS COUTINHO;

PROCESSO N. 17.815; Inquisição de Lisboa. *Origem:* cristão-novo; *prisão:* 1615; *natural:* Lisboa, Portugal; *morador:* Rio de Janeiro, Espírito Santo; *estado civil:* casado com Micaela de Matos, cristã-nova; *crime:* judaísmo; *sentença:* cárcere e hábito penitencial a arbítrio dos inquisidores; com confisco; *auto de fé:* 10.5.1682.

LUÍS DE NAZARETH;

PROCESSO N. 3.723; Inquisição de Lisboa. *Prisão:* 1741; *morador:* Bahia; *estado civil:* solteiro; *ocupação:* religioso carmelita; *crime:* solicitação.

LUÍS DE REGO BARROS;

PROCESSO N. 12.754; Inquisição de Lisboa. *Origem:* cristão-velho; *prisão:* 1595; *idade:* 41; *natural:* Maciope, freguesia de São Lourenço; *morador:* Pernambuco; *filiação:* Afonso de Barros Rego e Maria Nunes Barreta; *estado civil:* casado com Inês de Góes Vasconcelos; *ocupação:* senhor de engenho; *crime:* o réu tinha sido excomungado e não agia como tal; *sentença:* como o réu com razão suficiente se ficou sempre tendo por não excomungado e que o réu está havido por absoluto pelo vigário da Vara, seja admoestado nesta Mesa da obrigação que tem de comungar na sua freguesia nas quaresmas e se lhe imponha por penitência que reze cinco vezes os salmos penitenciais. E pague as custas; *auto de fé:* 7.7.1595.

LUÍS DE SÃO JOSÉ CASTELO BRANCO;

PROCESSO N. 13.353; Inquisição de Lisboa. *Prisão:* 1774; *ocupação:* religioso da 3ª Ordem da Penitência e Nau Nossa Senhora Madre de Deus; *crime:* quebra do sigilo sacramental.

LUÍS DE VALENÇA CAMINHA (ALCUNHA "O MOÇO");

PROCESSO N. 75; Inquisição de Lisboa. *Origem:* cristão-novo; *prisão:* 1761; *idade:* 35; *natural:* Paraíba; *morador:* Paraíba; *crime:* judaísmo; *auto de fé:* 20.9.1761. *Observações:* defunto.

LUÍS DE VALENÇA CAMINHA (ALCUNHA "O VELHO");

PROCESSO N. 298; Inquisição de Lisboa. *Origem:* parte cristão-novo; *prisão:* 1728; *idade:* 70; *natural:* Paraíba; *morador:* Engenho Velho, Paraíba; *estado civil:* casado; *ocupação:* lavrador; *crime:* judaísmo. *Observações:* faleceu em 1728.

LUÍS DELGADO;

PROCESSO N. 4.769; Inquisição de Lisboa. *Origem:* cristão-velho; *prisão:* 1689; *idade:* 40; *natural:* Évora, Portugal; *morador:* Bahia; *filiação:* Luís Delgado e Joana Machada; *estado civil:* casado com Florença Dias Pereira; *ocupação:* foi violeiro, agora é estanqueiro do tabaco; *crime:* sodomia; *sentença:* degredado por dez anos para Angola; *auto de fé:* 8.1.1693. *Observações:* havia sido preso em 1665, em Évora, por sodomia, tendo sido penitenciado em 1.6.1666, condenado a degredo de três anos para a fronteira de Bragança e proibido de voltar para Évora durante oito anos. (Inquisição de Évora n. 4.995). Sabia ler e escrever.

LUÍS DIQUE;

PROCESSO N. 4.958; Inquisição de Lisboa. *Origem:* cristão-novo; *prisão:* 1714; *idade:* 25; *natural:* Rio de Janeiro; *morador:* Rio de Janeiro; *filiação:* João Dique de Souza, senhor de engenho, natural do Reino, e Izabel Dique, moradores no Rio de Janeiro; *estado civil:* solteiro; *ocupação:* lavrador; *crime:* judaísmo; *sentença:* cárcere e hábito penitencial a arbítrio dos inquisidores; com confisco; *auto de fé:* 16.2.1716. *Observações:* irmãos penitenciados. Pai relaxado à justiça secular.

LUÍS DO REGO (ALIÁS JOÃO DE LEMOS);

PROCESSO N. 3.722; Inquisição de Lisboa. *Idade:* 41; *natural:* Braga, Portugal; *morador:* Minas Gerais; *estado civil:* casado; *ocupação:* alfaiate; *crime:* bigamia; *sentença:* açoite e degredo de cinco anos para as galés; *auto de fé:* 18.6.1741.

LUÍS DOS SANTOS (OU LUÍS ANDRÉ);
PROCESSO N. 516 E 516-1; Inquisição de Lisboa. *Idade:* 45; *natural:* Vizeu, Portugal; *morador:* Belém, Pará; *estado civil:* casado; *ocupação:* carpinteiro; *crime:* bigamia; *sentença:* açoite e degredo de cinco anos para as galés; *auto de fé:* 24.9.1752.

LUÍS FERNANDES;
PROCESSO N. 11.032; Inquisição de Lisboa. *Origem:* cristão-velho; *prisão:* 1593; *idade:* 25; *natural:* Bombarral, termo de Óbidos, Portugal; *morador:* Bahia, *filiação:* Álvaro Fernandes, lavrador, e Madalena Luís; *estado civil:* casado com Suzana da Fonseca, cristã--velha; *ocupação:* sapateiro; *crime:* proposição herética; *sentença:* penitência pública e penitências espirituais; *auto de fé:* 15.8.1593.

LUÍS FERNANDES CRATO;
PROCESSO N. 1.342; Inquisição de Lisboa. *Origem:* cristão-novo; *prisão:* 1712; *idade:* 15; *natural:* Rio de Janeiro; *morador:* Rio de Janeiro; *filiação:* José Gomes Silva, homem de negócios, natural do Crato, e Izabel de Paredes, natural do Rio de Janeiro, moradores no Rio de Janeiro; *estado civil:* solteiro; *ocupação:* estudante; *crime:* judaísmo; *sentença:* abjuração em forma sem confisco de bens; *auto de fé:* 20.12.1712. *Observações:* auto particular de fé. Mãe e irmãos penitenciados.

LUÍS FERNANDES DE PAREDES;
PROCESSO N. 4.906; Inquisição de Lisboa. *Origem:* cristão-novo; *prisão:* 1723 e 1724; *idade:* 25; *natural:* Rio de Janeiro; *morador:* Rio de Janeiro; *filiação:* Manuel de Paredes, senhor de engenho, e Catarina Marques, naturais e moradores do Rio de Janeiro; *estado civil:* solteiro; *ocupação:* soldado infante; *crime:* judaísmo e falsidade; *sentença:* cárcere e hábito penitencial a arbítrio dos inquisidores; abjuração em forma e degredo; com confisco; *auto de fé:* 10.10.1724 e 27.3.1727. *Observações:* irmãos, tia e primos penitenciados.

LUÍS FREIRE;
PROCESSO N. 8.440; Inquisição de Lisboa. *Origem:* cristão-novo.

LUÍS GOMES GODINHO;
PROCESSO N. 4.565; Inquisição de Lisboa. *Origem:* cristão-velho; *prisão:* 1646; *idade:* 32; *natural:* Setúbal, Portugal; *morador:* São Paulo; *filiação:* Domingos Vaz; *estado civil:* solteiro; *ocupação:* sem ofício; *crime:* sodomia; *sentença:* açoite e degredo para sempre para as galés de Sua Majestade onde servirá sem soldo a arbítrio dos inquisidores; *auto de fé:* 15.12.1647. *Observações:* sabia ler e escrever.

LUÍS GONÇALVES;
PROCESSO N. 11.062; Inquisição de Lisboa. *Origem:* cristão-velho; *prisão:* 1594; *idade:* 28; *natural:* ilha de Palma, Canária; *morador:* Barreta, freguesia de Corpo Santo do Arrecife, Pernambuco; *crime:* proposições heréticas; *sentença:* penitências espirituais, abjuração de Levi suspeito na fé. *Observações:* a primeira sessão do réu foi a 2.4.1594. O processo não tem auto de fé mas a abjuração de Levi é datada de 31.7.1595.

LUÍS LEITE;
PROCESSO N. 5.912; Inquisição de Lisboa. *Morador:* Bahia, Pernambuco e Sergipe; *estado civil:* solteiro; *ocupação:* religioso da ordem de São Paulo (recebera as ordens menores); *crime:* celebrava as ordens sacras como se fosse sacerdote ordenado; *sentença:* seis anos de galés e inabilitado para sempre de receber nova tonsura.

LUÍS MATOSO DE AZEVEDO;

PROCESSO N. 690; Inquisição de Lisboa. *Origem:* parte cristão-novo *Prisão:* 1711; *idade:* 35; *natural:* Rio de Janeiro; *morador:* Rio de Janeiro; *filiação:* Baltazar de Azevedo Coutinho, senhor de engenho, natural do Rio de Janeiro, e Catarina Vasques, cristã-velha, moradores no Rio de Janeiro; *estado civil:* casado com Maria Josefa de Jesus; *ocupação:* homem de negócios; *crime:* judaísmo; *sentença:* cárcere e hábito penitencial perpétuo; com confisco; *auto de fé:* 9.7.1713. *Observações:* sabia ler e escrever. Foi submetido ao tormento. Irmãs penitenciadas.

LUÍS MELO;

PROCESSO N. 2.982; Inquisição de Lisboa. *Origem:* cristão-novo; *prisão:* 1626; *morador:* Bahia; *ocupação:* advogado; *crime:* judaísmo; *sentença:* cárcere e hábito penitencial perpétuo; com confisco; *auto de fé:* 3.8.1636.

LUÍS MENDES;

PROCESSO N. 11.035; Inquisição de Lisboa. *Origem:* cristão-velho; *prisão:* 1595; *idade:* 23; *natural:* Póvoa, Portugal; *morador:* freguesia de São Miguel de Pojuca, Pernambuco; *estado civil:* solteiro; *ocupação:* banqueiro de assentar formas; *crime:* proposição herética; *sentença:* vá ao auto público de fé, descalço, em corpo, com a cabeça descoberta, com uma vela acesa na mão, e nele faça abjuração de Levi suspeito na fé; penitências espirituais; *auto de fé:* 10.9.1595.

LUÍS MENDES DA SILVA;

PROCESSO N. 9.979; Inquisição de Lisboa. *Origem:* parte cristão-novo; *prisão:* 1712 *idade:* 46; *natural:* Rio de Janeiro; *morador:* Rio de Janeiro; filiação: André Mendes da Silva, mercador, natural do Crato, e Maria Henriques, cristã-velha, natural do Rio de Janeiro, moradores do Rio de Janeiro; *estado civil:* solteiro; *ocupação:* capitão de ordenança; *crime:* judaísmo; *sentença:* cárcere e hábito penitencial perpétuo; com confisco; *auto de fé:* 9.7.1713. *Observações:* irmãos e sobrinhos penitenciados. Tio do dramaturgo António José da Silva, "o Judeu".

LUÍS MENDES DE SÁ;

PROCESSO N. 8.015; Inquisição de Lisboa. *Origem:* cristão-novo; *prisão:* 1733; *idade:* 34; *natural:* Coimbra, Portugal; *morador:* Minas do Rio das Contas, Bahia; *filiação:* Salvador Mendes de Sá, tratante, e Izabel Cardosa, naturais de Bragança; *estado civil:* solteiro; *ocupação:* tratante; *crime:* judaísmo; *sentença:* relaxado à justiça secular; com confisco; *auto de fé:* 18.10.1739. *Observações:* avô materno e tios penitenciados. Pai faleceu em Madri e a mãe foi para a Holanda.

LUÍS MENDES DE TOAR;

PROCESSO N. 11.063; Inquisição de Lisboa. *Origem:* cristão-velho; *prisão:* 1595; *idade:* 30; *natural:* Ceuta, África; *morador:* Pernambuco; *filiação:* Gabriel Dias de Toar, escrivão da Câmara de Ceuta, e Margarida Brava de Mendonça; *estado civil:* solteiro; *ocupação:* secretário e vedor da casa de D. Jerônimo de Almeida; *crime:* proposição herética; *sentença:* repreensão, instrução religiosa, penitências espirituais sem abjuração de Levi; *auto de fé:* 2.8.1595. *Observações:* apensado tem um desenho a preto e branco, fundamentando as suas proposições, onde está escrito: "Positus est ser romus matriregis et sedit ad dex-testeram eivs III reg. Glorioso V."

LUÍS MIGUEL CORRÊA;
PROCESSO N. 9.249; Inquisição de Lisboa. *Origem:* cristão-novo; *prisão:* 1730; *idade:* 26; *natural:* Viseu, Portugal; *morador:* Minas Gerais; *filiação:* Diogo Corrêa do Vale, médico, natural de Vila Real, morador em Vila Rica, Minas Gerais; *estado civil:* solteiro; *ocupação:* lavrador de roça; *crime:* judaísmo; *sentença:* relaxado à justiça secular; com confisco; *auto de fé:* 6.7.1732. *Observações:* irmã presa e pai queimado pela justiça secular no mesmo dia que o filho.

LUÍS NUNES DA FONSECA;
PROCESSO N. 9.966; Inquisição de Lisboa. *Origem:* cristão-novo; *prisão:* 1729; *idade:* 64; *natural:* Sítio Poxi, Paraíba; *morador:* Engenho Novo, Paraíba; *filiação:* Luís Nunes da Fonseca, lavrador de cana, natural de Portugal, e Maria Tomás, natural da Paraíba; *estado civil:* casado; *ocupação:* lavrador de roça; *crime:* judaísmo; *sentença:* cárcere e hábito penitencial perpétuo; com confisco; *auto de fé:* 17.7.1731. *Observações:* irmãs e filha penitenciadas.

LUÍS PEREIRA DE ALMEIDA;
PROCESSO N. 1.134; Inquisição de Lisboa. *Prisão:* 1750; *idade:* 27; *natural:* Jacobina, Bahia; *morador:* Jacobina, Bahia; *ocupação:* escravo; *crime:* feitiçaria; *sentença:* cárcere a arbítrio e degredo de dois anos para o bispado de Lamego; *auto de fé:* 20.7.1756. *Observações:* escravo negro.

LUÍS RIBEIRO;
PROCESSO N. 2.168; Inquisição de Lisboa. *Prisão:* 1779; *natural:* Pará; *morador:* Pará; *crime:* proposição herética.

LUÍS RODRIGUES;
PROCESSO N. 11.034; Inquisição de Lisboa. *Origem:* cristão-velho; *prisão:* 1593; *idade:* 45; *natural:* Paiva, Lamego, Portugal; *morador:* Bahia; *crime:* proposições heréticas; *sentença:* abjuração de Levi suspeito na fé; pagamento de 20 cruzados para as despesas do Santo Ofício; *auto de fé:* 17.7.1593.

LUÍS VAZ DE OLIVEIRA;
PROCESSO N. 9.969; Inquisição de Lisboa. *Origem:* parte cristão-novo; *prisão:* 1731; *idade:* 23; *natural:* Senzella, reino de Castela; *morador:* Minas do Ribeirão do Carmo; *filiação:* João Sanches Majorai, boticário, cristão-velho, e Francisca de Alvim; *estado civil:* solteiro; *ocupação:* tratante; *crime:* judaísmo; *sentença:* cárcere e hábito penitencial perpétuo; com confisco; *auto de fé:* 17.6.1731. *Observações:* apresentado em 26.11.1730. Sabia ler e escrever. Mãe relaxada à justiça secular.

LUÍS VIEIRA DE MEDANHA;
PROCESSO N. 6.887; Inquisição de Lisboa. *Origem:* parte cristão-novo; *prisão:* 1725; *idade:* 25; *natural:* Rio de Janeiro; *morador:* Rio de Janeiro; *filiação:* Luís Vieira de Medanha, lavrador de cana, cristão-velho, e Clara de Morais, naturais e moradores do Rio de Janeiro; *estado civil:* solteiro; *ocupação:* soldado infante; *crime:* judaísmo; *sentença:* cárcere e hábito penitencial perpétuo; com confisco; *auto de fé:* 13.10.1726. *Observações:* mãe e irmãos penitenciados.

M

MANOEL;
PROCESSO N. 13.207; Inquisição de Lisboa.

MANOEL ALBUQUERQUE AGUIAR;
PROCESSO N. 14.407; Inquisição de Lisboa. *Origem:* cristão-novo; *prisão:* 1731; *idade:* 38; *natural:* Castelo Branco, Lamego, Portugal; *morador:* Vila Rica das Minas de Ouro Preto; *filiação:* António de Siqueira Cabral, que vive de sua fazenda, e Mariana Guerra de Albuquerque; *estado civil:* solteiro; *ocupação:* homem de negócios; *crime:* judaísmo; *sentença:* cárcere e hábito penitencial a arbítrio dos inquisidores; com confisco; *auto de fé:* 6.7.1732.

MANOEL BATISTA (OU FRANCISCO);
PROCESSO N. 2.328; Inquisição de Lisboa. *Origem:* cristão-novo; *prisão:* 1733; *idade:* 45; *natural:* freguesia de Matosinhos; *morador:* São Paulo; *estado civil:* casado; *ocupação:* homem do mar; *crime:* bigamia; *sentença:* abjuração de Levi suspeito na fé, açoite pelas ruas públicas, degredo por cinco anos para as galés, instrução espiritual e penitências espirituais; *auto de fé:* 20.9.1733. *Observações:* não sabe ler nem escrever.

MANOEL BRANCO;
PROCESSO N. 11.072; Inquisição de Lisboa. *Prisão:* 1593; *idade:* 24; *natural:* Bahia; *morador:* Salvador, Bahia; *filiação:* Estêvão Branco, francês, e Bárbara Branca, índia; *estado civil:* solteiro; *ocupação:* sem ofício; *crime:* gentilidades; *sentença:* repreensão, proibição de voltar ao sertão do Recife, penitências espirituais, pagamento das custas; *auto de fé:* 27.1.1593. *Observações:* apresentou-se no Tempo da graça. Mameluco.

MANOEL CARDOSO COUTINHO;
PROCESSO N. 11.794; Inquisição de Lisboa. *Origem:* parte cristão-novo; *prisão:* 1711; *idade:* 32; *natural:* Rio de Janeiro; *morador:* Rio de Janeiro; *filiação:* Baltazar Rodrigues Coutinho, senhor de engenho, natural do Rio de Janeiro, e Brites Cardosa, natural de Lisboa, moradores no Rio de Janeiro; *estado civil:* solteiro; *ocupação:* senhor de engenho; *crime:* judaísmo; *sentença:* cárcere e hábito penitencial perpétuo; com confisco; *auto de fé:* 9.7.1713. *Observações:* sabia ler e escrever, estudou gramática e filosofia. Mãe, irmãos e sobrinhos penitenciados.

MANOEL DA COSTA CALHEIROS;

PROCESSO N. 2.527; Inquisição de Lisboa. *Origem:* cristão-velho; *prisão:* 1594; *idade:* 34; *natural:* Ponte da Barca, Braga, Portugal; *morador:* Engenho de Camaçari, freguesia de Santo Amaro, Bahia; *filiação:* António Eanes, tabelião judicial da Vila dos Arcos de Valverde, e Grimanesa Fernandes da Costa; *estado civil:* casado com Catarina Rodrigues, cristã-velha; *ocupação:* senhor de engenho; *crime:* proposições heréticas: "o estado de casado foi o primeiro que Deus fez, e era melhor que o estado dos religiosos"; *sentença:* abjuração de Levi, seja repreendido e cumpra as penitências espirituais seguintes: confessar-se a cargo de confissão geral e por espaço de um ano se confessará e comungará nas quatro festas principais do Natal, Páscoa, Espírito Santo e Nossa Senhora de Agosto, e em cada um dos ditos dias em que comungar, rezará uma vez os salmos penitenciais de joelhos e que frequente os ofícios divinos e as pregações; *auto de fé:* 26.7.1595.

MANOEL DA COSTA ESPADILHA;

PROCESSO N. 1.813; Inquisição de Lisboa. *Origem:* cristão-novo; *prisão:* 1729; *idade:* 40; *natural:* Penamacor, Guarda, Portugal; *morador:* Minas Gerais; *filiação:* António Gomes Nunes, mercador, e Brites Gomes, naturais e moradores em Penamacor; *estado civil:* casado; *ocupação:* tendeiro; *crime:* judaísmo; *sentença:* cárcere e hábito penitencial perpétuo; com confisco; *auto de fé:* 17.6.1731. *Observações:* tios e primos penitenciados.

MANOEL DA COSTA RIBEIRO;

PROCESSO N. 1.361; Inquisição de Lisboa. *Origem:* parte cristão-novo; *prisão:* 1734; *idade:* 24; *natural:* Celorico, Guarda, Portugal; *morador:* Minas de Vila Rica; *filiação:* José Carvalho Almeida, Portugal, tratante de seda, e Francisca Tereza, naturais e moradores em Celorico; *estado civil:* solteiro; *ocupação:* lavrador de roça e milho; *crime:* judaísmo; *sentença:* relaxado à justiça secular; com confisco; *auto de fé:* 10.9.1737.

MANOEL DA PIEDADE;

PROCESSO N. 9.972; Inquisição de Lisboa. *Prisão:* 1730; *idade:* 27; *natural:* Bahia; *morador:* Bahia e Lisboa, Portugal; *estado civil:* solteiro; *ocupação:* escravo; *crime:* feitiçaria; *sentença:* cárcere e hábito perpétuo, carocha com rótulo de feiticeiro, açoite e degredo de cinco anos para as galés. Proibido de voltar a Lisboa; *auto de fé:* 17.6.1731. *Observações:* negro.

MANOEL DA ROCHA BEZERRA;

PROCESSO N. 13.328; Inquisição de Lisboa. *Prisão:* 1790; *morador:* arrabaldes da povoação da freguesia de Santo Antão da Mata, Pernambuco; *estado civil:* casado; *crime:* bigamia; *sentença:* não se verificou culpas algumas contra as pessoas nela relatadas, pelo que não há motivo algum de se proceder contra elas. 18.10.1790.

MANOEL DA SILVA;

PROCESSO N. 7.352; Inquisição de Lisboa. *Origem:* parte cristão-novo; *prisão:* 1643; *idade:* 51; *natural:* Arrayolos, Portugal; *morador:* Bahia; *filiação:* António Vaz, sapateiro, morador em Arrayolos; *ocupação:* soldado; *crime:* judaísmo; *sentença:* cárcere e hábito penitencial perpétuo sem remissão; com confisco; *auto de fé:* 10.7.1644. *Observações:* foi submetido ao tormento. Não sabia ler nem escrever. Irmã penitenciada.

MANOEL DA SILVA ARAÚJO;

PROCESSO N. 848; Inquisição de Lisboa. *Origem:* cristão-velho; *prisão:* 1714; *idade:* 43; *natural:* Ilha da Madeira; *morador:* Pará; *estado civil:* casado; *ocupação:* soldado infante; *crime:* bigamia e vexação e opressão a presos quando foi carcereiro; *sentença:* açoite pelas ruas públicas, degredo de cinco anos para as galés. *Observações:* sabia ler e escrever. Primeira esposa, Isabel de Medeiros; segunda, Joana de Freitas da Silva.

MANOEL DE ABREU CAMPOS;
PROCESSO N. 1.513; Inquisição de Lisboa. *Origem:* cristão-novo; *prisão:* 1663; *idade:* 47; *natural:* Coimbra, Portugal; *morador:* Bahia; *filiação:* Francisco de Aguiar Brito e Antonia de Campos; *ocupação:* homem de negócios; *crime:* judaísmo; *sentença:* relaxado em estátua; com confisco; *auto de fé:* 3.3.1669. *Observações:* falecido no cárcere. Relaxado em estátua e ossos desenterrados e queimados.

MANOEL DE JESUS MARIA NEVES;
PROCESSO N. 1.132; Inquisição de Lisboa. *Prisão:* século XVIII; *morador:* Iguaraçu, Pernambuco; *estado civil:* solteiro; *ocupação:* padre franciscano; *crime:* solicitação.

MANOEL DE MATOS;
PROCESSO N. 7.357; Inquisição de Lisboa. *Origem:* parte cristão-novo; *prisão:* 1644; *natural:* Arrayolos, Portugal; *morador:* Bahia; *filiação:* Simão de Matos e Inês Condessa, cristã-velha; *ocupação:* soldado; *crime:* judaísmo; *sentença:* cárcere e hábito penitencial perpétuo; com confisco; *auto de fé:* 12.7.1645.

MANOEL DE MORAES;
PROCESSO N. 4.847; Inquisição de Lisboa. *Origem:* cristão-velho; *prisão:* 1646; *idade:* 50; *natural:* São Paulo; *morador:* Pernambuco; *filiação:* Francisco Velho e Ana de Moraes; *estado civil:* casado – casou-se duas vezes na Holanda; *ocupação:* sacerdote da Companhia de Jesus; *crime:* luteranismo; *sentença:* cárcere e hábito penitencial perpétuo sem remissão, com insígnias de fogo, suspenso para sempre de suas ordens; *auto de fé:* 15.12.1647. *Observações:* já havia sido relaxado à justiça secular em efígie no auto de fé de 6.4.1642, em Lisboa.

MANOEL DE MOURA FOGAÇA;
PROCESSO N. 7.982; Inquisição de Lisboa. *Origem:* parte cristão-novo; *prisão:* 1714; *idade:* 40; *natural:* Rio de Janeiro; *morador:* Rio de Janeiro; *filiação:* Manoel de Moura Fogaça, senhor de engenho, e Catarina Machado, ambos parte cristãos-novos, naturais e moradores do Rio de Janeiro; *estado civil:* casado com Guimar de Lucena, cristã-nova; *ocupação:* senhor de engenho; *crime:* judaísmo; *sentença:* cárcere e hábito penitencial perpétuo; com confisco; *auto de fé:* 16.2.1716. *Observações:* esposa penitenciada.

MANOEL DE OLIVEIRA;
PROCESSO N. 2.528; Inquisição de Lisboa. *Prisão:* 1594; *idade:* 37; *natural:* Olinda, Pernambuco; *morador:* Olinda, Pernambuco; *estado civil:* solteiro; *crime:* blasfêmia; *sentença:* abjuração de Levi suspeito na fé, açoite público e degredo por três anos para as galés do Reino, onde servirá ao remo, sem soldo; penitências espirituais, instrução religiosa. Auto público de fé, descalço, com a cabeça descoberta, com uma vela acessa na mão, cingido com uma corda e uma vara atravessada na boca; *auto de fé:* 9.10.1594. *Observações: na* folha de rosto do processo há a anotação: "parece que há pouca prova e muito rigor na sentença". Mameluco.

MANOEL DE OLIVEIRA PANTOJA;
PROCESSO N. 2.698; Inquisição de Lisboa. *Origem:* cristão-velho; *prisão:* 1764; *idade:* 43; *natural:* Tapajoz; *morador:* Pará; *crime:* passava-se por clérigo para ouvir as confissões de D. Clara, já de certa idade, a fim de zombar; *sentença:* ouça sua sentença na Mesa do visitador e depois seja nela asperamente repreendido e advertido para que nunca mais pratique semelhantes fingimentos, nem cometa tais absurdos com ofensa aos Santos Sacramentos da Igreja e dos lugares sagrados sob pena de ser punido com todo o rigor de direito, e pague as custas em que se condenou; *auto de fé:* 04.01.1764 *Observações:* apresentou-se à Mesa.

MANOEL DE PAREDES;
PROCESSO N. 8.257; Inquisição de Lisboa. *Origem:* cristão-novo; *prisão:* 1723; *idade:* 18; *natural:* Rio de Janeiro; *morador:* Rio de Janeiro; *filiação:* Manoel de Paredes, senhor de engenho, e Catarina Marques, naturais e moradores do Rio de Janeiro; *estado civil:* solteiro; *ocupação:* sem ofício; *crime:* judaísmo; *sentença:* abjuração em forma e penitências espirituais; *auto de fé.*11.9.1723. *Observações:* apresentado. Irmãos penitenciados.

MANOEL DE PAREDES;
PROCESSO N. 11.071; Inquisição de Lisboa. *Origem:* cristão-novo; *prisão:* 1593; *natural:* Lisboa, Portugal; *morador:* Bahia; *filiação:* Agostinho de Paredes e Violante da Costa; *estado civil:* casado com Paula de Barros; *ocupação:* mercador; *crime:* proposições heréticas; *sentença: penitências* espirituais; *auto de fé:* 1593.

MANOEL DE SEQUEIRA RODRIGUES;
PROCESSO N. 1.554; Inquisição de Lisboa. *Prisão:* 1750; *natural:* Vila de São Francisco de Taubaté, São Paulo; *morador:* Vila de Pindamonhangaba, São Paulo; *estado civil:* casado; *crime:* bigamia; mudança de sobrenome para Manoel do Prado Sequeira, a fim de casar-se segunda vez. *Observações:* o réu não foi encontrado, motivo pelo qual findou-se o processo em 31.5.1750.

MANOEL DE SIQUEIRA;
PROCESSO N. 10.744; Inquisição de Lisboa.

MANOEL DE SOUZA;
PROCESSO N. 9.110; Inquisição de Lisboa. *Prisão:* 1738; *morador:* Pernambuco; *estado civil:* casado; *ocupação:* escravo; *crime:* bigamia.

MANOEL DE SOUZA;
PROCESSO N. 10.631; Inquisição de Lisboa. *Prisão:* 1742; *morador:* Pernambuco; *estado civil:* casado; *ocupação:* escravo; *crime:* bigamia.

MANOEL DIAS ESPINOSA;
PROCESSO N. 3.508; Inquisição de Lisboa. *Origem:* cristão-novo; *prisão:* 1622; *idade:* 30; *natural:* Porto, Portugal; morador Bahia; *filiação:* João Rodrigues Espinosa; *estado civil:* solteiro; *ocupação:* administrador dos negócios de um grupo de mercadores do Porto, Portugal; *crime:* judaísmo; *sentença:* cárcere e hábito penitencial perpétuo; com confisco; *auto de fé:* 25.5.1624. *Observações:* pai penitenciado.

MANOEL DO ESPÍRITO SANTO;
PROCESSO N. 3.890; Inquisição de Lisboa. *Morador:* Vila de Santa Ana da Cruz de Mogy, São Paulo; *estado civil:* solteiro; *ocupação:* religioso – carmelita calçado; *crime:* solicitação.

MANOEL DO LIVRAMENTO, FREI;
PROCESSO N. 4.756; Inquisição de Lisboa.

MANOEL DO ROSÁRIO;
PROCESSO N. 2.695; Inquisição de Lisboa. *Origem:* cristão-velho; *prisão:* 1763; *idade:* 60; *natural:* Vila da Barca, Braga, Portugal; *morador:* convento da cidade do Pará; *ocupação:* leigo professo da religião dos calçados de Nossa Senhora do Carmo; *crime:* sodomia; *sentença:* admoestação em Mesa que nunca mais cometa tão feio, torpo e abominável pecado e advertido de que tornando a cair nele será, com todo rigor, castigado, e pague as custas; *auto de fé:* 14.11.1763. *Observações:* apresentou-se voluntariamente. Sabe ler e escrever.

MANOEL DO VALE DA SILVEIRA;
PROCESSO N. 4.166; Inquisição de Lisboa. *Origem:* cristão-novo; *prisão:* 1710; *idade:* 35; *natural:* Rio de Janeiro; *morador:* Rio de Janeiro; *filiação:* Duarte Rodrigues de Andrade, senhor de engenho, natural de Lisboa, e Ana do Vale, natural do Rio de Janeiro, moradores no Rio de Janeiro; *estado civil:* solteiro; *ocupação:* senhor de engenho; *crime:* judaísmo; *sentença:* cárcere e hábito penitencial a arbítrio; com confisco; *auto de fé:* 26.7.1711. *Observações:* mãe e irmãos penitenciados.

MANOEL DO VALE GUTERREZ;
PROCESSO N. 4.161; Inquisição de Lisboa. *Origem:* cristão-novo; *prisão:* 1711; *idade:* 25; *natural:* Rio de Janeiro; *morador:* Rio de Janeiro; *filiação:* João Rodrigues do Vale, senhor de engenho, natural do Rio de Janeiro, e Leonor Guterrez, natural do Porto, Portugal, moradores no Rio de Janeiro; *estado civil:* solteiro; *ocupação:* sem ofício; *crime:* judaísmo; *sentença:* cárcere e hábito penitencial perpétuo; com confisco; *auto de fé:* 26.7.1711. *Observações:* pais e irmãos penitenciados.

MANOEL DOS REIS DE LIMA;
PROCESSO N. 112; Inquisição de Lisboa. *Origem:* cristão-velho; *prisão:* 1746; *idade:* 31; *natural:* Vila das Alagoas, Pernambuco; *morador:* arraial das Salinas, bispado de Pernambuco; *estado civil:* casado; *ocupação:* trabalhador; *crime:* bigamia; *sentença:* abjuração de Levi suspeito na fé; açoite pelas ruas públicas, degredo por oito anos para a praça do Mazagão; instrução religiosa e penitências espirituais; *auto de fé:* 24.9. 1747. *Observações:* não sabe ler nem escrever, mas sabe assinar o nome.

MANOEL FERNANDES DOS SANTOS;
PROCESSO N. 11.607; Inquisição de Lisboa. *Idade:* 42; *natural:* São Lourenço da Mata, Pernambuco; *morador:* Pernambuco; *ocupação:* trabalhador; *crime:* sodomia; *sentença:* açoite e dez anos de degredo para as galés; *auto de fé:* 20.10.1748. *Observações:* mulato.

MANOEL FERREIRA DE ARAÚJO;
PROCESSO N. 1.126; Inquisição de Lisboa.

MANOEL FRANCISCO (ALIÁS, MANOEL DE ARAÚJO);
PROCESSO N. 3.436; Inquisição de Lisboa. *Origem:* cristão-velho; *prisão:* 1758; *idade:* 44; *natural:* freguesia do Rio Caldo, termo da Vila de Guimarães, Guarda, Portugal; *morador:* arraial da Água Quente, bispado do Rio de Janeiro; *estado civil:* casado; *ocupação:* almocreve; *crime:* bigamia; *sentença:* açoite e degredo de cinco anos para as galés; *auto de fé:* 20.9.1761. *Observações:* não sabia ler nem escrever.

MANOEL GOMES CACHÃO (OU CHACON);
PROCESSO N. 7.533; Inquisição de Lisboa. *Origem:* cristão-novo; *prisão:* 1647; *idade:* 54; *natural:* Trancoso, Portugal; *morador:* Pernambuco; *filiação:* João Lopes Gomes, contratador, e Brites Gomes; *estado civil:* casado com Maria Soares de Leão; *ocupação:* mercador e lavrador de cana; *crime:* judaísmo; *sentença:* cárcere e hábito penitencial a arbítrio dos inquisidores; com confisco; *auto de fé:* 15.12.1647. *Observações:* viveu em Madri, Lisboa e México. Converteu-se ao judaísmo em 1643, no Brasil holandês, passando a chamar-se Isaac Habib. Em 1644 retornou ao catolicismo.

MANOEL GOMES DE CARVALHO;
PROCESSO N. 7.760; Inquisição de Lisboa. *Origem:* cristão-novo; *prisão:* 1734; *idade:* 45; *natural:* Celorico, Guarda, Portugal; *morador:* Minas de Ouro Preto; *filiação:* Gaspar de Carvalho, homem de negócios, e Clara Gomes; *estado civil:* solteiro; *ocupação:* mineiro; *crime:* judaísmo; *sentença:* cárcere e hábito penitencial perpétuo; com confisco; *auto de fé:* 18.10.1739. *Observações:* irmão, tio e sobrinhos penitenciados.

MANOEL GOMES PEREIRA;
PROCESSO N. 4.153; Inquisição de Lisboa. *Origem:* cristão-novo; *prisão:* 1710; *idade:* 26; *natural:* Vila de Fronteira, Évora, Portugal; *morador:* Rio de Janeiro; *filiação:* Manoel Mendes Henriques e Beatriz Pereira, moradores em Vila de Fronteira; *estado civil:* casado com Catarina Gomes da Costa, cristã-nova; *ocupação:* lavrador de cana; *crime:* judaísmo; *sentença:* cárcere e hábito penitencial perpétuo; com confisco; *auto de fé:* 26.7.1711. *Observações:* pai penitenciado pelo Tribunal de Évora, Portugal. Esposa penitenciada.

MANOEL GONÇALVES;
PROCESSO N. 1.465; Inquisição de Lisboa. *Origem:* cristão-velho; *prisão:* 1659; *idade:* 23; *natural:* ilha Terceira; *morador:* Belém, Pará; *ocupação:* oleiro; *crime:* sodomia; *sentença:* açoite e degredo para as galés; *auto de fé:* 1659. *Observações:* não sabia ler nem escrever.

MANOEL GONÇALVES;
PROCESSO N. 3.419; Inquisição de Lisboa.

MANOEL GONÇALVES;
PROCESSO N. 13.250; Inquisição de Lisboa. *Origem:* cristão- velho; *prisão:* 1594; *idade:* 25; *natural:* Belém, Portugal; *morador:* várzea do Capibaribe de Pernambuco; *ocupação:* feitor; *crime:* proposição herética; *sentença:* repreensão e admoestação pela Mesa do Santo Ofício, e seguintes penitências espirituais: jejuar duas quartas-feiras e nas quatro festas principais de um ano; confissão e comunhão a conselho de seus confessores; *auto de fé:* 22.10.1594. *Observações:* não sabe ler nem escrever.

MANOEL GONÇALVES DIAS;
PROCESSO N. 11.033; Inquisição de Lisboa. *Origem:* cristão-velho; *prisão:* 1595; *idade:* 22; *natural:* Caminha, Portugal; *morador:* Pernambuco; *estado civil:* solteiro; *crime:* proposições heréticas; *sentença:* abjuração de Levi suspeito na fé e penitência pública; *auto de fé:* 12.3.1595.

MANOEL HENRIQUES DA FONSECA;
PROCESSO N. 9.967; Inquisição de Lisboa. *Origem:* cristão-novo; *prisão:* 1729; *idade:* 41; *natural:* Engenho de Inhobim, Paraíba; *morador:* rio da Meio, Paraíba; *filiação:* Manoel Henriques, senhor de engenho, e Maria da Fonseca, naturais e moradores da Paraíba; *estado civil:* casado com Joana do Rego, cristã-nova; *ocupação:* lavrador de cana; *crime:* judaísmo; *sentença:* cárcere e hábito penitencial perpétuo; com confisco; *auto de fé:* 17.7.1731. *Observações:* esposa, filha, irmão e sobrinhos presos.

MANOEL HOMEM DE CARVALHO;
PROCESSO N. 3.157; Inquisição de Lisboa. *Origem:* parte cristão-novo; *prisão:* 1620; *idade:* 46; *natural:* Ponta Delgada, ilha de São Miguel; *morador:* Bahia; *estado civil:* casado; *crime:* judaísmo; *sentença:* abjuração de veemente e penitências espirituais; *auto de fé:* 1621. *Observações:* tornou-se judeu em 1611 em Amsterdã. Morou em Hamburgo. Foi solto pelo Santo Ofício em 1621.

MANOEL JOÃO;

PROCESSO N. 7.360 Inquisição de Lisboa. *Origem:* cristão-velho; *Prisão:* 1644; *idade:* 26; *natural:* Lugar de Altares, ilha Terceira; *morador:* Bahia; *filiação:* Pedro João, lavrador; *estado civil:* solteiro; *ocupação:* marinheiro; *sentença:* cárcere e hábito penitencial a arbítrio dos inquisidores. Açoite e degredo para as galés; *auto de fé:* 6.3.1644. *Observações:* sabia ler e escrever. Possuía e lia livros de Calvino.

MANOEL JOÃO;

PROCESSO N. 10.181; Inquisição de Lisboa. *Prisão:* 1668; *morador:* São Luís, Maranhão; *ocupação:* barbeiro; *crime:* feitiçaria (pacto com o diabo); *sentença:* açoite e degredo de três anos para as galés; *auto de fé:* 10.5.1682.

MANOEL JOSÉ DA MAIA;

PROCESSO N. 12.890; Inquisição de Lisboa. *Prisão:* 1764; *idade:* 26; *natural:* Vila do Vigia, Pará; *morador:* Bahia; *estado civil:* solteiro; *ocupação:* soldado infante. *Observações:* não conheceu os pais, foi exposto na casa de Oróbio Maia. Documento composto por denúncias, genealogia e exame.

MANOEL JOSÉ GOMES DA COSTA;

PROCESSO N. 8.586; Inquisição de Lisboa.

MANOEL LEME DA SILVA;

PROCESSO N. 10.018; Inquisição de Lisboa. *Prisão:* 1699; *idade:* 60; *natural:* Funchal; *morador:* Maragojipe, Bahia; *estado civil:* casado; *ocupação:* vaqueiro; *crime:* bigamia.

MANOEL LOPES DE CARVALHO;

PROCESSO N. 9.255; Inquisição de Lisboa. *Origem:* cristão-velho; *prisão:* 1723; *idade:* 42; *natural:* Lisboa, Portugal; *morador:* Bahia; *filiação:* João Lopes de Araújo, natural do Reino, e Maria de Assunção, natural da Bahia, moradores na Bahia; *estado civil:* solteiro; *ocupação:* sacerdote; *crime:* judaísmo; *sentença:* relaxado à justiça secular; com confisco; *auto de fé:* 13.10.1726.

MANOEL LOPES DE MORAIS;

PROCESSO N. 11.793; Inquisição de Lisboa. *Origem:* cristão-novo; *prisão:* 1712; *idade:* 33; *natural:* Rio de Janeiro; *morador:* Rio de Janeiro; *filiação:* Guilherme Gomes Mourão, advogado, natural do Rio de Janeiro, e Branca de Morais, natural da Bahia, moradores do Rio de Janeiro; *estado civil:* solteiro; *ocupação:* advogado; *crime:* judaísmo; *sentença:* cárcere e hábito penitencial perpétuo; com confisco; *auto de fé:* 9.7.1713. *Observações:* mãe e irmã penitenciadas.

MANOEL LOPES FREIRE;

PROCESSO N. 3.648; Inquisição de Lisboa. *Origem:* cristão-novo; *prisão:* 1687; *idade:* 50; *natural:* Coimbra, Portugal; *morador:* Bahia; *filiação:* Pedro Lopes, homem do mar, e Maria Freire; *estado civil:* casado; *ocupação:* homem do mar (senhor de uma sumaca); *crime:* judaísmo; *sentença:* cárcere e hábito penitencial perpétuo; com confisco; *auto de fé:* 14.3.1688.

MANOEL LOPES HENRIQUES;

PROCESSO N. 7.201; Inquisição de Lisboa. *Origem:* cristão-novo; *prisão:* 1706; *idade:* 40; *natural:* Covilhã, Portugal; *morador:* Bahia; *filiação:* Pedro Henriques Ferreira, homem de negócios, e Catarina Rodrigues, naturais e moradores em Covilhã, Portugal; *ocupação:* homem de negócios e senhor de engenho; *crime:* judaísmo; *sentença:* cárcere e hábito penitencial a arbítrio dos inquisidores; com confisco; *auto de fé:* 30.6.1709.

MANOEL MATOS DIAS;

PROCESSO N. 1.518; Inquisição de Lisboa. *Origem:* cristão-novo; *prisão:* 1734; *idade:* 32; *natural:* Celorico, Guarda, Portugal; *morador:* Vila Rica das Minas Gerais; *filiação:* Manoel de Matos Dias, mercador, e Maria Guterrez, naturais e moradores em Ceiorico; *estado civil:* solteiro; *ocupação:* caixeiro; *crime:* judaísmo; *sentença:* cárcere e hábito penitencial perpétuo; com confisco; *auto de fé:* 10.9.1737. *Observações:* foi para a cidade de Évora, Portugal.

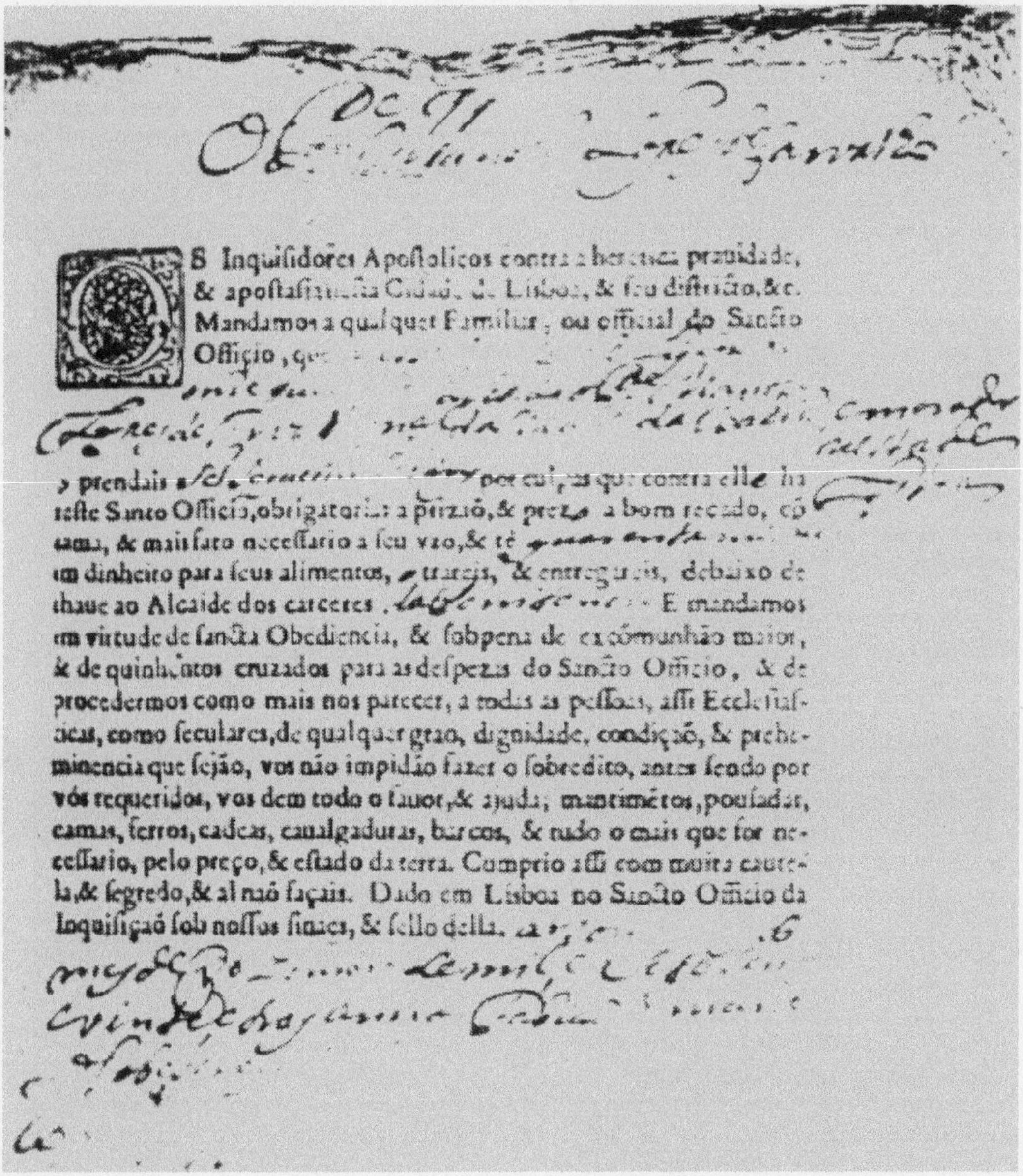

OS Inquisidores Apostolicos contra a heretica pravidade, & apostasia nesta Cidade de Lisboa, & seu districto, &c. Mandamos a qualquer Familiar, ou official do Sancto Officio, que [illegible] prendais [illegible] por culpas que contra elle ha neste Santo Officio, obrigatorias a prizaõ, & preso a bom recado, cõ cama, & mais fato necessario a seu uso, & té [illegible] em dinheiro para seus alimentos, o trareis, & entregareis, debaixo de chave ao Alcaide dos carceres [illegible]. E mandamos em virtude de sancta Obediencia, & sobpena de excõmunhão maior, & de quinhentos cruzados para as despezas do Sancto Officio, & de procedermos como mais nos parecer, a todas as pessoas, assi Ecclesiasticas, como seculares, de qualquer grao, dignidade, condiçaõ, & preheminencia que sejão, vos não impidão fazer o sobredito, antes sendo por vós requeridos, vos dem todo o favor, & ajuda, mantimẽtos, pousadas, camas, ferros, cadeas, cavalgaduras, barcos, & tudo o mais que for necessario, pelo preço, & estado da terra. Cumprio assi com muita cautela, & segredo, & al naõ façais. Dado em Lisboa no Sancto Officio da Inquisiçaõ sob nossos sinaes, & sello della. [illegible]

Ordem de prisão do Padre Manoel Lopes de Carvalho, 1723.

MANOEL MENDES MONFORTE;
PROCESSO N. 675; Inquisição de Lisboa. *Origem:* cristão-novo; *prisão:* 1721; *idade:* 59; *natural:* Alcains, Vila de Castelo Branco, Guarda, Portugal; *morador:* Salvador, Bahia; *filiação:* Duarte Rodrigues Mendes, tratante, natural de Monforte, e Clara Henriques, natural de Alcains, moradores em Alcains; *estado civil:* casado com Maria Ayres, cristã-nova; *ocupação:* médico; *crime:* judaísmo; *sentença:* cárcere e hábito penitencial a arbítrio dos inquisidores; com confisco; *auto de fé:* 10.10.1723. *Observações:* possuía escritos heréticos de autoria de um padre da Bahia.

MANOEL NUNES BERNAL;
PROCESSO N. 11.329; Inquisição de Lisboa. *Origem:* cristão-novo; *prisão:* 1727; *idade:* 24; *natural:* Castelo Rodrigo, Portugal; *morador:* Rio de Janeiro; *filiação:* Francisco Nunes de Miranda, médico; natural de Almeida, Portugal, e Isabel Bernal, natural de Castela, moradores na Bahia; *estado civil:* solteiro; *ocupação:* capitão de navio; *crime:* judaísmo; *sentença:* cárcere e hábito penitencial perpétuo; com confisco; *auto de fé:* 24.7.1727. *Observações:* recebeu licença para voltar para o Rio de Janeiro em 1728; pai, irmãos e primos, presos.

MANOEL NUNES DA PAZ;
PROCESSO N. 9.542; Inquisição de Lisboa. *Origem:* cristão-novo; *prisão:* 1727; *idade:* 35; *natural:* Castela; *morador:* Curralinho, Minas Gerais; *filiação:* Diogo Nunes Henriques, lavrador, natural de Pinhal, e Brites Henriques, natural de Lugar de Lumbrales, moradores em Minas Gerais; *estado civil:* solteiro; *ocupação:* homem de negócios; *crime:* judaísmo; *sentença:* cárcere e hábito penitencial a arbítrio dos inquisidores. Hábito retirado quando lida a sentença no auto de fé; com confisco; *auto de fé:* 16.10.1729.

MANOEL NUNES DA SILVA;
PROCESSO N. 2.702; Inquisição de Lisboa. *Origem:* cristão-velho; *prisão:* 1766; *idade:* 28; *natural:* Vila de Vigia, Pará; *morador:* Vila de Cacte, Pará; *estado civil:* solteiro; *sentença:* ouça sua sentença na Mesa da Visita e nela faça abjuração de leve, suspeito na fé e tenha penitências espirituais e instrução ordinária, e pague as custas; *auto de fé:* 21.4.1766. *Observações:* apresentado; sabe ler e escrever.

MANOEL NUNES DE MATOS;
PROCESSO N. 10.600; Inquisição de Lisboa.

MANOEL NUNES SANCHES;
PROCESSO N. 11.824; Inquisição de Lisboa. *Origem:* cristão-novo; *prisão:* 1730; *idade:* 30; *natural:* Idanha, a Nova, Portugal; *morador:* Minas do Fanado, Bahia; *filiação:* Manoel Nunes Sanches, médico, e Guiomar Nunes, naturais e moradores em Idanha, a Nova; *estado civil:* solteiro; *ocupação:* mineiro; *crime:* judaísmo; *sentença:* cárcere e hábito penitencial perpétuo; com confisco; *auto de fé:* 6.7.1732.

MANOEL NUNES VISEU;
PROCESSO N. 822; Inquisição de Lisboa. *Origem:* cristão-novo; *prisão:* 1734; *natural:* Rio de Janeiro; *morador:* Rio de Janeiro; *filiação:* João Nunes Viseu, médico, e Isabel Gomes da Costa, natural do Rio de Janeiro, moradores no Rio de Janeiro; *estado civil:* solteiro; *ocupação:* homem de negócios; *crime:* judaísmo; *sentença:* cárcere e hábito penitencial a arbítrio dos inquisidores; com confisco; *auto de fé:* 24.6.1735. *Observações:* pais e avós penitenciados.

MANOEL NUNES VISEU;

PROCESSO N. 4.167; Inquisição de Lisboa. *Origem:* cristão-novo; *prisão:* 1710; *idade:* 64; *natural:* Castelo Branco, Guarda, Portugal; *morador:* Rio de Janeiro; *filiação:* João Nunes e Ana Rodrigues, naturais e moradores em Castelo Branco; *estado civil:* casado com Catarina Rodrigues, cristã-nova; *ocupação:* lavrador de cana; *crime:* judaísmo; *sentença:* cárcere e hábito penitencial perpétuo; com confisco; *auto de fé:* 26.7.1711. *Observações:* avós maternos penitenciados; esposa e filhos penitenciados.

MANOEL PACHECO MADUREIRA;

PROCESSO N. 2.697; Inquisição de Lisboa. *Origem:* cristão-velho; *prisão:* 1766; *idade:* 44; *morador:* Rua das Flores, freguesia de Nossa Senhora do Rosário da cidade do Pará; *estado civil:* viúvo de D. Claudina Maria Pinheira; *crime:* feitiçaria (adivinhação); *sentença:* abjuração de veemente, suspeito na fé; penitências espirituais e instrução ordinária, absoluto ad cautelam da excomunhão maior em que poderia incorrer, e pague as custas; *auto de fé:* 20.1.1766. *Observações:* apresentou-se à Mesa do Santo Ofício; sabe ler e escrever.

MANOEL PEREIRA RABELO;

PROCESSO N. 4.363; Inquisição de Lisboa. *Prisão:* 1767; *natural:* Estremoz, Portugal; *morador:* Bahia; *crime:* proposições heréticas. *Observações:* o processo é composto, essencialmente, por inquirições e várias testemunhas.

MANOEL PINHEIRO DE OLIVEIRA;

PROCESSO N. 8.123; Inquisição de Lisboa. *Origem:* cristão-velho; *prisão:* 1742; *idade:* 47; *natural:* Pinhal, Portugal; *morador:* Minas Gerais; *estado civil:* solteiro; *ocupação:* clérigo presbítero no convento de Macaúbas; *crime:* solicitação; *sentença:* abjuração de Levi suspeito na fé; privado para sempre de poder confessar e suspenso do exercício de suas ordens por oito anos. Degredo para fora do bispado do Rio de Janeiro e não entrará mais na freguesia de Nossa Senhora do Pilar das Congonhas e onde está situado o recolhimento das Macaúbas; instrução religiosa e penitências espirituais; *auto de fé:* 1.7.1744.

MANOEL RODRIGUES CURTO;

PROCESSO N. 7.135; Inquisição de Lisboa. *Origem:* cristão-velho; *prisão:* 1764; *idade:* 48; *natural:* Funchal, ilha da Madeira; *morador:* Vigia, Pará; *estado civil:* casado; *ocupação:* lavrador; *crime:* bigamia; *sentença:* abjuração de Levi suspeito na fé, açoitado pelas ruas públicas, degredado durante cinco anos para as galés, instrução espiritual e penitências espirituais; *auto de fé:* 27.10.1764. *Observações:* não sabia ler nem escrever. Casado a primeira vez com Rosa da Silva e a segunda com Margarida Ferreira.

MANOEL RODRIGUES DE LEÃO;

PROCESSO N. 2.220; Inquisição de Lisboa. *Origem:* parte cristão-novo; *prisão:* 1718; *idade:* 39; *natural:* Rio de Janeiro; *morador:* Rio de Janeiro; *filiação:* Diogo de Souza, cristão-velho, sem ofício, natural de Coimbra, Portugal, e Isabel de Souza, natural do Rio de Janeiro; *estado civil:* solteiro; *ocupação:* soldado de infantaria; *crime:* judaísmo; *sentença:* cárcere e hábito penitencial a arbítrio dos inquisidores; com confisco; *auto de fé:* 16.6.1720. *Observações:* revogou-se a sentença estando o réu no Hospital em 10.9.1720.

MANOEL RODRIGUES MONSANTO;
PROCESSO N. 4.044; Inquisição de Lisboa. *Origem:* cristão-novo; *prisão:* 1644; *idade:* 67; *natural:* Monsanto, Beira, Portugal; *morador:* Paraíba e Itamaracá, Pernambuco; *estado civil:* casado; *ocupação:* mercador; *crime:* judaísmo; *sentença:* relaxado em estátua à justiça secular; com confisco; *auto de fé:* 10.7.1644. *Observações:* esteve em Amsterdã. Processado in absentia. Adotou o nome judaico de Levi de Monsanto ou Moisés Moreno de Monsanto durante o período holandês.

MANOEL RODRIGUES PENTEADO;
PROCESSO N. 4.962; Inquisição de Lisboa. *Origem:* parte cristão-novo; *prisão:* 1714; *idade:* 36; *natural:* Idanha, a Nova, Portugal; *morador:* Vila de Paranaguá, bispado do Rio de Janeiro; *filiação:* António Nunes Penteado e Ana Rodrigues; *estado civil:* solteiro; *ocupação:* escrivão; *crime:* judaísmo; *sentença:* cárcere e hábito penitencial perpétuo; com confisco; *auto de fé:* 16.2.1716. *Observações:* sabe ler e escrever.

MANOEL SILVA OLIVEIRA;
PROCESSO N. 820; Inquisição de Lisboa. *Origem:* cristão- velho; *prisão:* 1735; *idade:* 30; *natural:* Serinhaém, Pernambuco; *morador:* Vila de Lagarto, Sergipe; *ocupação:* religioso (ordens menores); *crime:* falsidade ideológica (falso sacerdote); *sentença:* degredo de sete anos nas galés, inabilitado a receber outras ordens sacras; *auto de fé:* 24.7.1735.

MANOEL VAZ CANUTO;
Inquisição de Lisboa. *Natural:* Ilha de Santiago de Cabo Verde; *morador:* Santo António do Recife, Pernambuco; *estado civil:* casado; *ocupação:* cirurgião; *crime:* bigamia; *sentença:* açoite e degredo de cinco anos para as galés; *auto de fé:* 18.10.1739.

MANOEL VAZ DE LEÃO;
PROCESSO N. 10.227; Inquisição de Lisboa. *Origem:* cristão-novo; *morador:* Bahia; *crime:* judaísmo. *Observações:* pais denunciados na "Grande Inquirição" de 1646, na Bahia.

MARÇAL;
PROCESSO N. 13.326; Inquisição de Lisboa. *Prisão:* 1763; *idade:* 40; *natural:* Caxes; *morador:* Engenho de Varapiranga; *ocupação:* escravo pedreiro; *crime:* feitiçaria (adivinhação). *Observações:* escravo de chantre desta catedral e assistente no Engenho de Varapiranga. Preto-crioulo.

MARÇAL AGOSTINHO;
PROCESSO N. 2.701; Inquisição de Lisboa. *Idade:* 40; *natural:* sertão do Rio Tapajós, Pará; *morador:* Vila de Buim, Pará; *estado civil:* casado com Andreza, índia; *ocupação:* capitão da povoação de Vila de Buim, vive de sua roça; *crime:* gentilidades. *Observações:* processo inquisitorial composto por denúncias feitas contra o réu e por confissões suas e autos de testemunhas, índio.

MARÇAL INÁCIO MONTEIRO;
PROCESSO N. 2.814; Inquisição de Lisboa. *Prisão:* 1785; *natural:* Maranhão; *estado civil:* casado; *crime:* leitura de livros proibidos. *Observações:* "afrancesado".

MARCELINO FERREIRA;
PROCESSO N. 12.885; Inquisição de Lisboa *Prisão:* 1764; *natural:* Pará; *morador:* Pará; *estado civil:* casado; *ocupação:* soldado; *crime:* bigamia. *Observações:* provisão para que se passe mandado de prisão ao réu, pelo crime de bigamia – 10.2.1764. Processo mandado em 9.3.1764 e remetido em 6.5.1764 ao vigário geral.

MARCOS LIMA;
PROCESSO N. 1.660; Inquisição de Lisboa.

MARCOS MENDES SANCHES;

PROCESSO N. 2.141; Inquisição de Lisboa. *Origem:* cristão-novo; *prisão:* 1730; *idade:* 30; *natural:* Idanha, a Nova, Portugal; *morador:* rio das Mortes das Minas Gerais; *filiação:* Manoel Nunes Sanches, médico; *estado civil:* solteiro; *ocupação:* lavrador de roça e lavrador de ouro; *crime:* judaísmo; *sentença:* cárcere e hábito penitencial perpétuo; com confisco; *auto de fé:* 6.7.1732. *Observações:* sofreu tormento. Irmão penitenciado.

MARCOS TAVARES;

PROCESSO N. 11.080; Inquisição de Lisboa. *Prisão:* 1593; *idade:* 22; *natural:* Bahia; *morador:* Bahia; *filiação:* Francisco Fernandes, feitor de Sebastião de Faria e Iria Alvares, índia; *estado civil:* solteiro; *crime:* sodomia; *sentença:* penitência pública, degredo por dez anos para Ceregipe de São Cristóvão. Pague as custas; *auto de fé:* 15.8.1593. *Observações:* mameluco forro.

MARTINHO DA CUNHA OLIVEIRA;

PROCESSO N. 8.106; Inquisição de Lisboa. cristão-novo; *prisão:* 1746; *idade:* 52; *natural:* Idanha, a Nova, Guarda, Portugal; *morador:* Minas Gerais e Portugal; *filiação:* Manoel da Cunha, mercador, e Leonor da Cunha; *estado civil:* casado com Izabel Nunes Moeda; *ocupação:* tratante de diamantes, mercador; *crime:* judaísmo; *sentença:* relaxado à justiça secular; com confisco; *auto de fé:* 24.9.1747. *Observações:* preso a primeira vez em Portugal, em 1713, condenado a cárcere e hábito penitencial que se tira no auto. Foi para o Brasil em 1718, para a região das Minas. Voltou para Portugal em 1733. Em 1746 tentou fugir para a França, mas seu navio foi interceptado pelas autoridades. Foi preso com sua família e entregue ao Santo Ofício.

MATEUS DA COSTA;

PROCESSO N. 306; Inquisição de Lisboa. *Origem:* cristão-novo; *prisão:* 1646; *idade:* 66; *natural:* Lamego, Portugal; *morador:* Ipojuca, Pernambuco; *estado civil:* casado com Francisca da Silva; *ocupação:* lavrador de cana; *crime:* judaísmo; *sentença:* cárcere e hábito penitencial a arbítrio dos inquisidores; com confisco; *auto de fé:* 23.11.1652.

MATEUS DE MOURA FOGAÇA;

PROCESSO N. 2.040; Inquisição de Lisboa. *Origem:* parte cristão-novo; *prisão:* 1716 e 1722; *idade:* 47; *natural:* Rio de Janeiro; *morador:* Rio de Janeiro; *filiação:* Manoel de Moura Fogaça, senhor de engenho, e Catarina Machada, ambos parte cristãos--novos, naturais e moradores do Rio de Janeiro; *estado civil:* viúvo de Antonia de Baixos, cristã-nova; *ocupação:* mineiro; *crime:* judaísmo; *sentença:* cárcere e hábito penitencial perpétuo e cinco anos de degredo nas galés; relaxado ao braço secular; com confisco; *auto de fé:* 11.8.1720 e 10.10.1723.

MATEUS DELGADO;

PROCESSO N. 11.064; Inquisição de Lisboa. *Prisão:* 1593; *natural:* Aveiro, Portugal; *morador:* Lisboa, Portugal e Bahia; *estado civil:* casado; *ocupação:* marinheiro; *crime:* bigamia. *Observações:* processo é constituído na Bahia pelos denunciantes que haviam ido a Lisboa.

MATEUS LOPES FRANCO;

PROCESSO N. 3.504; Inquisição de Lisboa. *Origem:* cristão-novo; *prisão:* 1619; *natural:* Lisboa, Portugal; *morador:* Matoim, Bahia; *filiação:* Francisco Lopes Franco e Guiomar da Maia; *estado civil:* solteiro; *ocupação:* mercador; *crime:* judaísmo; *sentença:* abjuração de Levi suspeito na fé e penitências espirituais. *Observações:* depois de reconciliado, voltou à Bahia, onde tornou-se senhor de engenho. Fazia parte da Câmara como "homem bom".

MATEUS PEREIRA MACHADO;
PROCESSO N. 1.131; Inquisição de Lisboa. *Prisão:* 1750; *idade:* 20; *natural:* Bahia; *morador:* Bahia; *ocupação:* escravo; *crime:* feitiçaria; *sentença:* cárcere a arbítrio dos inquisidores, açoite e degredo de quatro anos para Castro Marim; *auto de fé:* 20.7.1756.

MATIAS;
PROCESSO N. 4.303; Inquisição de Lisboa. *Prisão:* 1595; *idade:* 22; *natural:* Pernambuco; *morador:* Vila dos Cosmos, Pernambuco; *crime:* deixou de denunciar o que sabia de João Nunes; *sentença:* abjuração de Levi suspeito na fé, penitências espirituais e pagamento das custas. *Observações:* homem pardo.

MATIAS DA SILVA GAJO;
PROCESSO N. 9.274; Inquisição de Lisboa. *Prisão:* 1767; *idade:* 50; *natural:* Bahia; *morador:* Lisboa, Portugal; *estado civil:* casado; *ocupação:* advogado; *crime:* bigamia; *sentença:* degredo de cinco anos para Cabo Verde; *auto de fé:* 20.9.1767.

MATIAS DIAS;
PROCESSO N. 11.037; Inquisição de Lisboa. *Origem:* cristão-velho; *Prisão:* 1595; *idade:* 30; *natural:* Lagos; *morador:* Olinda, Pernambuco; *filiação:* Leonardo Martins, mercador, e Catarina Martins; *estado civil:* casado; *ocupação:* carreiro; *crime:* bigamia; *sentença:* ir ao auto de fé descalço, em corpo, desbarretado, com uma vela acesa na mão. Penitências espirituais e pagamento das custas.

MATIAS FERREIRA LIMA;
PROCESSO N. 8.110; Inquisição de Lisboa. *Idade:* 36; *natural:* São Romão de Vermoim, Rio de Janeiro; *morador:* São Romão de Vermoim, Rio de Janeiro; *ocupação:* cirurgião; *crime:* bigamia; *sentença:* açoite e degredo de cinco anos para as galés; *auto de fé:* 24.9.1744.

MATIAS GONÇALVES GAIZANDA;
PROCESSO N. 14.649; Inquisição de Lisboa. *Prisão:* 1806; *natural:* Recife; *morador:* Pernambuco; *ocupação:* oficial de alfaiate; *crime:* feitiçaria (atos de superstição e "pacto com o diabo"). *Observações:* não constam do processo nem genealogia nem sentença. O réu tinha em sua posse um "patuá" (um saquinho, um corporal, um pedaço de pano, um Santo Onofre embrulhados num papel com a saudação da Santa Virgem, uma lasquinha de pedra, um livro intitulado de Santa Bárbara, um pedaço de crânio ou ossos de caveira embrulhado em uma carta escrita por Alexandre Ferreira e diversas orações). Negro forro.

MIGUEL;
PROCESSO N. 5.184; Inquisição de Lisboa. *Prisão:* 1769; *natural:* Canoeiros, Pará; *morador:* Cametá, Pará; *estado civil:* casado duas vezes: índia Januária (primeira esposa); índia Ana (segunda esposa); *crime:* bigamia; *sentença:* repreensão, anulação do segundo casamento e instrução espiritual. *Observações:* índio.

MIGUEL CARDOSO;
Inquisição de Lisboa. *Origem:* cristão-novo; *natural:* Portugal; *morador:* Rio de Janeiro; *filiação:* Baltazar Rodrigues Coutinho e Beatriz Cardosa; *estado civil:* casado com Francisca Coutinho; *ocupação:* mercador; *crime:* judaísmo; *sentença:* cárcere e hábito penitencial; com confisco; *auto de fé:* 4.4.1666. *Observações:* o processo não foi encontrado no Arquivo Nacional da Torre do Tombo, Portugal.

MIGUEL DA CRUZ;
PROCESSO N. 11.330; Inquisição de Lisboa. *Origem:* cristão-novo; *prisão:* 1727; *idade:* 27; *natural:* Lugar de Maçai do Chão, Portugal; *morador:* Rio de Janeiro, Bahia e Lisboa; *filiação:* Francisco da Cruz Henriques, que vive de sua fazenda, natural de Almeida, Portugal, e Filipa Nunes de Matos, natural de Maçai do Chão, moradores em Maçai do Chão; *estado civil:* solteiro; *ocupação:* homem de negócios e vendeiro; *crime:* judaísmo; *sentença:* abjuração em forma e penitências espirituais; *auto de fé:* 23.3.1728. *Observações:* apresentado. Sabe ler e escrever. Tio e irmã penitenciados.

MIGUEL DE ALBUQUERQUE;
PROCESSO N. 13.641; Inquisição de Lisboa. *Prisão:* 1791; *morador:* Piauí; *estado civil:* solteiro; *ocupação:* religioso; *crime:* solicitação.

MIGUEL DE BARROS;
PROCESSO N. 7.257; Inquisição de Lisboa. *Origem:* cristão-novo; *prisão:* 1714; *idade:* 30; *natural:* Rio de Janeiro; *morador:* Rio de Janeiro; *filiação:* António de Barros, advogado e senhor de engenho, e Brites de Lucena, naturais e moradores do Rio de Janeiro; *estado civil:* solteiro; *ocupação:* soldado de cavalos; *crime:* judaísmo; *sentença:* cárcere e hábito penitencial perpétuo; com confisco; *auto de fé:* 14.10.1714. *Observações:* mãe e irmãos penitenciados.

MIGUEL DE CARVALHO E ALMEIDA;
PROCESSO N. 10.016; Inquisição de Lisboa. *Prisão:* 1699; *idade:* 33; *natural:* concelho de Ribeira de Pena, Braga, Portugal; *morador:* Pernambuco e Lisboa, Portugal; *estado civil:* solteiro; *ocupação:* vigário e cura da freguesia de Rodellas; *crime:* fingir ter ordens do Santo Ofício para prender pessoas; *sentença:* advertir o réu de que se cair em semelhante culpa será severamente castigado.

MIGUEL DE CASTRO LARA;
PROCESSO N. 4.146; Inquisição de Lisboa. *Origem:* cristão-novo; *prisão:* 1710; *idade:* 40; *natural:* Rio de Janeiro; *morador:* Rio de Janeiro; *filiação:* João Tomás Brum, natural de Sevilha, Espanha, e Branca Gomes Coutinho, natural do Rio de Janeiro, moradores no Rio de Janeiro; *estado civil:* casado com Maria Coutinho, cristã-nova; *ocupação:* advogado; *crime:* judaísmo; *sentença:* cárcere e hábito penitencial a arbítrio dos inquisidores; com confisco; *auto de fé:* 26.7.1711. *Observações:* esposa e filhos penitenciados.

MIGUEL DE MENDONÇA VALLADOLID;
PROCESSO N. 9.973; Inquisição de Lisboa. *Origem:* cristão-novo; *prisão:* 1729; *idade:* 36; *natural:* Valladolid, Espanha; *morador:* Sítio de Nossa Senhora da Penha de França, São Paulo, Minas Gerais e Bahia; *filiação:* João de Castro Mendonça e Ana Maria de Castro, naturais e moradores em Valladolid; *estado civil:* casado; *ocupação:* homem de negócios; *crime:* judaísmo; *sentença:* relaxado à justiça secular; com confisco; *auto de fé:* 17.6.1732. *Observações:* pais e tios penitenciados no reino de Castela.

MIGUEL DIAS;
PROCESSO N. 12.934; Inquisição de Lisboa. *Prisão:* 1593; *natural:* Macieira, termo de Barcelos, Portugal; *morador,* curral de António Esteves, Bahia; *ocupação:* lavrador; *crime:* proposições heréticas; *sentença:* penitência pública, penitências espirituais; *auto de fé:* 15.8.1593. *Observações:* na folha de rosto do processo inquisitorial: "bastava dar-lhe alguma penitência espiritual sem ser pública".

MIGUEL FERREIRA PESTANA (ou DOMINGOS PEDROSO);
PROCESSO N. 6.982; Inquisição de Lisboa. *Idade:* 40; *natural:* Araritiba, Espírito Santo; *morador:* Piedade de Inhumerim, Rio de Janeiro; *ocupação:* carpinteiro; *crime:* feitiçaria; *sentença:* cárcere e hábito penitencial perpétuo; *auto de fé:* 21.6.1744.

MIGUEL FRANCÊS;
PROCESSO N. 7.276; Inquisição de Lisboa. *Origem:* cristão-novo; *prisão:* 1646; *natural:* Lisboa, Portugal; *morador:* Pernambuco; *filiação:* Pedro Francês e Beatriz Soares; *estado civil:* solteiro; *ocupação:* homem de negócios; *crime:* judaísmo; *sentença:* cárcere e hábito penitencial a arbítrio dos inquisidores; com confisco; *auto de fé:* 15.12.1647. *Observações:* morou na França, Antuérpia, Amsterdã e Hamburgo.

MIGUEL GOMES;
PROCESSO N. 3.147; Inquisição de Lisboa.

MIGUEL GOMES DE BARROS;
PROCESSO N. 11.792; Inquisição de Lisboa. *Origem:* parte cristão-novo; *prisão:* 1712; *idade:* 23; *natural:* Rio de Janeiro; *morador:* Rio de Janeiro; *filiação:* Rodrigo Coelho do Bom Sucesso, lavrador de cana, cristão-velho, e Isabel de Barros, naturais e moradores do Rio de Janeiro; *estado civil:* solteiro; *ocupação:* homem de negócios; *crime:* judaísmo; *sentença:* cárcere e hábito penitencial perpétuo; com confisco; *auto de fé:* 9.7.1713. *Observações:* irmãos penitenciados.

MIGUEL JORGE;
PROCESSO N. 12.935; Inquisição de Lisboa. *Origem:* cristão-velho; *prisão:* 1592; *idade:* 34; *natural:* Aveiro, Portugal; *morador:* Bahia; *ocupação:* marinheiro; *crime:* proposições heréticas; *sentença:* penitências públicas, penitências espirituais. *Observações:* no processo não consta auto de fé; na folha de rosto: "bastava repreender a este sem mais pena".

MIGUEL MONIZ;
PROCESSO N. 1.562; Inquisição de Lisboa. *Prisão:* 1749; *morador:* Cachoeira, Bahia; *crime:* feitiçaria. *Observações:* pardo.

MIGUEL NUNES DE ALMEIDA;
PROCESSO N. 9.248; Inquisição de Lisboa. *Origem:* cristão-novo; *prisão:* 1729; *idade:* 24; *natural:* Bahia; *morador:* Bahia; *filiação:* Félix Nunes de Miranda, homem de negócios, e Gracia Rodrigues, naturais da Vila de Almeida, Portugal e moradores na Bahia; *estado civil:* solteiro; *ocupação:* sem ofício; *crime:* judaísmo; *sentença:* cárcere e hábito penitencial perpétuo; com confisco; *auto de fé:* 6.7.1732. *Observações:* pai foi relaxado à justiça secular; há indícios de que sua mãe e irmãos menores fugiram para a Inglaterra ao tempo da prisão de seu pai. Tios, primos penitenciados.

MIGUEL NUNES SANCHES;
PROCESSO N. 8.112; Inquisição de Lisboa. *Origem:* cristão-novo; *prisão:* 1747; *idade:* 39; *natural:* Idanha, a Nova, Portugal; *morador:* Pernambuco; *filiação:* Manoel Nunes Sanchez, médico, e Perpétua Lopes da Costa, naturais e moradores em Idanha, a Nova; *ocupação:* soldado; *crime:* judaísmo; *sentença:* cárcere e hábito penitencial perpétuo; com confisco; *auto de fé:* 24.9.1747. *Observações:* irmãos penitenciados.

MIGUEL TELES DA COSTA;
PROCESSO N. 6.515; Inquisição de Lisboa. *Origem:* cristão-novo; *prisão:* 1710; *idade:* 55; *natural:* Vila de Troncos, Viseu, Portugal; *morador:* Parati e Minas Gerais; *filiação:* Diogo Mendes de Castro e Maria da Costa Teles, moradores em Lisboa; *estado civil:* solteiro; *ocupação:* capitão-mor de Parati; *crime:* judaísmo; *sentença:* cárcere e hábito penitencial perpétuo; com confisco; *auto de fé:* 9.7.1711. *Observações:* irmão de Francisco Mendes de Castro, penitenciado em 1709. Pais penitenciados em 1666.

N

NUNO ALVARES DE MIRANDA;

PROCESSO N. 11.487; Inquisição de Lisboa. *Origem:* cristão-novo; *prisão:* 1710; *idade:* 28; *natural:* Rio de Janeiro; *morador:* Rio de Janeiro; *filiação:* Ayres de Miranda, lavrador de cana, natural da Bahia, e Ana Gomes, natural do Rio de Janeiro, moradores no Rio de Janeiro; *estado civil:* solteiro; *ocupação:* alferes de infantaria; *crime:* judaísmo; *sentença:* cárcere e hábito penitencial perpétuo; com confisco; *auto de fé:* 26.7.1711. *Observações:* mãe e irmãos penitenciados.

NUNO FERNANDES;

PROCESSO N. 12.936; Inquisição de Lisboa. *Origem*; cristão-novo; *prisão:* 1591; *natural*: Bahia; *morador:* Bahia; *filiação:* Heitor Antunes, senhor de engenho, e Ana Rodrigues, cristãos-novos; *estado civil:* solteiro; *crime:* sacrilégio (ter açoitado um crucifixo). *Observações:* o réu confessou no Tempo da graça.

P

PANTALIÃO RIBEIRO;
PROCESSO N. 11.036; Inquisição de Lisboa. *Origem:* cristão-velho; *prisão:* 1593; *idade:* 30; *natural:* Porto, Portugal; *morador:* Jaguaripe, Bahia; *crime:* gentilidades; *sentença:* repreendido em Mesa, abjuração de Levi suspeito na fé, penitências espirituais e nunca mais torne às entradas costumadas no sertão.

PAULO DE BRITO;
PROCESSO N. 11.113; Inquisição de Lisboa. *Prisão:* 1595; *natural:* Argel; *morador:* freguesia de São Lourenço, Pernambuco; *estado civil:* casado com Vitória, índia escrava de António Fernandes de Barros; *crime:* proposição herética e blasfêmia; *sentença:* auto público de fé, descalço, em corpo, com cabeça descoberta, cingido com uma corda, com uma vara atravessada na boca, com uma vela acesa na mão; suspeito na fé, penitências espirituais, instrução religiosa e pague as custas; *auto de fé:* 10.9.1595. *Observações:* mourisco.

PEDRO ÁLVARES (ALCUNHA, "O MALHADO");
PROCESSO N. 12.232; Inquisição de Lisboa. *Origem:* cristão-velho; *prisão:* 1592; *idade:* 47; *natural:* Basto, Braga, Portugal; *morador:* Salvador, Bahia; *filiação:* filho natural de Sebastião Gonçalves, lavrador, e Maria Leite; *estado civil:* solteiro; *ocupação:* cortador de carne e carpinteiro; *crime:* não colaborou com a Inquisição, deixando de denunciar os que tinham culpas de judaísmo; *sentença:* penitência pública com abjuração de veemente. Açoite. Pague as custas; *auto de fé:* 26.1.1592. *Observações:* na folha de rosto "grande rigor, é injusto mandar abjurar de veemente ao réu; mandado soltar em 27.1.1592".

PEDRO ALVAREZ ARANHA;
PROCESSO N. 2.529; Inquisição de Lisboa. *Origem:* cristão-velho; *prisão:* 1592; *idade:* 30; *natural:* Ponte de Lima, Portugal; *morador:* Cotegipe, Bahia; *filiação:* Fernão Pires da Costa e Marta Dias, moradores em Ponte de Lima; *estado civil:* solteiro; *ocupação:* lavrador; *crime:* proposição herética; *sentença:* penitências espirituais, instrução religiosa, repreensão e admoestação. *Observações:* apresentou-se no Tempo da graça.

PEDRO CARDIGO;

PROCESSO N. 12.967; Inquisição de Lisboa. *Origem:* cristão-velho; *prisão:* 1594; *idade:* 60; *natural:* Sardoal, Guarda, Portugal; *morador:* Engenho de Capibaribe, Pernambuco; *filiação:* Fernão Garcia, que vivia de sua fazenda, e Felipa Cardiga; *estado civil:* casado com Izabel Mendes, cristã-nova; *crime:* blasfêmia; *sentença:* excusam o réu de penitência pública, repreensão e por 15 dias vá ao Mosteiro que lhe será nomeado onde receberá do religioso que se lhe nomeará doutrina espiritual; penitências espirituais, pague as custas; *auto de fé:* 19.7.1594.

PEDRO CARNEIRO;

PROCESSO N. 2.553; Inquisição de Lisboa.

PEDRO CARVALHAIS;

PROCESSO N. 12.231; Inquisição de Lisboa. *Origem:* parte cristão-novo; *prisão:* 1592; *idade:* 34; *natural:* Bahia; *morador:* Bahia; *filiação:* Pedro de Carvalhais e Leonor Daravalos; *estado civil:* casado com Izabel Nunes; *ocupação:* lavrador; *crime:* judaísmo/ blasfêmia.

PEDRO D'ALBUQUERQUE;

PROCESSO N. 12.222; Inquisição de Lisboa. *Prisão:* 1595; *idade:* 26; *natural:* Pernambuco; *morador:* freguesia de São Miguel da Pojuca, Pernambuco; *filiação:* filho natural de Jerônimo de Albuquerque e Luiza ou Mecia, índia; *estado civil:* casado com dona Catarina, cristã-velha; *ocupação:* lavrador de roça; *crime:* proposição herética; *sentença:* auto público da fé em corpo, com a cabeça descoberta, com uma vela acesa na mão; abjuração de Levi suspeito na fé, penitências espirituais. Pague as custas. *Observações:* mameluco.

PEDRO DA SILVA CALDEIRA;

PROCESSO N. 7.975; Inquisição de Lisboa. *Origem:* parte cristão-novo; *prisão:* 1714; *natural:* Rio de Janeiro; *morador:* Rio de Janeiro; *filiação:* João da Silva Pontes, mercador, e Mariana Peres; *estado civil:* solteiro; *crime:* judaísmo; *sentença:* cárcere e hábito penitencial a arbítrio dos inquisidores; com confisco; *auto de fé:* 16.2.1716. *Observações:* mãe, tios e primos penitenciados.

PEDRO DE ALMEIDA;

PROCESSO N. 11.562; Inquisição de Lisboa. *Origem:* parte cristão-novo; *prisão:* 1649; *idade:* 31; *natural:* Porto, Portugal; *morador:* Paraíba e Pernambuco; *estado civil:* solteiro; *ocupação:* servia a um mercador; *crime:* judaísmo; *sentença:* cárcere e hábito penitencial a arbítrio dos inquisidores; com confisco; *auto de fé:* 10.7.1650.

PEDRO DE BRAGA;

PROCESSO N. 5.169; Inquisição de Lisboa. *Prisão:* 1756; *idade:* 47; *natural:* Belém, Pará; morador, sem domicílio certo; *ocupação:* descia o gentio do mato; *crime:* poligamia; *sentença:* abjuração de Levi suspeito na fé, açoitado pelas ruas públicas, degredado durante três anos para as galés, instrução espiritual e penitências públicas; *auto de fé:* 27.8.1758. *Observações:* sabia ler e escrever.

PEDRO DIAS DA FONSECA;
PROCESSO N. 13.085; Inquisição de Lisboa. *Origem:* cristão-velho; *prisão:* 1595; *idade:* 60; *natural:* Vila de Azurar, Porto, Portugal; *morador:* freguesia de São Miguel de Pojuca, Pernambuco; *filiação:* Gonçalo Martins, caixeiro, e Catarina Gonçalves; *crime:* depois de publicado e declarado por público excomungado há muitos anos não consta que o réu fosse absoluto no foro exterior nem que o Ouvidor o mandas-se absolver; *sentença:* que o réu traga a esta Mesa certidão de ordinário eclesiástico de como fica absoluto da dita excomunhão, a qual absolvição lhe vá logo pedir na forma que deve; penitências espirituais, instrução religiosa. E o condenam em 10 cruzados somente, e pague as custas; *auto de fé:* 21.7.1595.

PEDRO DIAS;
PROCESSO N. 13.091; Inquisição de Lisboa. *Origem:* cristão-velho; *prisão:* 1593; *natural:* Pereira, termo de Alenquer, Portugal; *morador:* Salvador, Bahia; *filiação:* Amador Gonçalves, lavrador, e Margarida; *estado civil:* casado com Maria Esteves; *ocupação:* sapateiro; *crime:* proposição herética; *sentença:* penitência pública, abjuração de Levi, penitências espirituais. Pague as custas; *auto de fé:* 15.8.1593.

PEDRO DIAS FERREIRA (PEREIRA);
PROCESSO N. 3.773; Inquisição de Lisboa. *Origem:* cristão-novo; *prisão:* 1709; *natural:* Vila Fronteira, Portugal; *morador:* Rio de Janeiro e Lisboa; *estado civil:* casado com Izabel Gomes da Costa; *ocupação:* sem ofício; *crime:* judaísmo; *sentença:* cárcere e hábito penitencial perpétuo; com confisco; *auto de fé:* 30.6.1709. *Observações:* apresentou-se em 1709.

PEDRO DOMINGUEZ;
PROCESSO N. 2.525; Inquisição de Lisboa. *Prisão:* 1593; *idade:* 28; *natural:* Lesminirne, Grécia; *morador:* Barra do Peragassu, Bahia; *filiação:* Domingos Grego e Inês de Flor, gregos; *estado civil:* casado com Maria Grega, mameluca; *ocupação:* alfaiate; *crime:* sodomia (nefando com sua mulher mameluca); *sentença:* absoluto de pena. Penitências espirituais. *Observações:* confessou no Tempo da graça. Grego.

PEDRO FERNANDES DELGADO;
PROCESSO N. 13.092; Inquisição de Lisboa. *Origem:* cristão-velho; *prisão:* 1592; *idade:* 43; *natural:* Porto, Portugal; *morador:* Salvador, Bahia; *filiação:* Pedro Álvares, cordoeiro, e Beatriz Delgada; *estado civil:* solteiro; *ocupação:* piloto na costa do Brasil; *crime:* ajuda na fuga de um indivíduo processado pela Inquisição por crime de bigamia; *sentença:* prisão, penitência pública, penitências espirituais. Pague as custas; *auto de fé:* 1592.

PEDRO GOMES DINIZ;
PROCESSO N. 11.409; Inquisição de Lisboa. *Origem:* parte cristão-novo; *prisão:* 1726; *idade:* 24; *natural:* Lisboa, Portugal; *morador:* Rio de Janeiro; *filiação:* Francisco Gomes Diniz, advogado, natural do Rio de Janeiro, e Teodora Maria de Oliveira, natural de Lisboa, cristã-velha, moradores no Rio de Janeiro; *estado civil:* solteiro; *ocupação:* sem ofício; *crime:* judaísmo; *sentença:* cárcere e hábito penitencial a arbítrio dos inquisidores; com confisco; *auto de fé:* 25.7.1728. *Observações:* apresentado no Rio de Janeiro em 22.4.1718. Pai, avó, tios e primos penitenciados.

PEDRO GONÇALVES;

PROCESSO N. 11.112; Inquisição de Lisboa. *Origem:* cristão-velho; *prisão:* 1595; *idade:* 35; *natural:* Arrifana de Souza, termo da cidade do Porto, Portugal; *morador:* Freguesia da Várzea, Pernambuco; *filiação:* Pedro Dias, lavrador, e Madalena Luís; *estado civil:* casado com Violante Manoel, cristã-velha; *ocupação:* carpinteiro; *crime:* proposição herética; *sentença:* vá ao auto público de fé descalço, em corpo, com a cabeça descoberta e uma vela acesa na mão, penitências espirituais. Pague as custas; *auto de fé:* 10.9.1595. *Observações:* na folha de rosto: "não se há de dar penitência pública não havendo abjuração de Levi".

PEDRO HOMEM DA COSTA;

PROCESSO N. 3.953; Inquisição de Lisboa. *Prisão:* 1695; *idade:* 50; *natural:* freguesia de Vila Nova, ilha Terceira; *morador:* Paraíba; *ocupação:* sacerdote do hábito de São Pedro; *crime:* solicitação; *sentença:* cárcere e hábito penitencial perpétuo, abjuração de Levi suspeito na fé. Privado de poder confessar para sempre, suspenso do exercício de suas ordens por tempo de cinco anos e degredado para fora do bispado de Pernambuco durante esse tempo e para sempre da Paraíba; *auto de fé:* 4.5.1695.

PEDRO LOPES;

PROCESSO N. 11.111; Inquisição de Lisboa. *Origem:* cristão-velho; *prisão:* 1594; *natural:* Caminha, Braga, Portugal; *morador:* Cabo, freguesia de Santo Antônio, Pernambuco; *filiação:* Diogo Lopes e Catarina Filgueira; *estado civil:* casado com Catarina Freis; *crime:* proposição herética; *sentença:* auto de fé público em corpo, com a cabeça descoberta e uma vela acesa na mão, abjuração de Levi suspeito na fé, penitências espirituais, pague as custas; *auto de fé:* 9.10.1594.

PEDRO MARINHO LOBRERA;

PROCESSO N. 12.937; Inquisição de Lisboa. *Origem:* cristão-velho; *prisão:* 1594; *idade:* 18; *natural:* Redondela, Reino da Galícia; *morador:* Pernambuco; *filiação:* Luís de Lobrera, homem nobre, e Maria Alonso; *estado civil:* solteiro; *crime:* sodomia; *sentença:* mandam que se afaste de conversações perigosas à sua alma; penitências espirituais. Pague as custas; *auto de fé:* 26.11.1594.

PEDRO MENDES HENRIQUES;

PROCESSO N. 5.459; Inquisição de Lisboa. *Origem:* cristão-novo; *prisão:* 1710; *idade:* 56; *natural:* Crato, Portugal; *morador:* Rio de Janeiro; *filiação:* Belquior Henriques, morador na Vila de Crato, e Caterina Álvares; *estado civil:* viúvo; *ocupação:* senhor de engenho; *crime:* judaísmo; *sentença:* cárcere e hábito penitencial perpétuo; com confisco; *auto de fé:* 9.7.1713. *Observações:* irmão e sobrinhos penitenciados.

PEDRO MENDES SIMÕES;

PROCESSO N. 7.958; Inquisição de Lisboa. *Origem:* cristão-novo; *prisão:* 1715; *idade:* 33; *natural:* Rio de Janeiro; *morador:* Rio de Janeiro; *filiação:* Diogo Lopes Simões, cristão-velho, capitão de ordenança no Algarve, e Maria Rodrigues, natural do Rio de Janeiro, moradores no Rio de Janeiro; *estado civil:* solteiro; *ocupação:* capitão de ordenança; *crime:* judaísmo; *sentença:* cárcere e hábito penitencial a arbítrio dos inquisidores; com confisco; *auto de fé:* 16.2.1716. *Observações:* mãe, irmãos e tio penitenciados.

PEDRO NUNES;

PROCESSO N. 16.797; Inquisição de Lisboa. *Prisão:* 1591; *morador:* Bahia; *ocupação:* rendeiro no Engenho de Sergipe do Conde; *crime:* blasfêmia. *Observações:* foi morto em Salvador.

PEDRO NUNES DE MIRANDA;
PROCESSO N. 9.001; Inquisição de Lisboa. *Origem:* cristão-novo; *prisão:* 1714 e 1731; *idade:* 30; *natural:* Castelo Rodrigo, Lamego, Portugal; *morador:* Salvador, Bahia e Borda do Campo do Rio das Mortes, Minas Gerais; *filiação:* Francisco Nunes de Miranda, médico, natural da Vila de Almeida, e Isabel Bernal, moradores na Bahia; *estado civil:* casado com Luzia da Conceição (cristã-velha); *ocupação:* mercador e lavrador de milho; *crime:* judaísmo; *sentença:* cárcere e hábito penitencial a arbítrio dos inquisidores; com confisco; *auto de fé:* 16.2.1716 e 6.7.1732. *Observações:* pai, irmãos, tios, primos penitenciados.

PEDRO RATES HANEQUIM;
PROCESSO N. 4.864; Inquisição de Lisboa. *Prisão:* 1741; *idade:* 61; *natural:* Lisboa, Portugal; *morador:* Minas Gerais; *filiação:* filho ilegítimo do cônsul holandês Francisco Hanequim e Maria da Silva e Castro; *crime:* proposições heréticas; *sentença:* relaxado ao braço secular; com confisco; *auto de fé:* 21.6.1744. *Observações:* residiu no Brasil durante 24 anos. "Do seu sangue não se tem notícias ao certo". Messiânico e cabalista.

PEDRO RODRIGUES DE ABREU;
PROCESSO N. 7.910; Inquisição de Lisboa. *Origem:* cristão-novo; *prisão:* 1714; *idade:* 40; *natural:* Rio de Janeiro; *morador:* Rio de Janeiro; *filiação:* Lopo de Mesas, mercador, e Isabel da Conceição, naturais de Elvas e moradores no Rio de Janeiro; *estado civil:* solteiro; *ocupação:* lavrador de cana; *crime:* judaísmo; *sentença:* cárcere e hábito penitencial perpétuo; com confisco; *auto de fé:* 14.10.1714. *Observações:* tios e primos penitenciados.

PEDRO TRANSE (OU ANTÓNIO);
PROCESSO N. 8.686; Inquisição de Lisboa. *Prisão:* início do século XVIII; *morador:* Bahia; *estado civil:* casado; *ocupação:* cirurgião; *crime:* bigamia.

PEDRO VILANOVA;
PROCESSO N. 2.526; Inquisição de Lisboa. *Prisão:* 1593; *idade:* 68; *natural:* Provins, França; *morador:* Sergipe do Conde, Bahia; *filiação:* Nicolau Colheni, cavaleiro, e Nicola Sinheta, franceses católicos; *estado civil:* casado com Leonor Marques de Mendonça, cristã-velha; *ocupação:* lavrador; *crime:* luteranismo; *sentença:* penitências espirituais, abjuração de Levi suspeito na fé; *auto de fé:* 14.8.1593.

PÊRO DO CAMPO TOURINHO;
PROCESSO N. 8.821; Inquisição de Lisboa. *Origem:* cristão-velho; *morador:* Porto Seguro, Bahia, assistente em Lisboa; *ocupação:* governador da capitania de Porto Seguro; *crime:* blasfêmia. *Observações:* o réu foi notificado para comparecer perante o Tribunal da Inquisição em 17.9.1547; no mesmo mês foi proibido de sair de Lisboa e de voltar ao Brasil até se fazerem as diligências necessárias. O processo não tem genealogia, sentença e auto de fé.

R

RAIMUNDO ANTÓNIO;
PROCESSO N. 12.886; Inquisição de Lisboa. *Prisão:* 1760; *morador:* Belém, Pará; *crime:* sacrilégio (não ouvir missa); incitar outros índios a não ouvirem missa; passar-se por pajé. *Observações:* auto sumário que mandou fazer o vigário geral contra o índio Raimundo António de Belém, sobre o não satisfazer o preceito de ouvir missa e praticar os mais índios para que faltem também ao preceito dela, e inclinar-se entre eles de pajé. índio.

ROBERTO ARRUNDEL;
PROCESSO N. 12.228; Inquisição de Lisboa. *Prisão:* 1593; *idade:* 26; *natural:* Cornval, Inglaterra; *morador:* Bahia; *filiação:* Roberto Arrundel e Izabel Arrundel, fidalgos; *estado civil:* solteiro; *crime:* luteranismo. *Observações:* apresentou-se à Mesa em 2.8.1593. O governador geral mandou-o embarcar para o Reino por mandado do rei.

RODRIGO AIRES BRANDÃO;
PROCESSO N. 4.107; Inquisição de Lisboa. *Origem:* cristão-novo; *prisão:* 1648; *morador:* Bahia; *filiação:* Francisco Dias e Joana Brandão; *estado civil:* casado com Leonor Rodrigues; *ocupação:* contratador; *crime:* judaísmo. *Observações:* irmão de Jorge Dias Brandão, genro e cunhado do financista português Duarte da Silva. Residiu alguns anos na Bahia.

RODRIGO ÁLVARES;
PROCESSO N. 999; Inquisição de Lisboa. *Origem:* cristão-novo; *prisão:* 1707; *idade:* 32; *natural:* Avis, Portugal; *morador:* Bahia, *filiação:* Rodrigo Álvares, tintureiro, e Maria Colaça; *ocupação:* boticário; *crime:* judaísmo; *sentença:* relaxado à justiça secular. "Queimado vivo como judeu convicto, confitente e impenitente". Com confisco; *auto de fé:* 30.6.1709.

RODRIGO ÁLVARES DA FONSECA;
PROCESSO N. 6.625; Inquisição de Lisboa. *Origem:* cristão-novo; *idade:* 50; *morador:* Pernambuco; *crime:* judaísmo; *sentença:* relaxado em estátua; *auto de fé:* 10.7.1644. *Observações:* processado in absentia.

RODRIGO CABRAL (ou RODRIGO DE SIQUEIRA);
PROCESSO N. 12.224; Inquisição de Lisboa. *Origem:* cristão-velho; *prisão:* 1594; *idade:* 30; *natural:* Menavila, termo de Avis, Portugal; *morador:* Pernambuco; *estado civil:* solteiro; *crime:* blasfêmia; *sentença:* abjuração de Levi; penitência pública; penitências espirituais e instrução religiosa; *auto de fé:* 9.10.1594. *Observações:* o réu não tem a mão direita.

RODRIGO COELHO DE OLIVEIRA;
PROCESSO N. 5.463; Inquisição de Lisboa. *Origem:* parte cristão-novo; *prisão:* 1712; *idade:* 33; *natural:* Rio de Janeiro; *morador:* Rio de Janeiro; *filiação:* Rodrigo Coelho de Bonsucesso, lavrador de cana, cristão-velho, e Izabel de Barros, naturais e moradores do Rio de Janeiro; *estado civil:* casado com Violante Ferreira; *ocupação:* sem ofício; *crime:* judaísmo; *sentença:* cárcere e hábito penitencial a arbítrio dos inquisidores; com confisco; *auto de fé:* 9.7.1713. *Observações:* avó, esposa, tia, irmãos e primos penitenciados.

RODRIGO D'ÁVILA;
PROCESSO N. 12.227; Inquisição de Lisboa. *Origem:* cristão-novo; *prisão:* 1594; *natural:* Lisboa, Portugal; *morador:* Pernambuco; *estado civil:* solteiro; *ocupação:* mercador; *crime:* proposições heréticas e judaísmo; *sentença:* repreendido a ter cuidado com o que diz e admoestado para que seja exemplar nas obras e palavras; penitências espirituais; *auto de fé:* 22.10.1594.

RODRIGO DE ALMEIDA;
PROCESSO N. 12.230; Inquisição de Lisboa. *Prisão:* 1592; *idade:* 26; *natural:* Salvador, Bahia; *morador:* Ceregipe do Conde, Bahia; *filiação:* António Gonçalves e Izabel, índia; *estado civil:* solteiro; *ocupação:* lavrador; *crime:* gentilidade e heresia: recebeu o Santíssimo Sacramento da Eucaristia depois de ter almoçado; *sentença:* admoestado e repreendido na Mesa; penitências espirituais. Proibido de voltar ao sertão. Pague as custas; *auto de fé:* 26.9.1592.

RODRIGO FIDALGO;
PROCESSO N. 12.223; Inquisição de Lisboa. *Origem:* cristão-novo; *prisão:* 1594; *idade:* 21; *natural:* cidade do Funchal, ilha da Madeira; *morador:* Pernambuco; *filiação:* António Mendes Fidalgo, mercador, e Justa Pereira; *estado civil:* solteiro; *ocupação:* mercador; *crime:* sodomia; *sentença:* vá ao auto público de fé descalço, em corpo, com a cabeça descoberta, com uma vela acesa na mão; abjuração de Levi suspeito na fé; penitências espirituais. Pague 30 cruzados para as despesas do Santo Ofício e as custas; *auto de fé:* 9.10.1594. *Observações:* na folha de rosto "este réu merecia usar-se com ele de muita misericórdia por haver denunciação de sua mãe e tias, sem haver outro indício contra ele e não havia para que sair ao auto público nem abjuração de Levi nem ser penitenciado com mais penas".

RODRIGO MARTINS (ou MATEUS);
PROCESSO N. 12.229; Inquisição de Lisboa. *Prisão:* 1593; *idade:* 38; *natural:* Porto Seguro, Bahia; *morador:* Bahia; *filiação:* Francisco Martins e Izabel, índia; *ocupação:* lavrador; *crime:* sacrilégio (comeu carne na quaresma) e deu armas aos gentios como ofertas em troca da amizade deles; *sentença:* mandam que nunca mais em sua vida torne a sertão algum. Penitências espirituais; *auto de fé:* 27.1.1593. *Observações:* confessou no Tempo da graça. Mameluco.

RODRIGO MENDES DE PAREDES;
PROCESSO N. 5.462, Inquisição de Lisboa. *Origem:* cristão-novo; *prisão:* 1712; *idade:* 33; *natural:* Rio de Janeiro; *morador:* Rio de Janeiro; *filiação:* Agostinho de Paredes, senhor de engenho, e Ana de Azeredo, naturais e moradores do Rio de Janeiro; *estado civil:* casado com Izabel Maria de Azeredo, cristã-nova; *ocupação:* lavrador de cana; *crime:* judaísmo; *sentença:* cárcere e hábito penitencial perpétuo; com confisco; *auto de fé:* 9.7.1713. *Observações:* esposa penitenciada.

RODRIGO MENDES DE PAREDES;
PROCESSO N. 7.898; Inquisição de Lisboa. *Origem:* cristão-novo; *prisão:* 1711; *idade:* 27; *natural:* Rio de Janeiro; *morador:* Rio de Janeiro; *filiação:* Manuel de Paredes da Costa, senhor de engenho, e Izabel Gomes de Paredes, naturais e moradores do Rio de Janeiro; *estado civil:* solteiro; *ocupação:* sem ofício; *crime:* judaísmo; *sentença:* cárcere e hábito penitencial perpétuo; com confisco; *auto de fé:* 14.10.1714. *Observações:* sabia ler e escrever. Mãe, irmã e outros parentes penitenciados.

RODRIGO NUNES RIBEIRO;
PROCESSO N. 13.946; Inquisição de Lisboa. *Origem:* cristão-novo; *prisão:* 1720; *natural:* Trás-os-Montes, Portugal; *morador:* Minas de Ouro Preto; *estado civil:* casado; *ocupação:* mercador; *crime:* judaísmo; com confisco.

RODRIGO SODRÉ PEREIRA;
PROCESSO N. 1.810; Inquisição de Lisboa. *Prisão:* 1793. *Observações:* morreu nos cárceres no mesmo ano em que foi preso.

ROMÃO FAGUNDES DO AMARAL;
PROCESSO N. 12.958; Inquisição de Lisboa. *Prisão:* 1795; *natural:* Rio de Janeiro; *morador:* freguesia de Santa Ana das Lavras do Funil, bispado de Mariana; *ocupação:* sargento-mor; *crime:* proposições heréticas. *Observações:* o processo consta apenas de denúncias contra o réu. Era alfabetizado.

S

SALVADOR BARBOSA;

PROCESSO N. 11.208; Inquisição de Lisboa. *Origem:* cristão-velho; *prisão:* 1595; *natural:* Vieira, Foz de Lima, Portugal; *morador:* Pernambuco; *filiação:* filho natural de Pedro Barbosa e Justa Gonçalves; *crime:* sodomia; *sentença:* condenam ao réu que vá degradado para o reino de Angola por três anos, será embarcado preso na forma ordinária e lhe mandam que em cada um dos ditos três anos de degredo se confesse e comungue de conselho de seu confessor quatro vezes; *auto de fé:* 29.9.1595. *Observações:* que se afaste de conversações que possam danar a sua alma e pague as custas.

SALVADOR CARDOSO COUTINHO;

PROCESSO N. 5.467; Inquisição de Lisboa. *Origem:* cristão-novo; *prisão:* 1712; *idade:* 67; *natural:* Rio de Janeiro; *morador:* Rio de Janeiro; *filiação:* Miguel Cardoso Coutinho; *estado civil:* solteiro; *ocupação:* pescador; *crime:* judaísmo; *sentença:* cárcere e hábito penitencial perpétuo; com confisco; *auto de fé:* 9.7.1713. *Observações:* pai, sobrinho, filha e irmãos penitenciados.

SALVADOR CORREIA SERRA;

PROCESSO N. 4.684; Inquisição de Lisboa. *Idade:* 33; *morador:* Minas Gerais; *filiação:* Manuel Carneiro; *estado civil:* solteiro; *crime:* sacrilégio (trazer consigo duas partículas que dizia serem sagradas); *sentença:* degredo de dois anos para Castro Marim; com confisco: 20.9.1761. *Observações:* pardo.

SALVADOR DA FONSECA;

PROCESSO N. 11.223; Inquisição de Lisboa. *Origem:* parte cristão-novo; *prisão:* 1725; *idade:* 27; *natural:* Rio de Janeiro; *morador:* Rio de Janeiro; *filiação:* Luís Vieira de Medanha, cristão-velho, e Clara de Moraes, naturais e moradores do Rio de Janeiro; *estado civil:* solteiro; *ocupação:* soldado; *crime:* judaísmo; *sentença:* cárcere e hábito penitencial a arbítrio dos inquisidores; com confisco; *auto de fé:* 6.5.1725. *Observações:* mãe, irmãos, tia e primos penitenciados.

SALVADOR DA MAIA;

PROCESSO N. 2.320; Inquisição de Lisboa. *Crime:* blasfêmia; *auto de fé:* 1592.

SALVADOR DAS NEVES MAIA;

Inquisição de Lisboa. *Origem:* cristão-novo; *prisão:* 1637; *idade:* 24; *morador:* Pernambuco e Paraíba; *filiação:* Abraham Machorro, cristão-novo português que voltou ao judaísmo em Amsterdã, e Ester Zacuto, moradores em Amsterdã.

SALVADOR DE ALBUQUERQUE;
PROCESSO N. 11.206; Inquisição de Lisboa. *Prisão:* 1595; *idade:* 30; *natural:* Olinda, Pernambuco; *morador:* Olinda, Pernambuco; *filiação:* Jerônimo de Albuquerque, cristão-velho, e Maria, índia forra; *estado civil:* solteiro; *crime:* proposição herética; *sentença:* repreensão e abjuração de Levi, penitências espirituais e pagamento de 10 cruzados para despesas do Santo Ofício; *auto de fé:* 15.9.1595. *Observações:* mameluco.

SALVADOR DE SOUZA;
PROCESSO N. 9.753; Inquisição de Lisboa. *Prisão:* 1795; *natural:* Santo António de Tambates, São Paulo; *morador:* freguesia da Sagrada Família, Rio de São João; *ocupação:* escravo; *crime:* bigamia; *sentença:* penitência pública com abjuração de Levi, degredo por tempo de cinco anos para as galés e penitências espirituais; *auto de fé:* 16.12.1795.

SALVADOR PAES BARRETO;
PROCESSO N. 2.223; Inquisição de Lisboa. *Origem:* cristão-novo; *prisão:* 1716; *idade:* 51; *natural:* Rio de Janeiro; *morador:* Minas Gerais; *filiação:* Tomás Rodrigues e Lucrécia Barreto, moradores no Rio de Janeiro; *ocupação:* lavrador de cana; *crime:* judaísmo; *sentença:* cárcere e hábito penitencial a arbítrio dos inquisidores; com confisco; *auto de fé:* 16.6.1720. *Observações:* irmãos penitenciados.

SALVADOR PIRES;
PROCESSO N. 6.687; Inquisição de Lisboa. *Origem:* cristão-novo; *prisão:* 1780; *idade:* 22; *natural:* freguesia de Nossa Senhora de Nazaré, São Paulo; *estado civil:* casado com Isabel Maria; *crime:* bigamia; *sentença:* não tem. Termina com o termo de remessa dos autos para o Tribunal da Inquisição de Lisboa datado de 1780; com confisco. *Observações:* não sabia ler nem escrever.

SALVADOR RODRIGUES;
PROCESSO N. 135; Inquisição de Lisboa. *Origem:* cristão-velho; *prisão:* 1660; *natural:* Angra, ilha Terceira; *morador:* Belém, Pará; *crime:* sodomia; *sentença:* absoluto em instância do juízo e advertido na Mesa que não dê mais ocasião com seu procedimento a ser preso pelo dito crime da sodomia. 17.8.1662. *Observações:* sabia ler e escrever.

SALVADOR RODRIGUES DE FARIA;
PROCESSO N. 9.395; Inquisição de Lisboa. *Origem:* cristão-novo; *prisão:* 1734; *idade:* 37; *natural:* Rio de Janeiro; *morador:* Minas de São Jerônimo; *filiação:* Simão Farto Diniz, mercador, natural do Rio de Janeiro, e Luiza Rodrigues de Faria, moradores no Rio de Janeiro; *estado civil:* solteiro; *ocupação:* mineiro; *crime:* judaísmo; *sentença:* cárcere e hábito penitencial a arbítrio dos inquisidores; com confisco; *auto de fé:* 24.7.1735. *Observações:* pai, tias, tios, irmãos, primos, avós penitenciados.

SALVADOR ROMEIRO;
PROCESSO N. 11.519; Inquisição de Lisboa. *Origem:* cristão-novo; *prisão:* Iª Visitação; *morador:* Pernambuco; *estado civil:* casado com Ana Fernandes, moça parda; *ocupação:* feitor; *crime:* sodomia.

SEBASTIÃO ÁLVARES;
PROCESSO N. 11.211; Inquisição de Lisboa.

SEBASTIÃO DA FONSECA COUTINHO;

PROCESSO N. 2.225; Inquisição de Lisboa. *Origem:* parte cristão-novo; *prisão:* 1715; *idade:* 45; *natural:* Rio de Janeiro; *morador:* Rio de Janeiro; *filiação:* João da Fonseca Coutinho e Isabel Barreto, moradores no Rio de Janeiro; *estado civil:* casado com Catarina de Moura, cristã-velha; *ocupação:* tenente-coronel e senhor de engenho; *crime:* judaísmo; *sentença:* cárcere e hábito penitencial a arbítrio dos inquisidores; com confisco; *auto de fé:* 16.6.1720. *Observações:* parentes penitenciados. Obteve licença para voltar para o Rio de Janeiro em 23.12.1720.

SEBASTIÃO DA SILVA;

PROCESSO N. 7.974; Inquisição de Lisboa. *Origem:* parte cristão-novo; *prisão:* 1715; *idade:* 18; *natural:* Rio de Janeiro; *morador:* Rio de Janeirol *filiação:* João Rodrigues de Andrade, lavrador de cana, e Micaela; *estado civil:* solteiro; *ocupação:* alfaiate; *crime:* judaísmo; *sentença:* cárcere e hábito penitencial a arbítrio dos inquisidores; com confisco; *auto de fé:* 16.2.1716. *Observações:* pai penitenciado.

SEBASTIÃO DA SILVA;

PROCESSO N. 11.210; Inquisição de Lisboa. *Origem:* mourisco; *prisão:* 1593; *idade:* 24; *natural:* ilha do Faial; *morador:* Bahia; *filiação:* Amador da Silva, ferreiro, e Maria Fernandes, ciganos; *ocupação:* alfaiate; *crime:* blasfêmia; *sentença:* repreensão, penitências espirituais. Pague as custas.

SEBASTIÃO DE LUCENA;

PROCESSO N. 11.399; Inquisição de Lisboa. *Origem:* cristão-novo; *prisão:* 1721 e 1723; *idade:* 16; *natural:* Rio de Janeiro; *morador:* Rio de Janeiro; *filiação:* Bento de Lucena, senhor de engenho, e Isabel de Barros Silva, naturais e moradores do Rio de Janeiro; *estado civil:* solteiro; *ocupação:* sem ofício; *crime:* judaísmo e falsidade; *sentença:* cárcere e hábito penitencial perpétuo; penitências espirituais e degredo; com confisco; *auto de fé:* 11.9.1723 e 27.3.1727. *Observações:* mãe, irmãos e primos penitenciados.

SEBASTIÃO DE LUCENA MONTARROYO;

PROCESSO N. 5.478; Inquisição de Lisboa. *Origem:* cristão-novo; *prisão:* 1714; *idade:* 46; *natural:* Rio de Janeiro; *morador:* Rio de Janeiro; *filiação:* António de Barros, advogado e senhor de engenho, e Brites de Lucena, naturais e moradores do Rio de Janeiro; *estado civil:* casado com Ana Sodré Pereira, cristã-nova; *ocupação:* advogado; *crime:* judaísmo; *sentença:* cárcere e hábito penitencial perpétuo; com confisco; *auto de fé:* 24.10.1717. *Observações:* mãe, irmãos, cunhados e esposa penitenciados. Recebeu licença para voltar para o Rio de Janeiro junto com sua esposa.

SEBASTIÃO MADEIRA;

PROCESSO N. 11.212; Inquisição de Lisboa. *Origem:* cristão-velho; *prisão:* 1593; *idade:* 27; *natural:* Pernambuco; *morador:* Tasuapina, Bahia; *filiação:* Braz Madeira, lavrador, e Izabel Fernandes, mameluca; *estado civil:* solteiro; *crime:* gentilidade; *sentença:* vá em auto de fé, descalço em corpo, desbarretado, com vela acesa na mão. Nunca mais volte ao sertão. Penitências espirituais e pague as custas. *Observações:* mameluco.

SEBASTIÃO PEREIRA;

PROCESSO N. 11.209; Inquisição de Lisboa. *Origem:* cristão-velho; *prisão:* 1595; *idade:* 25; *natural:* Besteros, Viseu, Portugal; *morador:* Olinda, Pernambuco; *filiação:* Pedreanes Camazal, lavrador, e Maria Fernandes; *estado civil:* solteiro; *ocupação:* mercador de escravos; *crime:* proposição herética; *sentença:* vá ao auto público de fé, em corpo, descalço, com cabeça descoberta, com uma vela acesa na mão e nele faça abjuração de Levi suspeito na fé. E que logo se confesse de confissão geral de toda sua vida e que se confesse uma vez e siga de conselho de seu confessor e jejue duas vezes em cada mês do ano e pague somente 5 mil réis para as despesas do Santo Ofício e pague as custas. Dada em Olinda de Pernambuco aos 3.7.1595.

SEBASTIÃO PIRES ABISGUEIRA;

PROCESSO N. 11.633; Inquisição de Lisboa. *Origem:* cristão-velho; *prisão:* 1595; *idade:* 40; *natural:* Fontão, termo de Ponte de Lima, Portugal; *morador:* freguesia de Santo Amaro, Pernambuco; *estado civil:* viúvo; *ocupação:* carreteiro; *crime:* proposição herética; *sentença:* repreensão, abjuração de Levi, penitências espirituais; *auto de fé:* 3.1595.

SILVESTRE MENDES CALDEIRA;

PROCESSO N. 5.465; Inquisição de Lisboa. *Origem:* cristão-novo; *prisão:* 1712; *idade:* 32; *natural:* Rio de Janeiro; *morador:* Rio de Janeiro; *filiação:* João Rodrigues Calassa, senhor de engenho, natural de Elvas, e Madalena Peres, moradores no Rio de Janeiro; *estado civil:* solteiro; *ocupação:* sem ofício; *crime:* judaísmo; *sentença:* cárcere e hábito penitencial perpétuo; com confisco; *auto de fé:* 9.7.1713. *Observações:* pais, tios e irmãos penitenciados.

SIMÃO;

PROCESSO N. 8.464; Inquisição de Lisboa. *Prisão:* 1688; *natural:* Congo, Reino de Angola; *morador:* Bahia; *crime:* feitiçaria; *sentença:* não tem. Pois ele não era feiticeiro nem nunca fizera malefício nenhum, nem cometera nenhuma falta referente ao Tribunal do Santo Ofício; *auto de fé:* 17.2.1689. *Observações:* não sabia ler nem escrever.

SIMÃO DIAS;

PROCESSO N. 13.090; Inquisição de Lisboa. *Prisão:* 1593; *natural:* Bahia; *morador:* Jaguaripe, Bahia; *ocupação:* carpinteiro; *crime:* gentilidades; *sentença:* penitência pública; abjuração de Levi, pagamento de 10 cruzados para despesas do Santo Ofício; com confisco; *auto de fé:* 15.8.1593.

SIMÃO FALCÃO;

PROCESSO N. 11.634; Inquisição de Lisboa. *Origem:* cristão-velho; *prisão:* 1595; *natural:* Espírito Santo; *morador,* freguesia de Santo Amaro, Pernambuco; *filiação:* Gil Falcão e Beatriz Eanes Cordeira; *estado civil:* casado com Catarina Pais; *ocupação:* senhor de engenho; *crime:* blasfêmia "que dos profetas e apóstolos e evangelistas... ninguém falaria mais verdade que ele"; *sentença:* seja excusado de penitência pública e que nesta Mesa seja admoestado e repreendido que daqui por diante tenha muita conta com suas palavras, que sejam católicas e nelas não darás uso como bom cristão, e que logo se confesse e por espaço de um ano se confesse e comungue de conselho de seu confessor nas quatro datas principais, e nos dias que nelas comungar reze em cada um os Salmos penitenciais de David. E que somente pague 20 cruzados para despesas do Santo Ofício.

SIMÃO FARTO DINIZ;

PROCESSO N. 5.575; Inquisição de Lisboa. *Origem:* parte cristão-novo; *prisão:* 1712 e 1735; *idade:* 34; *natural:* Rio de Janeiro; *morador:* Rio de Janeiro; *filiação:* António Farto Diniz, mercador, cristão-velho, natural do Reino, e Catarina Gomes Pereira, natural de Santos, moradores no Rio de Janeiro; *estado civil:* solteiro; *ocupação:* mercador; *crime:* judaísmo; *sentença:* cárcere e hábito penitencial perpétuo sem remissão; com confisco; *auto de fé:* 9.7.1713 e 1.9.1737. *Observações:* mãe, irmãos, sobrinhos e filho penitenciados.

SIMÃO LOPES SAMUDA;

PROCESSO N. 2.784; Inquisição de Lisboa. *Origem:* cristão-novo; *natural:* Rio de Janeiro; *morador:* Lisboa, Portugal; *filiação:* Rodrigo Siqueira, mercador, natural do Rio de Janeiro, e Violante Nunes Proza; *estado civil:* solteiro; *ocupação:* médico; *crime:* judaísmo; *sentença:* cárcere e hábito penitencial a arbítrio dos inquisidores; com confisco; *auto de fé:* 1704. *Observações:* pais e tios penitenciados.

SIMÃO PIRES TAVARES;

PROCESSO N. 11.636; Inquisição de Lisboa. *Origem:* parte cristão-novo; *prisão:* 1595; *natural:* Pernambuco; *morador:* freguesia de Santo Amaro, Pernambuco; *filiação:* João Pais, camboeiro, cristão-velho, e Felipa Tavares; *estado civil:* solteiro; *crime:* proposição herética; *sentença:* seja gravissimamente repreendido nesta Mesa e nela faça abjuração de Levi suspeito na fé, e que no ano seguinte se confesse e comungue de conselho de seu confessor todos os meses e em cada um deles reze uma vez os Salmos penitenciais e outrossim em cada um deles jejue uma quarta-feira, e que a propósitos rezoados se desdiga aprovando as contas bentas, bulas e ofertas e que use delas e pague as custas, dado em 16.8.1595.

SIMÃO RODRIGUES;

PROCESSO N. 11.632; Inquisição de Lisboa. *Idade:* 20.

SIMÃO RODRIGUES;

PROCESSO N. 11.666; Inquisição de Lisboa. *Prisão:* 1595; *idade:* 20; *natural:* Ilhéus, Bahia; *morador:* Ceregipe, Bahia; *filiação:* Simão Rodrigues, mameluco, e Gracia Fernandes, índia; *estado civil:* solteiro; *crime:* gentilidades; *sentença:* penitência pública, penitências espirituais, proibição de voltar ao sertão. Pague as custas; *auto de fé:* 1.1595. *Observações:* na folha de rosto: "não abjurado de Levi, bem se pudera escusar o auto público". Mameluco.

SIMÃO RODRIGUES DA FONSECA;

PROCESSO N. 2.919; Inquisição de Lisboa. *Origem:* cristão-novo; *prisão:* 1736 e 1739; *natural:* Engenho Velho, Paraíba; *morador:* Sítio do Desterro, Paraíba; *filiação:* António da Fonseca Rego, natural da Paraíba, lavrador de cana, e Maria de Valença, natural da Paraíba, moradores na Paraíba; *ocupação:* criador de gado; *crime:* judaísmo; *sentença:* cárcere e hábito penitencial a arbítrio dos inquisidores e absolvido; com confisco; *auto de fé:* 1.9.1737 e 13.3.1741. *Observações:* pais, avó e tios penitenciados. Libertado em 30.10.1739, enlouqueceu na viagem de volta ao Brasil, declarando-se praticante do judaísmo. Reenviado a Lisboa e julgado novamente.

SIMÃO RODRIGUES DE ANDRADE; PROCESSO N. 11.492; Inquisição de Lisboa. *Origem:* cristão-novo; *prisão:* 1709; *idade:* 32; *natural:* Rio de Janeiro; *morador:* Rio de Janeiro; *filiação:* Duarte Rodrigues de Andrade, senhor de engenho, natural de Lisboa, e Ana do Vale, natural do Rio de Janeiro, moradores no Rio de Janeiro; *estado civil:* solteiro; *ocupação:* senhor de engenho; *crime:* judaísmo; *sentença:* cárcere e hábito penitencial perpétuo; com confisco; *auto de fé:* 26 7.1711. *Observações:* sabia ler e escrever. Mãe, irmãos, cunhados, tios e sobrinhos penitenciados.

SIMÃO RODRIGUES NOBRE; PROCESSO N. 4.113; Inquisição de Lisboa. *Prisão:* 1651.

SIMÃO RODRIGUES NUNES; PROCESSO N. 1.001; Inquisição de Lisboa. *Origem:* cristão-novo; *prisão:* 1708; *idade:* 36; *natural:* Covilhã, Portugal; *morador:* Santo Amaro de Sergipe do Conde, Bahia; *filiação:* Diogo Pereira e Violante Rodrigues; *estado civil:* casado com Domingas da Silva Betancourt, cristã-velha; *ocupação:* meirinho; *crime:* judaísmo; *sentença:* cárcere e hábito penitencial a arbítrio dos inquisidores; com confisco; *auto de fé:* 30.6.1709. *Observações:* parentes penitenciados.

T

TEODORO PEREIRA DA COSTA;
PROCESSO N. 2.222; Inquisição de Lisboa. *Origem:* cristão-novo; *prisão:* 1716; *idade:* 34; *natural:* Rio de Janeiro; *morador:* Rio de Janeiro; *filiação:* Diogo Pereira, religioso, e Branca, mulher preta, naturais do Rio de Janeiro; *ocupação:* médico; *crime:* judaísmo; *sentença:* cárcere e hábito penitencial perpétuo; com confisco; *auto de fé:* 16.6.1720.

TEOTÔNIO DA COSTA;
PROCESSO N. 2.816; Inquisição de Lisboa. *Origem:* cristão-novo; *prisão:* 1683; *natural:* Lisboa, Portugal; *morador:* São Paulo; *filiação:* Gaspar da Costa Mesquita, banqueiro de Lisboa; *estado civil:* solteiro; *crime:* judaísmo; *sentença:* relaxado à justiça secular; com confisco; *auto de fé:* 14.7.1686. *Observações:* pai e irmãos penitenciados.

TEOTÔNIO MIGUS;
PROCESSO N. 8.999; Inquisição de Lisboa. *Idade:* 48; *natural:* Coimbra, Portugal; *morador:* Rio de Janeiro; *estado civil:* casado; *ocupação:* alfaiate; *crime:* bigamia; *sentença:* açoite e cinco anos de degredo para as galés; *auto de fé:* 6.7.1732.

TOMÁS FERREIRA;
PROCESSO N. 11.635; Inquisição de Lisboa. *Origem:* cristão-velho; *prisão:* 1593; *idade:* 36; *natural:* Ilhéus, Bahia; *morador:* Jaguaripe, Bahia; *filiação:* Marcai Ferreira, homem branco, e Ilena, escrava índia; *estado civil:* solteiro; *crime:* gentilidades; *sentença:* repreensão na Mesa, que nunca mais volte ao sertão; penitências espirituais; *auto de fé:* 1.1593. *Observações:* mameluco. Confessou no Tempo da graça.

TOMÁS LUÍS TEIXEIRA;
PROCESSO N. 12.888; Inquisição de Lisboa.

TOMÁS NUNES;
PROCESSO N. 1.883; Inquisição de Lisboa. *Origem:* cristão-novo.

TOMÁS PINTO CORRÊA;
PROCESSO N. 1.004; Inquisição de Lisboa. *Origem:* cristão-novo; *prisão:* 1708; *idade:* 21; *natural:* Setúbal, Portugal; *morador:* Bahia; *filiação:* Tomás Pinto, natural de Salamanca, mercador, e Margarida Corrêa, cristã-velha; *estado civil:* solteiro; *ocupação:* tratante; *crime:* judaísmo; *sentença:* cárcere e hábito penitencial perpétuo; com confisco; *auto de fé:* 30.6.1709. *Observações:* irmãos e sobrinho penitenciados.

TOMÁS PINTO FERREIRA;
PROCESSO N. 8.659; Inquisição de Lisboa. *Origem:* parte cristão-novo; *prisão:* 1761; *idade:* 56; *morador:* Goiás; *filiação:* Manoel Ferreira, cristão-velho, homem de negócios, e Manuela Arcângela; *estado civil:* solteiro; *ocupação:* lavrador; *crime:* judaísmo; *sentença:* cárcere e hábito penitencial a arbítrio dos inquisidores; com confisco; *auto de fé:* 20.9.1761. *Observações:* família penitenciada.

TOMÁS TEIXEIRA;
PROCESSO N. 4.871; Inquisição de Lisboa. *Origem:* cristão-velho; *prisão:* 1743; *idade:* 26; *natural:* Pará; *morador:* Pará; *estado civil:* casado; *ocupação:* carpinteiro; *crime:* bigamia (primeira mulher Catarina de Seixas; segunda, Luísa Ferreira); *sentença:* abjuração de Levi, açoitado pelas ruas públicas, degredado durante cinco anos para as galés, instrução religiosa e penitências espirituais; *auto de fé:* 21.6.1744. *Observações:* não sabia ler nem escrever.

U

URBANO CARDOSO;

PROCESSO N. 6.997; Inquisição de Lisboa. *Prisão:* 1701; *idade:* 60; *natural:* Viseu, Portugal; *morador:* Pernambuco; *estado civil:* casado; *crime:* bigamia; *sentença:* abjuração de Levi suspeito na fé e degredo de quatro anos para Castro Marim.

V

VALENTIM RODRIGUES MOEDA;
PROCESSO N. 5.949; Inquisição de Lisboa. *Origem:* parte cristão-novo; *prisão:* 1712; *idade:* 33; *natural:* Idanha, a Nova, Portugal; *morador:* Rio de Janeiro; *filiação:* Diogo Rodrigues Moeda, lavrador de cana, e Rosa Maria, cristã-velha; *ocupação:* músico; *crime:* judaísmo; *sentença:* cárcere e hábito penitencial perpétuo; com confisco; *auto de fé:* 9.7.1713. *Observações:* tio e primos penitenciados.

VENTURA DE ALBUQUERQUE;
PROCESSO N. 5.670; Inquisição de Lisboa. *Prisão:* 1764; *morador:* Natal, Pernambuco; *estado civil:* solteiro; *ocupação:* religioso; *crime:* solicitação. *Observações:* libertado em 1767, sem ter ido para Lisboa.

VENTURA LOPES (OU FERREIRA DA SILVA);
PROCESSO N. 10.615; Inquisição de Lisboa. *Origem:* cristão-novo; *prisão:* 1748; *idade:* 26; *natural:* Fundão, Guarda, Portugal; *morador:* Bahia; *filiação:* Pêro Lopes Álvares, homem de negócios, e Catarina Henriques; *estado civil:* solteiro; *ocupação:* ferrador; *crime:* judaísmo; *sentença:* cárcere e hábito penitencial a arbítrio dos inquisidores; com confisco; *auto de fé:* 16.11.1749.

VICENTE PIRES;
PROCESSO N. 11.037; Inquisição de Lisboa. *Origem:* cristão-velho; *prisão:* 1595; *idade:* 28; *natural:* Lagos; *morador:* Engenho dos Albuquerques, Olinda, Pernambuco; *filiação:* Jorge Pires e Maria Anes; *crime:* falso testemunho a favor de Matias Dias; *sentença:* confissão geral de toda sua vida e penitências espirituais; *auto de fé:* 9.1595.

Prisioneira com sambenito.
(Gravura do século XVIII).

Mulheres

ANA ALCOFORADA;
PROCESSO N. 11.618; Inquisição de Lisboa. *Origem:* parte cristã-nova; *prisão:* 1592; *idade:* 27; *natural:* Matoim, Bahia; *morador:* Matoim, Bahia; filiação: António Alcoforado, lavrador de açúcar, cristão-velho, e Izabel Antunes; *estado civil:* casada com Nicolau Faleira de Vasconcelos, lavrador; *crime:* judaísmo. *Observações:* libertada devido ao Perdão Geral de 1605, após pagar as custas.

ANA BERNAL DE MIRANDA;
PROCESSO N. 2.424; Inquisição de Lisboa. *Origem:* cristã-nova; *prisão:* 1726 e 1737; *idade:* 30; *natural:* Portugal ou Castela; *morador:* Bahia; *filiação:* Francisco Nunes de Miranda, médico, e Izabel Bernal; *estado civil:* casada com José da Costa, homem de negócios e capitão de navio; *crime:* judaísmo e relapsia; *sentença:* cárcere e hábito penitencial perpétuo; cárcere e hábito penitencial perpétuo sem remissão e degredo de seis anos para Cabo Verde; com confisco; *auto de fé:* 25.7.1728 e 18.6.1741. *Observações:* marido penitenciado.

ANA DA COSTA;
PROCESSO N. 5.411; Inquisição de Lisboa. *Origem:* cristã-nova; *prisão:* 1673; *natural:* Rio de Janeiro; *morador:* Rio de Janeiro e Lisboa'; *filiação:* Álvaro da Costa, natural de Portugal, e Esperança Cardoso, natural do Rio de Janeiro; *estado civil:* casada com Gaspar Pereira, mercador; *crime:* judaísmo; *sentença:* cárcere e hábito penitencial a arbítrio dos inquisidores; com confisco; *auto de fé:* 26.11.1684. *Observações:* sobrinha de Diogo da Costa, morador no Rio de Janeiro, penitenciado.

ANA DA COSTA;
PROCESSO N. 11.116, Inquisição de Lisboa. *Origem:* 1/2 cristã-nova; *prisão:* 1603; *idade:* 24; *natural:* Olinda, Pernambuco; *morador:* Olinda, Pernambuco; *filiação:* Pedro da Costa, cristão-velho, lavrador, e Felipa da Paz; *estado civil:* solteira; *crime:* judaísmo; *sentença:* abjuração de Levi; penitência pública; penitências espirituais; *auto de fé:* 3.8.1603. *Observações:* libertada devido ao Perdão Geral de 1605.

ANA DA FONSECA;

PROCESSO N. 34; Inquisição de Lisboa. *Origem:* cristã-nova; *prisão:* 1729; *idade:* 52; *natural:* Paraíba ou Pernambuco; *morador:* Engenho Velho, Paraíba; *filiação:* Luís Nunes da Fonseca, natural de terras do Inhobim, Paraíba, lavrador de cana, e Maria Tomás; *estado civil:* solteira; *crime:* judaísmo; *sentença:* cárcere e hábito penitencial Perpétuo; com confisco; *auto de fé:* 17.6.1731.

ANA DA FONSECA;

PROCESSO N. 8.033; Inquisição de Lisboa. *Origem:* cristã-nova.

ANA DE MILÃO;

PROCESSO N. 279; Inquisição de Lisboa. *Origem:* cristã-nova; *idade:* 24; *natural:* Lisboa, Portugal; *morador:* Pernambuco e Lisboa; *filiação:* Henrique Dias de Milão, homem de negócios, e Guiomar Nunes; *estado civil:* casada com Manuel Nunes de Matos; *crime:* judaísmo; *sentença:* cárcere e hábito penitencial; com confisco; *auto de fé:* 1609. *Observações:* morou em Pernambuco, onde o marido era exportador de açúcar. Depois de penitenciada, fugiu para Amsterdã, onde já estavam o marido e os dois filhos, sendo recebida com festa. Depois de viúva, casou-se com o filho de Manoel de Palácios.

ANA DE PAREDES;

PROCESSO N. 4.944; Inquisição de Lisboa. *Origem:* 1/2 cristã-nova; *prisão:* 1715; *idade:* 41; *natural:* Rio de Janeiro; *morador:* Rio de Janeiro; *filiação:* Luís de Paredes, senhor de engenho, cristão-novo, natural do Rio de Janeiro, e Leonor, mulher preta, moradores no Rio de Janeiro; *estado civil:* viúva de Gonçalo Gomes, lavrador e mestre de açúcar, cristão-velho; *crime:* judaísmo; *sentença:* cárcere e hábito penitencial perpétuo com confisco; *auto de fé:* 16.2.1716. *Observações:* não sabia ler nem escrever. Filha, primos e irmãos penitenciados.

ANA DO VALE;

PROCESSO N. 4.151; Inquisição de Lisboa. *Origem:* cristã-nova; *prisão:* 1710; *idade:* 58; *natural:* Rio de Janeiro; *morador:* Rio de Janeiro; *filiação:* Manoel do Vale da Silveira, senhor de engenho, natural de Lisboa, e Izabel Gomes, natural do Rio de Janeiro, moradores no Rio de Janeiro; *estado civil:* viúva de Duarte Rodrigues de Andrade, senhor de engenho, cristão-novo; *crime:* judaísmo; *sentença:* cárcere e hábito penitencial perpétuo; com confisco; *auto de fé:* 26.7.1711. *Observações:* sabia ler, mas não sabia escrever. Filhos e irmãos penitenciados.

ANA DO VALE;

PROCESSO N. 6.989; INquisição de Lisboa. *Origem:* cristã-nova; *prisão:* 1734; *idade:* 26; *natural:* Rio de Janeiro; *morador:* Minas do Cachoeira, Minas Gerais; *filiação:* Domingos Rodrigues Ramires, senhor de engenho, e Angela do Vale de Mesquita, naturais e moradores do Rio de Janeiro; *estado civil:* solteira; *crime:* judaísmo; *sentença:* cárcere e hábito penitencial a arbítrio dos inquisidores; com confisco; *auto de fé:* 24.7.1735. *Observações:* avós, pais e irmãos penitenciados.

ANA GERTRUDES DE BRAGANÇA (OU CORRÊA);

PROCESSO N. 8.688; Inquisição de Lisboa. *Origem:* 1/5 cristã-nova; *prisão:* 1714; *idade:* 32; *natural:* Rio de Janeiro; *morador:* Rio de Janeiro; *filiação:* Felix Corrêa de Castro Bragança, cristão-velho, tenente-coronel, senhor de engenho, e Izabel Corrêa de Souza; *estado civil:* casada com o capitão Narciso Galhardo, espanhol, cristão-velho, mercador; *crime:* judaísmo; *sentença:* cárcere a arbítrio dos inquisidores; *auto de fé:* 15.12.1718. *Observações:* condenada ao tormento em 25.6.1717 – dispensada por estar debilitada; recebeu licença para voltar ao Rio de Janeiro em 28.1.1719; sabia ler e escrever.

ANA GOMES (OU GUILHERME);
PROCESSO N. 8.739; Inquisição de Lisboa. *Origem:* cristã-nova; *Prisão:* 1713; *idade:* 21; *natural:* Rio de Janeiro; *morador:* Rio de Janeiro; *filiação:* Guilherme Gomes Mourão, advogado, e Branca Gomes de Morais; naturais e moradores do Rio de Janeiro; *estado civil:* solteira; *crime:* judaísmo; *sentença:* cárcere e hábito penitencial a arbítrio dos inquisidores; com confisco; *auto de fé:* 14.10.1714. *Observações:* mãe e irmãos penitenciados.

ANA GOMES;
PROCESSO N. 11.474; Inquisição de Lisboa. *Origem:* cristã-nova; *prisão:* 1710; *idade:* 62; *natural:* Rio de Janeiro; *morador:* Rio de Janeiro; *filiação:* Manoel Gomes Mourão, mercador, e Izabel Cardosa, natural do Rio de Janeiro, moradores no Rio de Janeiro; *estado civil:* viúva de Ayres de Miranda, lavrador; *crime:* judaísmo; *sentença:* cárcere e hábito penitencial perpétuo; com confisco; *auto de fé:* 26.7.1711. *Observações:* filhos penitenciados.

ANA GOMES COUTINHO;
PROCESSO N. 9.660; Inquisição de Lisboa. *Origem:* cristã-nova; *prisão:* 1729; *idade:* 25; *natural:* Bahia; *morador:* Bahia; *filiação:* Luís Mendes de Moraes e Maria Coutinha, cristã-nova, natural do Rio de Janeiro, *estado civil:* casada com Gaspar Henriques, homem de negócios; *crime:* judaísmo; *sentença:* cárcere e hábito penitencial perpétuo; com confisco; *auto de fé:* 16.10.1729.

ANA GUTERREZ;
PROCESSO N. 9.100; Inquisição de Lisboa. *Origem:* cristã-nova; *prisão:* 1710; *idade:* 21; *natural:* Rio de Janeiro; *morador:* Rio de Janeiro; *filiação:* João Rodrigues do Vale, natural do Rio de Janeiro, senhor de engenho, e Leonor Guterrez, natural do Porto; moradores no Rio de Janeiro; *estado civil:* casada com Diogo Lopes Flores, lavrador de cana, cristão-novo; *crime:* judaísmo; *sentença:* cárcere e hábito penitencial perpétuo; com confisco; *auto de fé:* 26.7.1711. *Observações:* pais e marido penitenciados.

ANA HENRIQUES;
PROCESSO N. 5.327; Inquisição de Lisboa. *Origem:* parte cristã-nova; *prisão:* 1711; *idade:* 53; *natural:* Rio de Janeiro; *morador:* Rio de Janeiro; *filiação:* André Mendes da Silva, natural do Crato, mercador, parte cristão-novo, e Maria Henriques, cristã-velha, natural do Rio de Janeiro; *estado civil:* viúva de Francisco de Andrade, tesoureiro da Câmara do Rio de.Janeiro; *crime:* judaísmo; *sentença:* cárcere e hábito penitencial perpétuo; com confisco; *auto de fé:* 9.7.1713. *Observações:* filhos e irmãos penitenciados. Sabia ler e escrever. Voltou ao Rio de Janeiro onde faleceu em 1726.

ANA IZABEL DE SIQUEIRA;
PROCESSO N. 7.623; Inquisição de Lisboa. *Origem:* cristã-nova; *prisão:* 1726; *idade:* 21; *natural:* Rio de Janeiro; *morador:* Rio de Janeiro, Lisboa; *filiação:* Francisco de Siqueira Machado, médico, e Catarina de Miranda, naturais e moradores do Rio de Janeiro; *estado civil:* solteira; *crime:* judaísmo; *sentença:* cárcere e hábito penitencial perpétuo; com confisco; *auto de fé:* 25.7.1728. *Observações:* pais e irmãos penitenciados; sabia ler e escrever.

ANA MARIA CORRÉA;

PROCESSO N. 1.381; Inquisição de Lisboa. *Origem:* cristã-nova; *prisão:* 1723; *idade:* 27; *natural:* Rio de Janeiro; *morador:* Rio de Janeiro, Lisboa; *filiação:* João Corrêa Ximenes, senhor de engenho, tabelião, e Brites de Paredes, naturais e moradores do Rio de Janeiro; *estado civil:* solteira; *crime:* judaísmo; *sentença:* hábito que se tira no auto; *auto de fé:* 10.10.1723. *Observações:* apresentada no Rio de Janeiro em 1716 e em Lisboa em 1723. Foi para Londres.

ANA MENDES;

PROCESSO N. 8.682; Inquisição de Lisboa. *Origem:* cristã-nova; *prisão:* 1716; *natural:* Rio de Janeiro; *morador:* Rio de Janeiro; *filiação:* Tomás Rodrigues, lavrador de cana, e Lucrécia Barreto, moradores no Rio de Janeiro; *estado civil:* solteira; *crime:* judaísmo; *sentença:* cárcere e hábito penitencial perpétuo; com confisco; *auto de fé:* 24.10.1717. *Observações:* defunta em 1718.

ANA PERES DE JESUS (OU FONSECA);

PROCESSO N. 11.592; Inquisição de Lisboa. *Origem:* cristã-nova; *prisão:* 1717; *natural:* Rio de Janeiro; *morador:* Rio de Janeiro; *filiação:* João Rodrigues Calassa, senhor de engenho, natural de Elvas, e Madalena Peres, natural do Rio de Janeiro, moradores no Rio de Janeiro; *estado civil:* casada com António da Silva, cristão-velho, sem ofício; *crime:* judaísmo; *sentença:* cárcere e hábito penitencial perpétuo sem remissão, com insígnias de fogo e degredo de sete anos para Angola; com confisco; *auto de fé:* 24.10.1717. *Observações:* pais e irmãos penitenciados.

ANA RODRIGUES;

PROCESSO N. 2.305; Inquisição de Lisboa. *Origem:* cristã-nova; *prisão:* 1593.

ANA RODRIGUES;

PROCESSO N. 9.101; Inquisição de Lisboa. *Origem:* cristã-nova; *prisão:* 1710; *idade:* 35; *natural:* Idanha, a Nova, Portugal; *morador:* Rio de Janeiro; *filiação:* Manoel Nunes Vizeu, lavrador de cana, e Catarina Rodrigues; *estado civil:* casada com Damião Rodrigues Moeda, advogado, cristão-novo; *crime:* judaísmo; *sentença:* cárcere e hábito penitencial perpétuo sem remissão; com confisco; auto de fé: 26.7.1711. *Observações:* voltou para o Rio de Janeiro. Pais e irmãos penitenciados.

ANA RODRIGUES;

PROCESSO N. 11.019; Inquisição de Lisboa. *Origem:* cristã-nova.

ANA RODRIGUES;

PROCESSO N. 12.142; Inquisição de Lisboa. *Origem:* cristã-nova; *prisão:* 1593; *idade:* 82; *natural:* Covilhã, Portugal; *morador:* Matoim, Bahia; *filiação:* Diogo Dias, mercador, e Violante Lopes; *estado civil:* viúva de Heitor Antunes, mercador, cristão-novo; *crime:* judaísmo; *sentença:* excomunhão maior. Faleceu exclusa do Grêmio e União da Madre Igreja, seus ossos foram desenterrados, deitados dos cemitérios eclesiásticos ou de outro qualquer lugar onde estariam sepultados; com confisco; *auto de fé:* 9.5.1604. *Observações:* termo de falecimento: 10.10.1593. Foi relaxada em estátua à justiça secular em 9.5.1604.

ANA SODRÉ PEREIRA;

PROCESSO N. 1.475; Inquisição de Lisboa. *Origem:* parte cristã-nova; *prisão:* 1718; *natural:* Rio de Janeiro; *morador:* Rio de Janeiro; *filiação:* João Gomes da Silva Pereira, cristão-velho, senhor de engenho e Catarina de Azeredo, naturais e moradores do Rio de Janeiro; *estado civil:* casada com Sebastião de Lucena Montarroyo, advogado, cristão-novo; *crime:* judaísmo; *sentença:* cárcere e hábito penitencial perpétuo; com confisco; *auto de fé:* 16.6.1720. *Observações:* recebeu licença para voltar ao Rio de Janeiro em 1725.

ANA TEREZA;

PROCESSO N. 49; Inquisição de Lisboa. *Origem:* cristã-nova; *prisão:* 1712; *idade:* 32; *natural:* Rio de Janeiro; *morador:* Rio de Janeiro; *filiação:* Fernão Lopes, mercador, e Tereza de Leão, natural do Rio de Janeiro, moradores no Rio de Janeiro; *estado civil:* casada com João da Costa Matos, cristão-velho, contratador; *crime:* judaísmo. *Observações:* não sabia ler nem escrever. Defunta nos cárceres em 6.2.1713.

ANDRESA JORGE;

PROCESSO N. 6.321; Inquisição de Lisboa. *Origem:* cristã-nova; *prisão:* 1593; *natural:* Pernambuco; *morador:* Pernambuco; *filiação:* Diogo Fernandes e Branca Dias; *estado civil:* casada com Fernão de Souza; *crime:* judaísmo.

ANGELA DE MESQUITA;

PROCESSO N. 5.348; Inquisição de Lisboa. *Origem:* cristã-nova; *prisão:* 1726; *natural:* Bahia; *morador:* Bahia, *filiação:* Luís Henriques e Francisca Henriques; *estado civil:* casada com António Cardoso Porto (Belchior Mendes Correia), mercador, cristão-novo; *crime:* judaísmo. *Observações:* apresentada em 20.11.1726.

ANGELA DO VALE DE MESQUITA;

PROCESSO N. 11.475; Inquisição de Lisboa. *Origem:* cristã-nova; *prisão:* 1710; *idade:* 20; *natural:* Rio de Janeiro; *morador:* Rio de Janeiro; *filiação:* António do Vale de Mesquita, mercador, natural de Vila Real, e Elena do Vale, natural do Rio de Janeiro, moradores no Rio de Janeiro; *estado civil:* casada com Domingos Rodrigues Ramires, senhor de engenho; *crime:* judaísmo; *sentença:* cárcere e hábito penitencial a arbítrio dos inquisidores; com confisco; *auto de fé:* 26.7.1711. *Observações:* não sabia ler nem escrever. Pais, filhos e irmãos penitenciados. Voltou ao Rio de Janeiro em 1718.

ANTONIA CORRÊA DE SOUZA;

PROCESSO N. 8.687; Inquisição de Lisboa. *Origem:* parte cristã-nova; *prisão:* 1714; *idade:* 43; *natural:* Rio de Janeiro; *morador:* Rio de Janeiro; *filiação:* André da Veiga, mercador, cristão-novo, natural do Reino, e Ana Corrêa, cristã-velha, natural do Rio de Janeiro, moradores no Rio de Janeiro; *estado civil:* solteira; *crime:* judaísmo; *sentença:* cárcere e hábito penitencial perpétuo; com confisco; *auto de fé:* 24.10.1717. *Observações:* irmãos penitenciados.

ANTONIA DE OLIVEIRA;

PROCESSO N. 14.627; Inquisição de Lisboa. *Origem:* cristã-nova.

ANTONIA DE OLIVEIRA;

PROCESSO N. 15.563; Inquisição de Lisboa. *Origem:* cristã-nova; *prisão:* 1593; *idade:* 16; *natural:* Porto Seguro, Bahia; *morador:* Salvador, Bahia; *filiação:* Gaspar Dias Vidigueira e Ana Rodrigues; *estado civil:* casada com Pedro Fernandes, cristão-novo; *crime:* judaísmo; *sentença:* abjuração de Levi suspeita na fé em admoestação feita na Mesa, penitências espirituais; *auto de fé:* 18.8.1593. *Observações:* constam ainda outras denúncias contra a ré e contra o seu marido.

ANTONIA DO BONSUCESSO;

PROCESSO N. 7.622; Inquisição de Lisboa. *Origem:* parte cristã-nova; *prisão:* 1725; *idade:* 21; *natural:* Rio de Janeiro; *morador:* Rio de Janeiro; *filiação:* Francisco Gomes Dinis, advogado, natural do Rio de Janeiro, e Teodora Maria de Oliveira, cristã-velha, moradores no Rio de Janeiro; *estado civil:* solteira; *crime:* judaísmo; *sentença:* cárcere e hábito penitencial a arbítrio dos inquisidores; com confisco; *auto de fé:* 28.7.1728. *Observações:* sabia ler e escrever. Avó, pai, tios e primos penitenciados.

ANTONIA GOMES;

PROCESSO N. 8.742; Inquisição de Lisboa. *Origem:* cristã-nova; *idade:* 23; *natural:* Rio de Janeiro; *morador:* Rio de Janeiro; *filiação:* José Gomes Silva, homem de negócios, natural do Crato, e Izabel de Paredes, natural do Rio de Janeiro, moradores no Rio de Janeiro; *estado civil:* solteira; *crime:* judaísmo; *sentença:* cárcere e hábito penitencial a arbítrio dos inquisidores; *auto de fé:* 14.10.1714. *Observações:* não sabia ler nem escrever. Mãe e irmãos presos.

ANTONIA MARIA;

PROCESSO N. 1.377; Inquisição de Lisboa. *Prisão:* 1718; *natural:* cidade de Beja; *morador:* Recife, Pernambuco; *estado civil:* casada com Vasco Janeiro, escrivão judicial; *crime:* feitiçaria; *sentença:* cárcere e hábito penitencial sem remissão e degredo para Miranda; *auto de fé:* 10.10.1723. *Observações:* havia sido penitenciada no auto de fé de 9.7.1713, por crime de feitiçaria, quando residia em Faro, Algarve, condenada a açoite e degredo de dez anos para Angola, e expulsa para sempre do Algarve e ao uso de carocha de feiticeira.

APOLÔNIA DE SOUZA;

PROCESSO N. 5.337; Inquisição de Lisboa. *Origem:* parte cristã-nova; *prisão:* 1712; *idade:* 42; *natural:* Rio de Janeiro; *morador:* Rio de Janeiro; *filiação:* André Mendes da Silva, mercador, natural do Crato, e Maria Henriques, cristã-velha, natural do Rio de Janeiro, moradores no Rio de Janeiro; *estado civil:* solteira; *crime:* judaísmo; *sentença:* cárcere e hábito penitencial perpétuo; com confisco; *auto de fé:* 9.7.1713. *Observações:* sabia ler e escrever. Irmãos e sobrinhos penitenciados. Voltou ao Rio de Janeiro, onde faleceu em 1744.

APOLÔNIA MENDES;

Inquisição de Lisboa. *Origem:* cristã-nova; *prisão:* 1712; *natural:* Portugal; *morador:* Rio de Janeiro; *filiação:* Manoel Nunes Idanha e Elena Nunes; *estado civil:* solteira; *crime:* judaísmo; *sentença:* cárcere e hábito penitencial perpétuo; com confisco; *auto de fé:* 9.7.1713. *Observações:* mãe e tios penitenciados.

BEATRIZ ANTUNES;
PROCESSO N. 8.991; Inquisição de Lisboa. *Origem:* cristã-nova; *prisão:* 1593; *idade:* 43; *natural:* Lisboa, Portugal; *morador:* Matoim, Bahia; *filiação:* Heitor Antunes e Ana Rodrigues; *estado civil:* casada com Bastião de Faria, senhor de engenho, cristão-velho; *crime:* judaísmo; *sentença:* cárcere e hábito penitencial perpétuo sem remissão; com confisco; *auto de fé:* 3.8.1603. *Observações:* mãe penitenciada.

BEATRIZ DA COSTA;
PROCESSO N. 11.116; Inquisição de Lisboa. *Origem:* cristã-nova; *morador:* Bahia; *crime:* judaísmo. *Observações:* libertada pelo Perdão Geral de 1605.

BEATRIZ DE SOUZA;
PROCESSO N. 4.273; Inquisição de Lisboa. *Origem:* cristã-nova; *prisão:* 1599; *natural:* Pernambuco; *morador:* Pemambuco; *filiação:* Femão de Souza; *estado civil:* solteira; *crime:* judaísmo; *sentença:* abjuração de Levi; penitências espirituais; ir ao auto de fé com uma vela acesa na mão; *auto de fé:* 3.8.1603.

BEATRIZ FERNANDES;
PROCESSO N. 4.580; Inquisição de Lisboa. *Origem:* cristã-nova; *prisão:* 1595; *morador:* Pernambuco; *filiação:* Diogo Fernandes e Branca Dias; *estado civil:* solteira; *crime:* judaísmo; *sentença:* cárcere e hábito penitencial perpétuo; *auto de fé:* 31.1.1599. *Observações:* era aleijada e chamada de "a Velha" e também de "Alcorcovada", que nunca casou. Irmãs penitenciadas.

BEATRIZ RODRIGUES;
PROCESSO N. 9.407; Inquisição de Lisboa. *Origem:* cristã-nova; *prisão:* 1608; *idade:* 30; *morador:* Pernambuco e Lisboa; *filiação:* Pêro Rodrigues e Guiomar Manuel; *estado civil:* casada com Gomes Rodrigues de Milão, homem de negócios, cristão-novo; *crime:* judaísmo; *sentença:* cárcere e hábito penitencial perpétuo com insígnias de fogo; com confisco; *auto de fé:* 1609. *Observações:* foi solta em 3.4.1610.

BEATRIZ SOARES;
PROCESSO N. 13.116; Inquisição de Lisboa. *Origem:* cristã-nova.

BERTOLEZA DE MIRANDA;

PROCESSO N. 9.091; Inquisição de Lisboa. *Origem:* cristã-nova; *prisão:* 1710; *idade:* 20; *natural:* Rio de Janeiro; *morador:* Rio de Janeiro; *filiação:* Ayres de Miranda, lavrador de cana, natural da Bahia, e Ana Gomes, natural do Rio de Janeiro, moradores no Rio de Janeiro; *estado civil:* solteira; *crime:* judaísmo; *sentença:* cárcere e hábito penitencial perpétuo; com confisco; *auto de fé:* 26.7.1711. *Observações:* não sabia ler nem escrever. Mãe e irmãos penitenciados.

BRANCA CARDOSO;

PROCESSO N. 9.435; Inquisição de Lisboa. *Origem:* cristã-nova; *prisão:* 1726; *idade:* 25; *natural:* Rio de Janeiro; *morador:* Rio de Janeiro e Lisboa; *filiação:* Miguel de Castro Lara, advogado, e Maria Coutinho, naturais e moradores do Rio de Janeiro; *estado civil:* solteira; *crime:* judaísmo; *sentença:* cárcere e hábito penitencial perpétuo; com confisco; *auto de fé:* 25.7.1728. *Observações:* pais e irmãos penitenciados.

BRANCA DE FIGUEIROA;

PROCESSO N. 6.284; Inquisição de Lisboa. *Origem:* cristã-nova; *prisão:* 1729; *idade:* 74; *natural:* Vila de Santo António do Cabo, Paraíba; *morador:* Engenho Velho, Paraíba; *filiação:* João da Costa Caminha e Izabel de Souza; *estado civil:* viúva de Gaspar da Silva, homem de negócios; *crime:* judaísmo; *sentença:* cárcere e hábito penitencial perpétuo; com confisco; *auto de fé:* 20.9.1733.

BRANCA DE MORAES;

PROCESSO N. 9.137; Inquisição de Lisboa. *Origem:* cristã-nova; *prisão:* 1709; *idade:* 55; *natural:* Bahia; *morador:* Rio de Janeiro; *filiação:* Manoel Lopes de Moraes e Lourença Coutinho; *estado civil:* viúva de Guilherme Gomes Mourão, advogado, cristão-novo; *crime:* judaísmo; *sentença:* cárcere e hábito penitencial perpétuo sem remissão; com confisco; *auto de fé:* 26.7.1711. *Observações:* filhos penitenciados.

BRANCA GOMES COUTINHO;

PROCESSO N. 9.134; Inquisição de Lisboa. *Origem:* cristã-nova; *prisão:* 1710; *idade:* 67; *natural:* Rio de Janeiro; *morador:* Rio de Janeiro; *filiação:* Manoel Gomes Mourão, mercador, e Izabel Cardosa; *estado civil:* viúva de João Tomás Brum, lavrador de cana, cristão-novo; *crime:* judaísmo; sentença: cárcere e hábito penitencial perpétuo; com confisco; *auto de fé:* 26.7.1711. *Observações:* foi submetida a tormento. Filhos penitenciados.

BRANCA HENRIQUES DA SILVEIRA;

PROCESSO N. 6.509; Inquisição de Lisboa. *Origem:* cristã-nova; *prisão:* 1710; *idade:* 51; *natural:* Rio de Janeiro; *morador:* Rio de Janeiro; *filiação:* Manoel do Vale, senhor de engenho, natural de Lisboa, e Izabel Gomes, natural do Rio de Janeiro, moradores no Rio de Janeiro; *estado civil:* casada com Francisco de Campos Silva, lavrador de cana, cristão-novo; *crime:* judaísmo; *sentença:* cárcere e hábito penitencial perpétuo; com confisco; *auto de fé:* 26.7.1711. *Observações:* marido, irmãos e sobrinhos penitenciados.

BRANCA MARIA COUTINHO;

PROCESSO N. 970; Inquisição de Lisboa. *Origem:* cristã-nova; *prisão:* 1712; *idade:* 26; *natural:* Rio de Janeiro; *morador:* Rio de Janeiro; *filiação:* Baltazar Rodrigues Coutinho, senhor de engenho, natural do Rio de Janeiro, e Brites Cardosa, natural de Lisboa, moradores no Rio de Janeiro; *estado civil:* casada com Inácio Cardoso de Azeredo, advogado e lavrador de cana, cristão-novo; *crime:* judaísmo; *sentença:* cárcere e hábito penitencial perpétuo; com confisco; *auto de fé:* 9.7.1713. *Observações:* mãe, irmãos e sobrinhos presos.

BRANCA PEREIRA;
PROCESSO N. 10.692; Inquisição de Lisboa. *Origem:* cristã-nova; *prisão:* 1714; *idade:* 21; *natural:* Rio de Janeiro; *morador:* Rio de Janeiro; *filiação:* Manoel dos Passos, mercador, e Maria Pereira; *estado civil:* solteira; *crime:* judaísmo; *sentença:* cárcere e hábito penitencial a arbítrio dos inquisidores; com confisco; *auto de fé:* 20.2.1716. *Observações:* não sabia ler nem escrever. Recebeu licença para voltar para o Rio de Janeiro em 21.10.1718.

BRANCA RODRIGUES;
PROCESSO N. 8.654; Inquisição de Lisboa. *Origem:* cristã-nova; *prisão:* 1727; *idade:* 26; *natural:* Campinho, Bahia; *morador:* Bahia; *filiação:* Luís Henriques, tratante, e Francisca Henriques; *estado civil:* solteira; *crime:* judaísmo; *auto de fé:* 19.12.1761. *Observações:* apresentada em 26.11.1727. Defunta. Sabia ler e escrever.

BRANCA RODRIGUES;
PROCESSO N. 9.095; Inquisição de Lisboa. *Origem:* cristã-nova; *prisão:* 1710; *idade:* 26; *natural:* Rio de Janeiro; *morador:* Rio de Janeiros; *filiação:* Ayres de Miranda, lavrador de cana, natural da Bahia, e Ana Gomes, natural do Rio de Janeiro, moradores no Rio de Janeiro; *estado civil:* solteira; *crime:* judaísmo; *sentença:* cárcere e hábito penitencial perpétuo; com confisco; *auto de fé:* 26.7.1711. *Observações:* mãe e irmãos penitenciados.

BRANCA VASQUES DO PILAR;
PROCESSO N. 960; Inquisição de Lisboa. *Origem:* parte cristã-nova; *prisão:* 1712; *idade:* 19; *natural:* Rio de Janeiro; *morador:* Rio de Janeiro; *filiação:* Baltazar de Azeredo Coutinho, natural do Rio de Janeiro, senhor de engenho, e Catarina Vasques, cristã-velha, moradores no Rio de Janeiro; *estado civil:* casada com Jorge Pereira Diniz, cristão-velho, escrivão da alfândega do Rio de Janeiro; *crime:* judaísmo; *sentença:* cárcere e hábito penitencial perpétuo; com confisco; *auto de fé:* 9.7.1713. *Observações:* irmãos penitenciados.

BRASIA PINTA;
PROCESSO N. 9.430; Inquisição de Lisboa. *Origem:* cristã-velha; *prisão:* 1595; *idade:* 29; *natural:* Brasil; *morador:* engenho de Apicucos, Pernambuco; *estado civil:* casada com Leonardo Pereira; *crime:* judaísmo; *sentença:* absolvem a dita ré da instância deste juízo e mandam que vá em paz e pague as custas; *auto de fé:* 8.8.1603. *Observações:* não sabia ler nem escrever.

BRIOLANJA FERNANDES;
PROCESSO N. 9.417; Inquisição de Lisboa. *Origem:* parte cristã-nova; *prisão:* 1599; *natural:* Pernambuco; *morador:* Pernambuco; *filiação:* filha legítima de Diogo Fernandes; *estado civil:* viúva de André Gonçalves, carpinteiro, cristão-velho; *crime:* judaísmo; *sentença:* cárcere a arbítrio dos inquisidores; com confisco; *auto de fé:* 3.8.1603. *Observações:* irmãs penitenciadas.

BRITES; Inquisição de Lisboa. *Origem:* parte cristã-nova; *prisão:* 1725; *natural:* Rio de Janeiro; *morador:* Rio de Janeiro; *filiação:* António Pires, cristão-velho, sem ofício, e Margarida Rodrigues (ou Gama); *estado civil:* solteira; *crime:* judaísmo; *auto de fé:* 6.5.1725.

BRITES CARDOSA;

PROCESSO N. 969; Inquisição de Lisboa. *Origem:* cristã-nova; *prisão:* 1711; *idade:* 68; *natural:* Lisboa, Portugal; *morador:* Rio de Janeiro; *filiação:* Manoel Cardoso, cristão-novo, mercador, natural do Rio de Janeiro, e Jerônima Gomes, moradores no Rio de Janeiro; *estado civil:* viúva de Baltazar Rodrigues Coutinho, cristão-novo, senhor de engenho; *crime:* judaísmo; *sentença:* cárcere e hábito penitencial perpétuo; com confisco; *auto de fé:* 9.7.1713. *Observações:* filhos penitenciados.

BRITES CARDOSA;

PROCESSO N. 1.558; Inquisição de Lisboa. *Origem:* cristã-nova; *prisão:* 1726; *idade:* 25; *natural:* Rio de Janeiro; *morador:* Rio de Janeiro e Lisboa; *filiação:* Miguel de Castro Lara, advogado, e Maria Coutinho, naturais e moradores do Rio de Janeiro; *estado civil:* solteira; *crime:* judaísmo; *sentença:* cárcere e hábito penitencial perpétuo; com confisco; *auto de fé:* 13.10.1726. *Observações:* pais e irmãos penitenciados.

BRITES DA COSTA;

PROCESSO N. 10.145; Inquisição de Lisboa. *Origem:* cristã-nova; *prisão:* 1712; *idade:* 24; *natural:* Rio de Janeiro; *morador:* Rio de Janeiro; *filiação:* Manoel de Paredes da Costa, cristão-novo, senhor de engenho, e Izabel Gomes da Costa, naturais e moradores do Rio de Janeiro; *estado civil:* casada com Jorge de Abreu Bacelar, cristão-velho, lavrador de cana; *crime:* judaísmo; *sentença:* cárcere e hábito penitencial perpétuo; com confisco; *auto de fé:* 14.10.1714. *Observações:* o marido havia sido capitão dos Homens Pardos. Não sabia ler nem escrever.

BRITES DA PAZ;

PROCESSO N. 972; Inquisição de Lisboa. *Origem:* cristã-nova; *prisão:* 1712; *idade:* 16; *natural:* Rio de Janeiro; *morador:* Rio de Janeiro; *filiação:* Francisco António Henriques, homem de negócios, castelhano, e Catarina Mendes da Paz, natural do Rio de Janeiro, moradores no Rio de Janeiro; *estado civil:* solteira; *crime:* judaísmo; *sentença:* cárcere e hábito penitencial perpétuo; com confisco; *auto de fé:* 9.7.1713. *Observações:* pais penitenciados.

BRITES DE AZEVEDO COUTINHO;

PROCESSO N. 1.371; Inquisição de Lisboa. *Origem:* parte cristã-nova; *prisão:* 1719; *idade:* 44; *natural:* Rio de Janeiro; *morador:* Rio de Janeiro; *filiação:* António Rodrigues de Leão, morador no Espírito Santo, e Tereza Coutinho; *crime:* judaísmo; *auto de fé:* 3.10.1719. *Observações:* o pai era judeu.

BRITES DE JESUS COUTINHO;

PROCESSO N. 10.144; Inquisição de Lisboa. *Origem:* parte cristã-nova; *prisão:* 1712; *idade:* 42; *natural:* Rio de Janeiro; *morador:* Rio de Janeiro; *filiação:* Baltazar Rodrigues Coutinho, senhor de engenho, natural do Rio de Janeiro, e Jerônima, mulher parda; *estado civil:* solteira; *crime:* judaísmo; *sentença:* cárcere e hábito penitencial perpétuo; com confisco; *auto de fé:* 14.10.1714. *Observações:* irmãos penitenciados.

BRITES DE LUCENA (AZEREDO);

PROCESSO N. 971; Inquisição de Lisboa. *Origem:* cristã-nova; *prisão:* 1712; *idade:* 31; *natural:* Rio de Janeiro; *morador:* Rio de Janeiro; *filiação:* Diogo de Montarroyo, senhor de engenho, e Esperança de Azeredo, naturais e moradores do Rio de Janeiro; *estado civil:* casada com Manoel de Melo e Castro, cristão-velho, senhor de engenho; *crime:* judaísmo; *sentença:* cárcere e hábito penitencial perpétuo; com confisco; *auto de fé:* 9.7.1713. *Observações:* mãe e irmãos penitenciados.

BRITES DE LUCENA;

PROCESSO N. 11.596; Inquisição de Lisboa. *Origem:* cristã-nova; *prisão:* 1713; *idade:* 67; *natural:* Rio de Janeiro; *morador:* Rio de Janeiro; *filiação:* Sebastião de Lucena Montarroyo, cristão-novo, senhor de engenho, e Beatriz de Lucena, naturais e moradores do Rio de Janeiro; *estado civil:* viúva de António de Barros, advogado e senhor de engenho, cristão-novo; *crime:* judaísmo; *sentença:* cárcere e hábito penitencial perpétuo sem remissão; com confisco; *auto de fé:* 14.10.1717. *Observações:* não sabia ler nem escrever. Filhos penitenciados.

BRITES DE PAREDES;

PROCESSO N. 973; Inquisição de Lisboa. *Origem:* cristã-nova; *prisão:* 1712; *idade:* 35; *natural:* Rio de Janeiro; *morador:* Rio de Janeiro; *filiação:* Agostinho de Paredes, senhor de engenho, e Ana de Azeredo, naturais e moradores do Rio de Janeiro; *estado civil:* casada com João Corrêa Ximenes, cristão-novo, senhor de engenho e tabelião; *crime:* judaísmo; *sentença:* cárcere e hábito penitencial perpétuo; com confisco; *auto de fé:* 9.7.1713. *Observações:* marido e filhos penitenciados.

BRITES DE PAREDES GRÁMACHA;

PROCESSO N. 10.690; Inquisição de Lisboa. *Origem:* parte cristã-nova; *prisão:* 1715; *natural:* Rio de Janeiro; *morador:* Rio de Janeiro; *filiação:* João Maia Gramacho, cristão-velho, lavrador de cana, e Lourença Mendes; *estado civil:* casada com Agostinho Monteiro, alfaiate, homem pardo; *crime:* judaísmo; *sentença:* cárcere e hábito penitencial a arbítrio dos inquisidores; com confisco; *auto de fé:* 16.2.1716. *Observações:* mãe penitenciada.

BRITES LOPES;

PROCESSO N. 9.925; Inquisição de Lisboa. *Origem:* cristã-nova; *prisão:* 1726; *idade:* 18; *natural:* Campos de Cachoeira, Bahia; *morador:* Vila Nova de Fozcoa, Lamego, Portugal; *filiação:* Francisco Fernandes Camacho, homem de negócios, e Luísa Pereira; *estado civil:* solteira; *crime:* judaísmo; *sentença:* cárcere e hábito penitencial perpétuo; com confisco; *auto de fé:* 30.7.1726. *Observações:* apresentada em 5.7.1726. Havia sido penitenciada em Coimbra.

BRITES NUNES;

PROCESSO N. 1.008; Inquisição de Lisboa. *Origem:* 3/4 cristã-nova; *prisão:* 1707; *idade:* 41; *natural:* Covilhã, Guarda, Portugal; *morador:* Bahia; *estado civil:* casada com Francisco Rodrigues Dias, curtidor; *crime:* judaísmo; *sentença:* cárcere e hábito penitencial perpétuo sem remissão; com confisco; *auto de fé:* 30.6.1709. *Observações:* não sabia ler nem escrever.

BRITES SOARES PEREIRA;

PROCESSO N. 7.452; Inquisição de Lisboa. *Origem:* cristã-nova; *prisão:* 1708; *idade:* 30; *natural:* Rio de Janeiro; *morador:* Rio de Janeiro; *filiação:* João Soares Pereira, senhor de engenho e Leonor Gomes; *estado civil:* casada com Agostinho Lopes Flores, homem de negócios, cristão-novo; *crime:* judaísmo; *sentença:* cárcere e hábito penitencial perpétuo; com confisco; *auto de fé:* 30.6.1709. *Observações:* não sabia ler nem escrever. Marido penitenciado.

BRITES TEREZA (DE PAREDES); **PROCESSO N. 1.374**; Inquisição de Lisboa. *Origem:* cristã-nova; *prisão:* 1720; *idade:* 17; *natural:* Rio de Janeiro; *morador:* Rio de Janeiro/Lisboa; *filiação:* José Gomes Silva, homem de negócios, natural do Crato, e Izabel de Paredes, natural do Rio de Janeiro, moradores no Rio de Janeiro; *estado civil:* casada com Francisco Henriques de Siqueira, sem ofício, cristão-novo; *crime:* judaísmo; *sentença:* cárcere e hábito penitencial perpétuo; com confisco; *auto de fé:* 10.10.1723. *Observações:* mãe e irmãos penitenciados. Apresentada em 15.7.1720.

BRÍZIDA INÁCIA DE JESUS (OU CORREIA); **PROCESSO N. 11.199**; Inquisição de Lisboa. *Origem:* 1/2 cristã-nova; *prisão:* 1714; *idade:* 31; *natural:* Rio de Janeiro; *morador:* Rio de Janeiro; *filiação:* André da Veiga, mercador, cristão-novo, natural do Reino, e Ana Correia, cristã-velha, natural do Rio de Janeiro, moradores no Rio de Janeiro; *estado civil:* solteira; *crime:* judaísmo; *sentença:* cárcere e hábito penitencial perpétuo; com confisco; *auto de fé:* 14.10.1717. *Observações:* irmãs penitenciadas.

C

CATARINA DA PAZ;

PROCESSO N. 10.151; Inquisição de Lisboa. *Origem:* cristã-nova; *prisão:* 1714; *idade:* 45; *natural:* Almeida, Portugal; *morador:* Cachoeira, Bahia; *filiação:* Manoel da Paz e Maria de Almeida; *estado civil:* casada com António de Miranda, curtidor, cristão-novo; *crime:* judaísmo; *sentença:* cárcere e hábito penitencial a arbítrio dos inquisidores; com confisco; *auto de fé:* 14.10.1714.

CATARINA DA SILVA PEREIRA;

PROCESSO N. 1.370; Inquisição de Lisboa. *Origem:* parte cristã-nova; *prisão:* 1720; *idade:* 30; *natural:* Freguesia de Taburahi, Rio de Janeiro; *morador:* Sítio do Tambi, Freguesia de N. Sra. do Desterro, Rio de Janeiro; *filiação:* João Gomes da Silva Pereira, senhor de engenho, cristão-velho, e Catarina de Azeredo, naturais e moradores do Rio de Janeiro; *estado civil:* solteira; *crime:* judaísmo; *sentença:* cárcere e hábito penitencial perpétuo; com confisco; *auto de fé:* 10.10.1723. *Observações:* foi submetida a tormento. Não sabia ler nem escrever. Irmãos penitenciados.

CATARINA DE MIRANDA;

PROCESSO N. 6.523; Inquisição de Lisboa. *Origem:* cristã-nova; *prisão:* 1709; *idade:* 30; *natural:* Rio de Janeiro; *morador:* Rio de Janeiro; *filiação:* Ayres de Miranda, lavrador de cana, natural da Bahia, e Ana Gomes, natural do Rio de Janeiro, moradores no Rio de Janeiro; *estado civil:* casada com Francisco de Siqueira Machado, médico, cristão-novo; *crime:* judaísmo; *sentença:* cárcere e hábito penitencial perpétuo; com confisco; *auto de fé:* 26.7.1711. *Observações:* foi submetida a tormento. Não sabia ler nem escrever. Marido e filhos penitenciados.

CATARINA FAVELA;

PROCESSO N. 2.304; Inquisição de Lisboa. *Origem:* 1/2 cristã-nova; *prisão:* 1603; *natural:* Pernambuco; *filiação:* Pedro da Costa, cristão-velho, e Felipa da Paz; *estado civil:* solteira; *sentença:* penitências espirituais. *Observações:* era neta de Diogo Fernandes e Branca Dias.

CATARINA GOMES;

PROCESSO N. 10.242; Inquisição de Lisboa. *Origem:* cristã-nova; *prisão:* 1709; *idade:* 63; *natural:* Rio de Janeiro; *morador:* Rio de Janeiro; *filiação:* Manoel do Vale da Silveira, senhor de engenho, natural de Lisboa, e Izabel Gomes da Costa, natural do Rio de Janeiro, moradores no Rio de Janeiro; *estado civil:* viúva de António Soares de Oliveira, senhor de engenho, cristão-novo; *crime:* judaísmo; *sentença:* cárcere e hábito penitencial perpétuo; com confisco; *auto de fé:* 9.7.1713. *Observações:* irmãos e sobrinhos penitenciados.

CATARINA GOMES DA COSTA;

PROCESSO N. 6.529; Inquisição de Lisboa. *Origem:* cristã-nova; *prisão:* 1710; *idade:* 19; *natural:* Rio de Janeiro; *morador:* Rio de Janeiro; *filiação:* João Rodrigues do Vale, senhor de engenho, natural do Rio de Janeiro, e Leonor Guterrez, natural do Porto, moradores no Rio de Janeiro; *estado civil:* casada com Manuel Gomes Pereira, lavrador, cristão-novo; *crime:* judaísmo; *sentença:* cárcere e hábito penitencial perpétuo; com confisco; *auto de fé:* 26.7.1711. *Observações:* pais, tios, primos penitenciados.

CATARINA GOMES PALHANA;

PROCESSO N. 9.919; Inquisição de Lisboa. *Origem:* parte cristã-nova; *prisão:* 1714 e 1725; *idade:* 27; *natural:* Rio de Janeiro; *morador:* Rio de Janeiro; *filiação:* António Farto Dinis, mercador, cristão-velho, natural do Reino, e Catarina Gomes Pereira, natural de Santos, moradores no Rio de Janeiro; *estado civil:* casada com Manuel Luís Ferreira, mercador, cristão-velho; *crime:* judaísmo; *sentença:* cárcere e hábito penitencial perpétuo; cárcere e hábito penitencial perpétuo; com confisco; *auto de fé:* 16.2.1716 e 25.7.1728. *Observações:* não sabia ler nem escrever. Mãe, irmãos, filhos penitenciados. Licença a 23.12.1728 para voltar para o Rio de Janeiro.

CATARINA GOMES PEREIRA;

PROCESSO N. 11.084; Inquisição de Lisboa. *Origem:* parte cristã-nova; *prisão:* 1711 e 1715; *idade:* 52; *natural:* Vila de Santos; *morador:* Rio de Janeiro; *filiação:* Luís Gomes Pereira, mercador, e Inês do Rosário, cristã-velha; *estado civil:* casada com António Farto Dinis, mercador, cristão-velho; *crime:* judaísmo; *sentença:* cárcere e hábito penitencial perpétuo; cárcere e hábito penitencial perpétuo sem remissão; com confisco; *auto de fé:* 9.7.1713 e 16.2.1716. *Observações:* filhos e netos penitenciados.

CATARINA INÁCIA;

PROCESSO N. 9.918; Inquisição de Lisboa. *Origem:* parte cristã-nova; *prisão:* 1725; *idade:* 20; *natural:* Rio de Janeiro; *morador:* Rio de Janeiro; *filiação:* Manoel Luís Ferreira, marcador, cristão-velho, e Catarina Gomes Palhana, naturais e moradores do Rio de Janeiro; *estado civil:* solteira; *crime:* judaísmo; sentença: cárcere e hábito penitencial perpétuo; com confisco; *auto de fé:* 25.7.1728. *Observações:* sabia ler e escrever. Mãe, avó, irmãos penitenciados.

CATARINA LOPES;

PROCESSO N. 11.388; Inquisição de Lisboa. *Origem:* cristã-nova; *Prisão:* 1655; *idade:* 61; *morador:* Bahia; *estado civil:* casada com Gaspar Francisco, que vive de sua fazenda; *crime:* judaísmo; *auto de fé:* 29.10.1656.

CATARINA MARQUES;

PROCESSO N. 1.376; Inquisição de Lisboa. *Origem:* parte cristã-nova; *prisão:* 1715 e 1720; *idade:* 17; *natural:* Rio de Janeiro; *morador:* Rio de Janeiro; *filiação:* João Alves Viana, barqueiro, cristão-velho, e Maria de Jesus da Cruz, moradores no Rio de Janeiro; *estado civil:* solteira; *crime:* judaísmo; *sentença:* cárcere e hábito penitencial a arbítrio dos inquisidores; cárcere e hábito penitencial a arbítrio dos inquisidores; com confisco; *auto de fé:* 24.10.1717 e 10.10.1723. *Observações:* foi submetida a tormento. Em 6 de agosto de 1725, deu a Mesa licença a esta ré Catarina Marques para ir para a cidade do Rio de Janeiro. Sabia ler e escrever. Mãe e irmãos penitenciados.

CATARINA MARQUES;

PROCESSO N. 11.498; Inquisição de Lisboa. *Origem:* cristã-nova; *prisão:* 1709; *idade:* 32; *natural:* Rio de Janeiro; *morador:* Rio de Janeiro; *filiação:* José Gomes Silva, homem de negócios, natural de Crato, e Maria de Barros, natural do Rio de Janeiro, moradores no Rio de Janeiro; *estado civil:* viúva de Manuel de Paredes da Silva, senhor de engenho, cristão-novo; *crime:* judaísmo; *sentença:* a prova de justiça não foi o bastante para se condenar sua memória, fama e fazenda; absolvem a ré Catarina Marques da instância de juízo e declaram que a seus ossos se pode dar sepultura eclesiástica e oferecer a Deus Nosso Senhor por sua alma os sacrifícios e sufrágios da Igreja; e mandam que os bens que lhe foram sequestrados sejam entregues a seus herdeiros... e deles se paguem as custas e que esta sentença se lhe leia no auto público da fé para notícia de todos; *auto de fé:* 27.10.1765. *Observações:* faleceu no mar, a caminho de Lisboa, em 1712. Em 1765, o processo foi concluído a pedido de seus herdeiros. No final do processo vem escrito: "de mandado dos senhores inquisidores foi este processo concluso afinal em 6.3.1765. Manuel Francisco Nunes o escrevi".

CATARINA MENDES DA PAZ;

PROCESSO N. 1.010; Inquisição de Lisboa. *Origem:* cristã-nova; *prisão:* 1709; *idade:* 35; *natural:* Rio de Janeiro; *morador:* Rio de Janeiro; *filiação:* José Fernandes de Miranda e Izabel da Paz, naturais de Portugal, moradores no Rio de Janeiro; *estado civil:* casada com Francisco António Henriques, castelhano, mercador e senhor de engenho; *crime:* judaísmo; *sentença:* cárcere e hábito penitencial perpétuo; com confisco; *auto de fé:* 30.6.1709. *Observações:* filhos penitenciados. Inquisição de Lisboa.

CATARINA MORENA;

PROCESSO N. 1.287; Inquisição de Lisboa. *Origem:* cristã-velha; *prisão:* 1593; *idade:* 29; *natural:* Nave dei Moras, Toledo; *morador:* Olinda, Pernambuco; *estado civil:* casada com Francisco Duran, castelhano; *crime:* bigamia; *sentença:* abjuração na Mesa e penitências espirituais. *Observações:* casou-se no Brasil com António Jorge, mestre de açúcar em Olinda, Pernambuco.

CATARINA PEREIRA;

PROCESSO N. 1.009; Inquisição de Lisboa. *Origem:* cristã-velha; *idade:* 25; *natural:* freguesia de São Bartolomeu, Bahia; *morador:* Bahia; *estado civil:* casada; *crime:* bigamia; sentença.: abjuração de leve, açoite e degredo de cinco anos para Angola; *auto de fé:* 30.1.1709.

CATARINA QUARESMA;

PROCESSO N. 1.289; Inquisição de Lisboa. *Prisão:* 1593; *idade:* 25; *natural:* Guimarães; *morador:* Salvador, Bahia; *filiação:* Diogo Gonçalves Lopes e Guiomar; *estado civil:* casada; *crime:* sodomia; *sentença:* penitências espirituais e pagamento de 10 mil réis para as despesas do Santo Ofício. *Observações:* sabia ler e escrever.

CATARINA RODRIGUES;

PROCESSO N. 6.531; Inquisição de Lisboa. *Origem:* cristã-nova; *prisão:* 1710; *idade:* 90; *natural:* Idanha, a Nova, Portugal; *morador:* Rio de Janeiro; *estado civil:* casada com Manuel Nunes Vizeu, lavrador de cana, cristão-novo; *crime:* judaísmo; *sentença:* cárcere e hábito penitencial perpétuo com confisco; *auto de fé:* 26.7.1711. *Observações:* marido e filhos penitenciados.

CATARINA ROJAS;

PROCESSO N. 16.897; Inquisição de Lisboa.

CATARINA SOARES BRANDOA;

PROCESSO N. 10.124; Inquisição de Lisboa. *Origem:* 1/2 cristã-nova; *prisão:* 1711; *idade:* 40; *natural:* Lisboa; *morador:* Rio de Janeiro e Lisboa; *filiação:* Manoel Lopes, mercador, cristão-novo, e Suzana Soares Brandoa, cristã-velha; *estado civil:* casada com Inácio Corrêa da Cunha, homem de negócios, cristão-novo; *crime:* judaísmo; *sentença:* abjuração em forma; penitências espirituais e instrução religiosa; *auto de fé:* 10.1. 1711. *Observações:* apresentada em 15.5.1706.

CIPRIANA DA SILVA;

PROCESSO N. 4.218; Inquisição de Lisboa. *Origem:* cristã-nova; *prisão:* 1733; *idade:* 74; *natural:* Serinhaém, Sítio de Poxi, Paraíba; morador, termo de Sta. Luzia, Sítio de Poxi, Paraíba; *filiação:* João Álvares Sanches, cirurgião e lavrador de cana, e Izabel da Fonseca; *estado civil:* solteira; *crime:* judaísmo; *sentença:* cárcere e hábito penitencial perpétuo; com confisco; *auto de fé:* 24.7.1735.

CLARA DE AZEREDO;

PROCESSO N. 957; Inquisição de Lisboa. *Origem:* parte cristã-nova; *prisão:* 1712; *idade:* 28; *natural:* Rio de Janeiro; *morador:* Rio de Janeiro; *filiação:* Baltazar de Azeredo Coutinho, senhor de engenho, natural do Rio de Janeiro, e Catarina Vasques, cristã-velha, moradores no Rio de Janeiro; *estado civil:* casada com João de Abreu Pereira, tenente-coronel, cristão-velho; *crime:* judaísmo; *sentença:* cárcere e hábito penitencial perpétuo; com confisco; *auto de fé:* 20.6.1713. *Observações:* sabia ler e escrever. A Mesa deu-lhe licença para ir a cidade do Rio de Janeiro em 10.11.1714. Irmãs penitenciadas.

CLARA DE MORAIS (COUTINHO);

PROCESSO N. 965; Inquisição de Lisboa. *Origem:* cristã-nova; *prisão:* 1712; *idade:* 44; *natural:* Rio de Janeiro; *morador:* Rio de Janeiro; *filiação:* Manoel Lopes de Moraes e Lourença Coutinho; *estado civil:* casada com Luís Vieira de Medanha Souto Mayor, lavrador de cana, cristão-velho; *crime:* judaísmo; *sentença:* cárcere e hábito penitencial perpétuo; com confisco; *auto de fé:* 9.7.1713. *Observações:* filhos penitenciados.

CLARA HENRIQUES;

PROCESSO N. 8.879; Inquisição de Lisboa. *Origem:* cristã-nova; *prisão:* 1728; *idade:* 67; *natural:* Sítio do Cucau, Paraíba; *morador:* Engenho de Santo André, Paraíba; *filiação:* Luís Nunes da Fonseca e Maria Tomás; *estado civil:* viúva de António Dias Pinheiro, mercador de açúcar; *crime:* judaísmo; *sentença:* cárcere e hábito penitencial perpétuo; com confisco; *auto de fé:* 17.6.1731. *Observações:* não sabia ler nem escrever. Irmãos, tios, primos e filhos penitenciados.

CORDULA GOMES;

PROCESSO N. 968; Inquisição de Lisboa. *Origem:* parte cristã-nova; *prisão:* 1712; *idade:* 37; *natural:* Rio de Janeiro; *morador:* Rio de Janeiro; *filiação:* Rodrigo Coelho do Bonsucesso, lavrador de cana, cristão-velho; e Izabel de Barros, naturais e moradores do Rio de Janeiro; *estado civil:* casada com António de Azevedo Machado, sem ofício, cristão-velho; *crime:* judaísmo; *sentença:* cárcere e hábito penitencial perpétuo; com confisco; *auto de fé:* 9.7.1713. *Observações:* teve sua sentença alterada em 1714, por ter se apresentado antes de ser delatada; condenada a abjuração em forma e penitências espirituais sem confisco de bens.

D

DIONISIA DA FONSECA;
PROCESSO N. 2.422; Inquisição de Lisboa. *Origem:* parte cristã-nova; *prisão:* 1730 e 1737; *idade:* 24; *natural:* Rio das Marés, Paraíba; *morador:* Rio do Meio, Paraíba; *filiação:* Manoel Henriques da Fonseca, lavrador de cana, e Joana do Rego; *estado civil:* solteira; *crime:* judaísmo; *sentença:* cárcere e hábito penitencial perpétuo sem remissão; cárcere e hábito penitencial perpétuo sem remissão; com confisco; *auto de fé:* 20.9.1733 e 18.6.1741. *Observações:* não sabia ler e escrever. Foi submetida ao tormento.

DOMINGAS GOMES DA RESSURREIÇÃO;
PROCESSO N. 2.705; Inquisição de Lisboa. *Prisão:* 1763; *idade:* 60; *natural:* Vila de Santa Cruz de Cametá, Pará; *morador:* Belém, Pará; *filiação:* Inácio Gomes, homem branco da cidade do Maranhão, e Leocádia, índia; *crime:* feitiçaria; *sentença:* abjuração de Levi suspeita na fé, penitências espirituais. *Observações:* foi escrava de Maria de Barros. índia.

ELENA DA CRUZ;
PROCESSO N. 8.200; Inquisição de Lisboa. *Origem:* 1/2 cristã-nova; *prisão:* 1718; *idade:* 36; *natural:* Rio de Janeiro; *morador:* Rio de Janeiro; *filiação:* Alexandre Freitas, taverneiro, cristão-velho, e Elena de Azevedo, natural do Rio de Janeiro, moradores no Rio de Janeiro; *estado civil:* solteira; *crime:* judaísmo; *sentença:* cárcere e hábito penitencial perpétuo; com confisco; *auto de fé:* 16.6.1720. *Observações:* recebeu licença para voltar ao Rio de Janeiro em 6.8.1720.

ELENA DE AZEVEDO;
PROCESSO N. 8.199; Inquisição de Lisboa. *Origem:* cristã-nova; *prisão:* 1718; *idade:* 46; *natural:* Rio de Janeiro; *morador:* Rio de Janeiro; *filiação:* André da Veiga, natural do Reino, mercador, e Mariana de Azevedo, natural do Rio de Janeiro, moradores no Rio de Janeiro; *estado civil:* casada com Alexandre Freitas, taverneiro, cristão-velho; *crime:* judaísmo; *sentença:* cárcere e hábito penitencial perpétuo; com confisco; *auto de fé:* 16.6.1720. *Observações:* filhas penitenciadas.

ELENA DO VALE;
PROCESSO N. 1.179; Inquisição de Lisboa. *Origem:* cristã-nova; *prisão:* 1710; *idade:* 70; *natural:* Rio de Janeiro; *morador:* Rio de Janeiro; *filiação:* Manoel do Vale da Silveira, natural de Lisboa, senhor de engenho, e Izabel Gomes, natural do Rio de Janeiro; moradores no Rio de Janeiro; *estado civil:* casada com António do Vale de Mesquita, mercador, cristão-novo; *crime:* judaísmo; *sentença:* cárcere e hábito penitencial perpétuo; com confisco; *auto de fé:* 26.6.1711. *Observações:* não sabia ler nem escrever. Marido, filhos e netos penitenciados. Sofreu tormento.

ELENA DO VALE;
PROCESSO N. 1.196, Inquisição de Lisboa. *Origem:* cristã-nova; *prisão:* 1711; *natural:* Rio de Janeiro; *morador:* Rio de Janeiro; *filiação:* João Rodrigues do Vale, natural do Rio de Janeiro, senhor de engenho, e Leonor Guterrez, natural do Porto, moradores no Rio de Janeiro; *estado civil:* solteira; *crime:* judaísmo; *sentença:* cárcere e hábito penitencial perpétuo; com confisco; *auto de fé:* 26.7.1711. *Observações:* pais e irmãos penitenciados.

ELENA DO VALE;
PROCESSO N. 4.220; Inquisição de Lisboa. *Origem:* cristã-nova; *prisão:* 1734; *idade:* 26; *natural:* Rio de Janeiro; *morador:* Minas Gerais; *filiação:* Domingos Rodrigues Ramires, senhor de engenho, e Angela do Vale de Mesquita, naturais e moradores do Rio de Janeiro; *estado civil:* solteira; *crime:* judaísmo; *sentença:* cárcere e hábito penitencial a arbítrio dos inquisidores; com confisco; auto de fé: 24.7.1735. *Observações:* avós, pais e irmãos penitenciados.

ELENA HENRIQUES;
PROCESSO N. 6.803; Inquisição de Lisboa. *Origem:* cristã-nova; *prisão:* 1726; *natural:* Portugal; *morador:* Rio de Janeiro; *filiação:* Manoel Henriques, mercador, e Gracia Gomes; *estado civil:* casada com Francisco Nunes de Miranda, mercador, cristão-novo; *crime:* judaísmo; *sentença:* cárcere e hábito penitencial perpétuo; com confisco; *auto de fé:* 25.7.1728. *Observações:* apresentada em 11.3.1726.

ELENA MENDES TORRES;
PROCESSO N. 6.133; Inquisição de Lisboa.

ELENA NUNES;
PROCESSO N. 1.250; Inquisição de Lisboa. *Origem:* cristã-nova; *prisão:* 1710; *idade:* 40; *natural:* Portugal; *morador:* Rio de Janeiro; *filiação:* Catarina Rodrigues e Manoel Nunes Viseu, lavrador de cana; cristãos-novos; *estado civil:* viúva de Manoel Nunes Idanha, médico, cristão-novo; *crime:* judaísmo; *sentença:* cárcere e hábito penitencial perpétuo; com confisco; *auto de fé:* 26.6.1711.

ELENA PERES DA FONSECA (OU ELENA MAGDALENA);
PROCESSO N. 11.592; Inquisição de Lisboa. *Origem:* parte cristã-nova; *prisão:* 1714; *natural:* Rio de Janeiro; *morador:* Rio de Janeiro; *filiação:* João Rodrigues Calassa, senhor de engenho, natural do Reino, cristão-novo, e Madalena Peres, parte cristã-nova, moradores no Rio de Janeiro; *estado civil:* solteira; *crime:* judaísmo; *sentença:* cárcere e hábito penitencial perpétuo; com confisco; *auto de fé:* 14.10.1717. *Observações:* pais e irmãos penitenciados.

ESMÉRIA PEREIRA LEMOS;
PROCESSO N. 10.681; Inquisição de Lisboa. *Origem:* parte cristã-nova; *prisão:* 1714; *idade:* 39; *natural:* Rio de Janeiro; *morador:* Rio de Janeiro; *filiação:* João Rodrigues de Andrade, natural do Rio de Janeiro, lavrador de cana, parte cristão-novo, e Maria Mendes, mulher parda, natural do Rio de Janeiro, moradores no Rio de Janeiro; *estado civil:* casada com Domingos Ferreira Muniz, alferes, cristão-velho; *crime:* judaísmo; *sentença:* cárcere e hábito penitencial a arbítrio dos inquisidores; com confisco; *auto de fé:* 20.2.1716. *Observações:* não sabia ler nem escrever. Em 23.12.1716 recebeu licença para voltar ao Rio de Janeiro.

ESPERANÇA DE AZEREDO;
PROCESSO N. 9.129; Inquisição de Lisboa. *Origem:* cristã-nova; *prisão:* 1721 e 1727; *idade:* 22; *natural:* Rio de Janeiro; *morador:* Rio de Janeiro; *filiação:* Bento de Lucena Montarroyo, senhor de engenho, e Izabel de Barros Silva, naturais e moradores do Rio de Janeiro; *estado civil:* solteira; *crime:* judaísmo; *sentença:* abjuração em forma e penitências espirituais; penitências espirituais, açoite e degredo de quatro anos para o Algarve; *auto de fé:* 11.9.1723 e 27.3.1727. *Observações:* apresentada em 14.1.1721. Avó, mãe, irmãos e primos penitenciados.

ESPERANÇA DE AZEREDO;
PROCESSO N. 10.167; Inquisição de Lisboa. *Origem:* parte cristã-nova; *prisão:* 1712; *idade:* 50; *natural:* Rio de Janeiro; *morador:* Rio de Janeiro; *filiação:* Inácio Cardoso, senhor de engenho, natural do Rio de Janeiro, e Izabel de Azeredo, cristã-velha; *estado civil:* viúva de Diogo de Lucena Montarroyo, senhor de engenho, cristão-novo; *crime:* judaísmo; *sentença:* cárcere e hábito penitencial perpétuo; com confisco; *auto de fé:* 8.7.1713. *Observações:* sabia ler mas não sabia escrever. Filhos e netos penitenciados.

ESPERANÇA DE OLIVEIRA;
PROCESSO N. 11.202; Inquisição de Lisboa. *Origem:* parte cristã-nova; *prisão:* 1714; *idade:* 24; *natural:* Rio de Janeiro; *morador:* Rio de Janeiro; *filiação:* Inácio de Souza e Úrsula, mulher parda; *estado civil:* solteira; *crime:* judaísmo; *sentença:* cárcere e hábito penitencial a arbítrio dos inquisidores; com confisco; *auto de fé:* 30.10.1717. *Observações:* não sabia ler nem escrever.

ESTEFÂNIA RODRIGUES DE MIRANDA;
PROCESSO N. 3.431; Inquisição de Lisboa. *Origem:* cristã-nova; *morador:* Bahia; *filiação:* José Fernandes Camacho e Ana de Miranda; *crime:* judaísmo. *Observações:* estava presa em 1728. O processo foi concluso em 1761.

FELICIA JORGE;

PROCESSO N. 10.473; Inquisição de Lisboa.

FELICIANA DE LYRA E BARROS;

PROCESSO N. 2.707; Inquisição de Lisboa. *Origem:* cristã-velha; *prisão:* 1763; *natural:* Pará; *morador:* Pará; *estado civil:* viúva de Gregório Pereira da Silva; *crime:* sodomia. *Observações:* apresentou-se. Não sabia ler nem escrever.

FELICITAS UXÔA DE GUSMÃO;

PROCESSO N. 11; Inquisição de Lisboa. *Origem:* parte cristã-nova; *prisão:* 1731; *idade:* 48; *natural:* São Gonçalo de Tapessima, Paraíba; *morador:* Freguesia S. Gonçalo, Paraíba; *estado civil:* casada com Luís da Fonseca Rego, cristão-novo; *crime:* judaísmo; *sentença:* cárcere e hábito penitencial perpétuo; com confisco; *auto de fé:* 6.7.1732.

FELIPA DA FONSECA;

PROCESSO N. 11.778; Inquisição de Lisboa. *Origem:* cristã-nova; *prisão:* 1729; *idade:* 60; *natural:* Engenho de Poxi, Paraíba; *morador:* Engenho do Meio ou Novo, Paraíba; *filiação:* Luis Mendes da Fonseca, morador no Engenho de Inhobim, lavrador de cana, e Maria Tomás, natural de Pernambuco e moradora no Engenho de Inhobim; *estado civil:* casada com Luís de Valença Caminha, lavrador de cana; *crime:* judaísmo; *sentença:* cárcere e hábito penitencial perpétuo; com confisco; *auto de fé:* 17.6.1731. *Observações:* tinha seis filhos.

FELIPA DE SOUZA;

PROCESSO N. 1.267; Inquisição de Lisboa. *Prisão:* 1591; *idade:* 35; *natural:* Tavira, Algarve, Portugal; *morador:* Bahia; *filiação:* Manoel de Souza; *estado civil:* viúva de um pedreiro, casada com Francisco Pires, padeiro; *crime:* sodomia; *sentença:* açoite pelas ruas da cidade e degredo perpétuo para fora da capitania; *auto de fé:* 24.1.1592.

FELIPA GOMES HENRIQUES;

PROCESSO N. 10; Inquisição de Lisboa. *Origem:* cristã-nova; *prisão:* 1730; *idade:* 35; *natural:* Vila Real, Braga, Portugal; *morador:* Engenho Velho, Paraíba; *filiação:* André Lopes, mercador; *estado civil:* solteira; *crime:* judaísmo; *sentença:* cárcere e hábito penitencial perpétuo; com confisco; *auto de fé:* 6.7.1732. *Observações:* a ré dizia que era cristã-velha, uma vez que seus pais o eram. Não sabia ler nem escrever.

FELIPA MENDES;

PROCESSO N. 435; Inquisição de Lisboa. *Origem:* cristã-nova; *prisão:* 1735; *idade:* 35; *natural:* Sítio Poxi, Paraíba; *morador:* Tapira, Paraíba; *filiação:* Diogo Chaves, lavrador de cana; *estado civil:* solteira; *crime:* judaísmo; *sentença:* cárcere e hábito penitencial perpétuo; com confisco; *auto de fé:* 24.7.1735.

FELIPA NUNES;

PROCESSO N. 9; Inquisição de Lisboa. *Origem:* cristã-nova; *prisão:* 1732; *idade:* 51; *natural:* Engenho do Meio, Paraíba; *morador:* Rio das Marés, Paraíba; *filiação:* Tomás Nunes e Serafina Rodrigues de Almeida; *estado civil:* casada com José Nunes; *crime:* judaísmo; *sentença:* cárcere e hábito penitencial perpétuo; com confisco; *auto de fé:* 6.7.1732.

FELIPA NUNES;

PROCESSO N. 2.732; Inquisição de Lisboa.

FLORENÇA DA FONSECA CHAVES;

PROCESSO N. 13; Inquisição de Lisboa. *Origem:* cristã-nova; *prisão:* 1731; *idade:* 41; *natural:* Sítio Poxi, Paraíba; *morador:* Sítio Poxi, Paraíba; *filiação:* Diogo Nunes Chaves, lavrador de cana; *estado civil:* solteira; *crime:* judaísmo; *sentença:* cárcere e hábito a arbítrio dos inquisidores; com confisco; *auto de fé:* 6.7.1732. *Observações:* pai e irmãos penitenciados.

FLORÊNCIA MARTINS PERPÉTUA;

PROCESSO N. 225; Inquisição de Lisboa. *Prisão:* 1768; *natural:* Pará; *morador:* Pará; *estado civil:* casada com Julião Coelho, índio; *crime:* poligamia; *sentença:* asperamente repreendida, mandada soltar; instrução espiritual e fazer vida com seu primeiro marido. *Observações:* era índia. Não sabia ler nem escrever.

FLORIANA RODRIGUES;

PROCESSO N. 12; Inquisição de Lisboa. *Origem:* parte cristã-nova; *prisão:* 1731; *idade:* 40; *natural:* Engenho do Meio, Paraíba; *morador:* Sítio do Rio do Meio, Paraíba; *filiação:* Tomás Nunes e Serafina Rodrigues; *estado civil:* viúva de Diogo Pereira, soldado infante; *crime:* judaísmo; *sentença:* cárcere e hábito penitencial a arbítrio dos inquisidores; com confisco; *auto de fé:* 6.7.1732. *Observações:* não sabia ler nem escrever.

FRANCISCA COUTINHO;

PROCESSO N. 1.363; Inquisição de Lisboa. *Origem:* cristã-nova; *prisão:* 1711; *idade:* 39; *natural:* Rio de Janeiro; *morador:* Rio de Janeiro; *filiação:* Baltazar Rodrigues Coutinho, senhor de engenho, natural do Rio de Janeiro, e Brites Cardosa, natural de Lisboa, moradores no Rio de Janeiro; *estado civil:* solteira; *crime:* judaísmo; *sentença:* cárcere e hábito penitencial perpétuo; com confisco; *auto de fé:* 9.7.1713. *Observações:* não sabia ler nem escrever. Mãe e irmãos penitenciados.

FRANCISCA HENRIQUES;

PROCESSO N. 10.156; Inquisição de Lisboa. *Origem:* parte cristã-nova; *prisão:* 1726; *idade:* 51; *natural:* Mediria dei Campo, Castela; *morador:* Bahia e Rio de Janeiro; *filiação:* Henrique Lopes e Izabel Marques, cristã-nova; *estado civil:* casada com Luís Henriques, mercador; *crime:* judaísmo; *sentença:* cárcere e hábito penitencial perpétuo; com confisco; *auto de fé:* 25.7.1728. *Observações:* sabia ler e escrever.

FRANCISCA LOPES;

PROCESSO N. 3.784; Inquisição de Lisboa. *Origem:* cristã-nova; *natural:* Brasil; *morador:* Lisboa, Portugal; *filiação:* Francisco Fernandes, tratante; *crime:* judaísmo. *Observações:* apresentada em 5.6.1727. Fugiu para a Inglaterra.

FRANCISCA LUÍS;

PROCESSO N. 13.787; Inquisição de Lisboa. *Prisão:* 1591; *idade:* 40; *natural:* Porto, Portugal; *morador:* Salvador, Bahia; *filiação:* Luiz, escravo, e uma negra forra; *estado civil:* casada com Domingos Soares, homem pardo, remendão; *crime:* sodomia; *sentença:* penitências espirituais e pagamento de 10 cruzados para as despesas do Santo Ofício. *Observações:* era negra forra.

G

GRACIA;
PROCESSO N. 3.641; Inquisição de Lisboa. *Prisão:* 1785; *idade:* 30; *natural:* Angola; *morador:* Freguesia do Amparo de Maricu, bispado do Rio de Janeiro; *ocupação:* escrava de Manuel da Costa; *crime:* heresia. *Observações:* "mandada prender nos cárceres do Santo Ofício e deles processada sob a forma do Regimento e inquirida novamente – 6.8.1783". A ré faleceu na cadeia aos 15.12.1785.

GRACIA;
PROCESSO N. 12.658; Inquisição de Lisboa.

GUIMAR DE PAREDES (OU MARIS);
PROCESSO N. 10.234; Inquisição de Lisboa. *Origem:* cristã-nova; *Prisão:* 1716; *idade:* 24; *natural:* Rio de Janeiro; *morador:* Rio de Janeiro; *filiação:* João Correia Ximenes, senhor de engenho, e Brites de Paredes, naturais e moradores do Rio de Janeiro; *estado civil:* solteira; *crime:* judaísmo; *sentença:* hábito que se tira no auto; *auto de fé:* 10.10.1723. *Observações:* apresentada no Rio de Janeiro em 1716. Pais penitenciados. Consta do Rol dos Culpados, p. 145.

GUIOMAR DA ROSA;
PROCESSO N. 6.488; Inquisição de Lisboa. *Origem:* cristã-nova; *prisão:* 1727; *idade:* 33; *natural:* Ayamonte, Castela; *morador:* Bahia; *filiação:* Simão da Penha e Paula Antonia; *estado civil:* casada com Jerônimo Rodrigues; *crime:* judaísmo; *sentença:* cárcere e hábito penitencial perpétuo; com confisco; *auto de fé:* 23.3.1728, na Mesa do Santo Ofício, privado.

GUIOMAR DE LUCENA;
PROCESSO N. 7.965; Inquisição de Lisboa. *Origem:* cristã-nova; *prisão:* 1714; *idade:* 40; *natural:* Rio de Janeiro; *morador:* Rio de Janeiro; *filiação:* Antônio de Barros, advogado e senhor de engenho, e Brites de Lucena, naturais e moradores do Rio de Janeiro; *estado civil:* casada com Manuel de Moura Fogaça, senhor de engenho, cristão-novo; *crime:* judaísmo; *sentença:* cárcere e hábito penitencial perpétuo; com confisco; *auto de fé:* 16.2.1716. *Observações:* mãe, marido e irmãos penitenciados.

GUIOMAR DE PAREDES;
PROCESSO N. 9.978; Inquisição de Lisboa. *Origem:* cristã-nova; *prisão:* 1712; *idade:* 52; *natural:* Rio de Janeiro; *morador:* Rio de Janeiro; *filiação:* Luís Fernandes Crato, mercador, natural do Crato, e Beatriz de Paredes, natural do Rio de Janeiro, moradores no Rio de Janeiro; *estado civil:* viúva de Manoel Tavares Roldão, cristão-velho; *crime:* judaísmo; *sentença:* cárcere e hábito penitencial perpétuo; com confisco; *auto de fé:* 9.7.1713. *Observações:* foi submetida a tormento. Não sabia ler nem escrever.

GUIOMAR DE PAREDES DE AZEREDO;

PROCESSO N. 10.244; Inquisição de Lisboa. *Origem:* cristã-nova; *prisão:* 1712; *idade:* 34; *natural:* Rio de Janeiro; *morador:* Rio de Janeiro; *filiação:* Agostinho de Paredes, senhor de engenho, e Ana de Azeredo, naturais e moradores do Rio de Janeiro; *estado civil:* casada com José Corrêa Ximenes, senhor de engenho, cristão-novo; *crime:* judaísmo; *sentença:* cárcere e hábito penitencial perpétuo; com confisco; *auto de fé:* 9.7.1713. *Observações:* marido, filhos, irmãos e cunhados penitenciados.

GUIOMAR (DE PAREDES) OLIVEIRA;

PROCESSO N. 11.677; Inquisição de Lisboa. *Origem:* parte cristã-nova; *prisão:* 1716; *idade:* 15; *natural:* Rio de Janeiro; *morador:* Rio de Janeiro; *filiação:* João Afonso de Oliveira, senhor de engenho, natural do Reino, cristão-velho, e Inês de Paredes, natural do Rio de Janeiro, mulher parda; *estado civil:* solteira; *crime:* judaísmo; *sentença:* cárcere e hábito penitencial perpétuo; com confisco; *auto de fé:* 21.10.1717. *Observações:* sabia escrever. Mãe penitenciada.

GUIOMAR DE VALENÇA;

PROCESSO N. 4.059; Inquisição de Lisboa. *Origem:* cristã-nova; *prisão:* 1729-1739; *idade:* 24; *natural:* Engenho Velho, Paraíba; *morador:* Engenho Velho, Paraíba; *filiação:* Luís de Valença e Felipa da Fonseca; *estado civil:* casada com Henrique da Silva, lavrador de cana; *crime:* judaísmo; *sentença:* cárcere e hábito penitencial perpétuo a arbítrio dos inquisidores e três anos de degredo para Cabo Verde; com confisco; *auto de fé:* 17.6.1731 e 18.10.1739. *Observações:* a família foi penitenciada.

GUIOMAR LOPES;

PROCESSO N. 1.273; Inquisição de Lisboa. *Origem:* cristã-nova; *prisão:* 1591; *morador:* Salvador, Bahia; *estado civil:* casada com Diogo Gonçalves Laso, cristão-velho; *sentença:* repreendida na Mesa do Santo Ofício e penitências espirituais; *auto de fé:* 2.12.1591. *Observações:* o processo tem o mesmo número do processo do marido.

GUIOMAR NUNES;

PROCESSO N. 11.772; Inquisição de Lisboa. *Origem:* cristã-nova; *prisão:* 1729; *idade:* 37; *natural:* Pernambuco; *morador:* Engenho de Santo André, Paraíba; *filiação:* António Dias, mestre de açúcar, e Clara Henriques; *estado civil:* casada com Francisco Pereira, latoeiro; *crime:* judaísmo; *sentença:* relaxada à justiça secular; com confisco; *auto de fé:* 17.6.1731. *Observações:* deixou na Paraíba oito filhos.

GUIOMAR NUNES BEZERRA;

PROCESSO N. 11.773; Inquisição de Lisboa. *Origem:* cristã-nova; *prisão:* 1729; *idade:* 40; *natural:* Engenho Inhobim, Paraíba; *morador:* Engenho Novo, Paraíba; *filiação:* Diogo Nunes Tomás, lavrador de tabaco, e Vitória Barbalha; *estado civil:* casada com Luís Nunes da Fonseca, lavrador de tabaco, cristão-novo; *crime:* judaísmo; *sentença:* cárcere e hábito penitencial perpétuo; com confisco; *auto de fé:* 17.6.1731.

GUIOMAR PIÇARRA;

PROCESSO N. 1.275; Inquisição de Lisboa. *Origem:* cristão-novo; *prisão:* 1592; *idade:* 38; *natural:* Moura; *morador:* Itaparica, Bahia; *filiação:* Belquior Piçarra e Maria Rodrigues; *estado civil:* casada com Manuel Lopes; *crime:* sodomia; *sentença:* pagamento das custas do processo.

INACIA RANGEL;

PROCESSO N. 8.214; Inquisição de Lisboa. *Origem:* parte cristã-nova; *prisão:* 1719; *idade:* 20; *natural:* Rio de Janeiro; *morador:* Rio de Janeiro; *filiação:* Francisco Nunes da Costa, Faquim de alcunha, meirinho do estanco do tabaco, e Joana das Neves, cristã-velha, naturais e moradores do Rio de Janeiro; *estado civil:* solteira; *crime:* judaísmo; *sentença:* cárcere e hábito penitencial perpétuo; com confisco; *auto de fé:* 23.10.1723. *Observações:* sabia ler e escrever. Pai e irmãs penitenciadas.

INÊS AYRES;

PROCESSO N. 7.538; Inquisição de Lisboa. *Origem:* cristã-nova; *prisão:* 1713; *idade:* 80; *natural:* Crato, Portugal; *morador:* Rio de Janeiro; *filiação:* André Mendes, mercador, e Izabel Fernandes; *estado civil:* viúva de André de Barros, senhor de uma chácara, cristão-velho; *crime:* judaísmo; *sentença:* cárcere e hábito penitencial perpétuo; com confisco; *auto de fé:* 14.9.1714. *Observações:* defunta nos cárceres em 12.5.1714.

INÊS DE BRITO;

PROCESSO N. 1.332; Inquisição de Lisboa. *Origem:* cristã-velha; *prisão:* 1594; *idade:* 40; *natural:* Viana, Foz de Lima, Portugal; *morador:* Olinda, Pernambuco; *filiação:* João Bezerra, que vivia de sua fazenda, e Senhorinha Gomes; *estado civil:* casada com Vicente Correia, cristão-velho; *crime:* proposição herética: "melhor a ordem dos casados que a ordem dos religiosos"; *sentença:* penitência pública. Admoestando-a não diga mais o que não entende em cousas tocantes a nossa Santa Fé, e lhe mandam que perante as pessoas que lhe parecer que lhe ouviram dizer a dita proposição herética, ela com algum razoado propósito se desdiga dela, dizendo que a verdade é que a ordem dos religiosos é melhor que a dos casados. E cumpra as penitências espirituais seguintes: confessar-se nas quatro festas principais deste ano, Nossa Senhora de Agosto, Natal, Páscoa e Espírito Santo. E nelas comungar de conselho de seu confessor. E jejuar uma quarta-feira e nela rezar cinco vezes o Pater Noster e Ave Maria à honra da Paixão de Nosso Senhor Jesus Cristo. E pague somente 10 mil réis para as despesas do Santo Ofício e as custas. Em Olinda, a 2.8.1594; *auto de fé:* 4.8.1594. *Observações:* confessou no Tempo da graça.

INÊS DE OLIVEIRA; PROCESSO N. 1.341; Inquisição de Lisboa. *Origem:* parte cristã-nova; *prisão:* 1712; *idade:* 29; *natural:* Rio de Janeiro; *morador:* Rio de Janeiro; *filiação:* Rodrigo Coelho Bonsucesso, cristão-velho, lavrador de cana, e Izabel de Barros, naturais e moradores do Rio de Janeiro; *estado civil:* solteira; *crime:* judaísmo; *sentença:* cárcere e hábito penitencial perpétuo; com confisco; *auto de fé:* 9.7.1713. *Observações:* tia e irmãos penitenciados.

INÊS DE PAREDES; PROCESSO N. 4.952; Inquisição de Lisboa. *Origem:* parte cristã-nova; *prisão:* 1715; *idade:* 41; *natural:* Rio de Janeiro; *morador:* Rio de Janeiro; *filiação:* Luís de Paredes, senhor de engenho, natural do Rio de Janeiro, e sua escrava Leonor, moradores no Rio de Janeiro; *estado civil:* casada com João Afonso de Oliveira, senhor de engenho, cristão-velho; *crime:* judaísmo; *sentença:* cárcere e hábito penitencial perpétuo; com confisco; *auto de fé:* 16.2.1716. *Observações:* filha, irmãos e sobrinhos penitenciados. Obteve licença para ir para o Rio de Janeiro em 9.1.1717.

INÊS DE PAREDES (OU SILVA); PROCESSO N. 9.478; Inquisição de Lisboa. *Origem:* cristã-nova; *prisão:* 1723 e 1724; *idade:* 23; *natural:* Rio de Janeiro; *morador:* Rio de Janeiro; *filiação:* Manuel de Paredes da Silva, senhor de engenho e Catarina Marques, naturais e moradores do Rio de Janeiro; *estado civil:* solteira; *crime:* judaísmo; falsidade; *sentença:* cárcere e hábito a arbítrio dos inquisidores; penas espirituais, açoite e degredo de cinco anos para o Algarve; com confisco; *auto de fé:* 3.10.1723 e 28.3.1727. *Observações:* apresentada em 17.4.1723. Irmãos, tios e primos penitenciados.

INÊS DE PAREDES; PROCESSO N. 8.282; Inquisição de Lisboa. *Origem:* cristã-nova; *prisão:* 1719; *idade:* 19; *natural:* Rio de Janeiro; *morador:* Rio de Janeiro; *filiação:* Manuel de Paredes da Costa, senhor de engenho, e Izabel Gomes da Costa, naturais e moradores do Rio de Janeiro; *estado civil:* solteira; *crime:* judaísmo; *sentença:* cárcere e hábito penitencial a arbítrio dos inquisidores; com confisco; *auto de fé:* 16.7.1720. *Observações:* mãe e irmãos penitenciados. Obteve licença para voltar para o Rio de Janeiro em 21.8.1720.

INÊS DO ROSÁRIO; PROCESSO N. 8.784; Inquisição de Lisboa. *Origem:* parte cristã-nova; *prisão:* 1725; *natural:* Rio de Janeiro; *morador:* Rio de Janeiro; *filiação:* João Álvares Viana, barqueiro, cristão-velho, e Maria de Jesus da Cruz, moradores no Rio de Janeiro; *estado civil:* solteira; *crime:* judaísmo; *sentença:* cárcere e hábito penitencial perpétuo; com confisco; *auto de fé:* 13.10.1726. *Observações:* mãe e irmãos penitenciados.

INÊS MARIA; Inquisição de Lisboa. *Prisão:* 1763; *natural:* Pará; *crime:* feitiçaria. *Observações:* mulata.

ISABEL DA SILVA TEIXEIRA; PROCESSO N. 4.957; Inquisição de Lisboa. *Prisão:* 1713; *idade:* 34; *natural:* Rio de Janeiro; *morador:* Rio de Janeiro, *filiação:* Manoel da Silva Teixeira, mercador, e Leonor Camela, cristãos-velhos, naturais do Reino; *estado civil:* viúva de Luís Paes de Paredes, mercador, cristão-novo; *crime:* judaísmo; *sentença:* absolvem a ré Isabel da Silva da instância de juízo e mandam que esta sentença seja lida na Mesa do Santo Ofício perante os inquisidores, um notário e duas testemunhas, e que do sequestro feito em seus bens lhe seja levantado e deles pague as custas; *auto de fé:* 17.2.1716. *Observações:* a ré afirmou ser cristã-velha.

ISABEL DE BARROS SILVA;

PROCESSO N. 698; Inquisição de Lisboa. *Origem:* cristã-nova; *prisão:* 1711 e 1724; *idade:* 27; *natural:* Rio de Janeiro; *morador:* Rio de Janeiro; *filiação:* José Gomes Silva, homem de negócio, natural do Crato, e Maria de Barros, natural do Rio de Janeiro, moradores no Rio de Janeiro; *estado civil:* viúva de Bento de Lucena, senhor de engenho, cristão-novo; *crime:* judaísmo; falsidade; *sentença:* cárcere e hábito penitencial a arbítrio dos inquisidores; penas espirituais, açoite e degredo de 11 anos para o Algarve; com confisco; *auto de fé:* 9.7.1713 e 25.5.1727. *Observações:* não sabia ler nem escrever. Filhos, irmãos e sobrinhos penitenciados.

IZABEL BERNAR;

PROCESSO N. 8.193; Inquisição de Lisboa. *Origem:* cristã-nova; *crime:* judaísmo; *auto de fé:* 27.2.1731. *Observações:* falecida.

IZABEL CARDOSA;

PROCESSO N. 696; Inquisição de Lisboa. *Origem:* cristã-nova; *prisão:* 1711; *idade:* 14; *natural:* Lisboa, Portugal; *morador:* Rio de Janeiro; *filiação:* Manuel Cardoso, mercador, natural do Rio de Janeiro, e Jerônima Gomes, moradores no Rio de Janeiro; *estado civil:* solteira; *crime:* judaísmo; *sentença:* cárcere e hábito penitencial a arbítrio dos inquisidores; com confisco; *auto de fé:* 9.7.1713. *Observações:* não sabia ler nem escrever. Irmã e sobrinhos penitenciados.

IZABEL CARDOSA;

PROCESSO N. 8.632; Inquisição de Lisboa. *Origem:* cristã-nova; *prisão:* 1662; *idade:* 33; *natural:* Pará; *morador:* Alenquer; *estado civil:* casada com João Peres Galvão, mestiço; *crime:* judaísmo; *sentença:* penitências pública e espiritual e instrução religiosa; *auto de fé:* 17.9.1662. *Observações:* sabia ler e escrever.

IZABEL CARDOSA;

PROCESSO N. 11.476; Inquisição de Lisboa. *Origem:* cristã-nova; *prisão:* 1710; *idade:* 26; *natural:* Rio de Janeiro; *morador:* Rio de Janeiro; *filiação:* Ayres de Miranda, lavrador de cana, natural da Bahia, e Ana Gomes, natural do Rio de Janeiro, moradores no Rio de Janeiro; *estado civil:* solteira; *crime:* judaísmo; *sentença:* cárcere e hábito penitencial perpétuo; com confisco; *auto de fé:* 26.7.1711. *Observações:* foi submetida a tortura. Mãe e irmãos penitenciados.

IZABEL CARDOSA COUTINHO;

PROCESSO N. 8.017; Inquisição de Lisboa. *Origem:* cristã-nova; *prisão:* 1712, 1726 e 1739; *idade:* 35; *natural:* Rio de Janeiro; *morador:* Rio de Janeiro; *filiação:* Baltazar Rodrigues Coutinho, senhor de engenho, natural do Rio de Janeiro, e Brites Cardosa, natural de Lisboa, moradores no Rio de Janeiro; *estado civil:* casada com Rodrigo Mendes de Paredes, lavrador de cana, cristão-novo; *crime:* judaísmo; relapsia; relapsia; *sentença:* cárcere e hábito penitencial perpétuo; degredo de três anos para o Algarve; cárcere e hábito penitencial a arbítrio dos inquisidores; com confisco; *auto de fé:* 9.7.1713, 16.10.1729 e 18.10.1739. *Observações:* mãe, marido, irmãos e sobrinhos penitenciados.

IZABEL CARDOSO;

PROCESSO N. 7.282; Inquisição de Lisboa. *Origem:* parte cristã-nova; *prisão:* 1714; *idade:* 30; *natural:* Rio de Janeiro; *morador:* Rio de Janeiro; *filiação:* Salvador Cardoso Coutinho, sem ofício, e Maria Monteira, mulher parda; *estado civil:* solteira; *crime:* judaísmo; *sentença:* cárcere e hábito penitencial a arbítrio dos inquisidores; com confisco; *auto de fé:* 14.10.1714.

IZABEL CORRÊA;

PROCESSO N. 4.970; Inquisição de Lisboa. *Origem:* parte cristã-nova; *prisão:* 1714; *idade:* 40; *natural:* Rio de Janeiro; *morador:* Rio de Janeiro; *filiação:* André da Veiga, mercador, natural do Reino, e Ana Correia, cristã-velha, natural do Rio de Janeiro, moradores no Rio de Janeiro; *estado civil:* solteira; *crime:* judaísmo; *sentença:* cárcere e hábito penitencial a arbítrio dos inquisidores; com confisco; *auto de fé:* 16.2.1716. *Observações:* irmãos penitenciados.

IZABEL CORRÊA DE SOUZA;

PROCESSO N. 7.540; Inquisição de Lisboa. *Origem:* parte cristã-nova; *prisão:* 1712; *idade:* 49; *natural:* Rio de Janeiro; *morador:* Rio de Janeiro; *filiação:* André Mendes da Silva, mercador, natural do Crato, e Maria Henriques, cristã-velha, natural do Rio de Janeiro, moradores no Rio de Janeiro; *estado civil:* casada com o tenente-coronel Félix de Castro, cristão-velho, senhor de engenho; *crime:* judaísmo; *sentença:* cárcere e hábito penitencial a arbítrio dos inquisidores; com confisco; *auto de fé:* 14.10.1714. *Observações:* filha, irmãos e sobrinhos penitenciados.

IZABEL DA FONSECA REGO;

PROCESSO N. 8.032; Inquisição de Lisboa. *Origem:* cristã-nova; *idade:* 26; *natural:* Rio das Marés, Paraíba; *morador:* Engenho Velho, Paraíba; *estado civil:* viúva de Ambrósio Nunes da Fonseca, tratante de gado; *crime:* judaísmo; *sentença:* cárcere e hábito penitencial perpétuo; com confisco; *auto de fé:* 20.9.1733.

IZABEL DAS NEVES RANGEL;

PROCESSO N. 8.283; Inquisição de Lisboa. *Origem:* parte cristã-nova; *prisão:* 1719; *natural:* Rio de Janeiro; *morador:* Rio de Janeiro; *filiação:* Francisco Nunes da Costa, meirinho do estanco do Tabaco, e Joana das Neves, cristã-velha, naturais e moradores do Rio de Janeiro; *estado civil:* casada com Felipe Rodrigues, soldado infante, cristão-velho; *crime:* judaísmo; *sentença:* cárcere e hábito penitencial perpétuo; com confisco; *auto de fé:* 16.6.1720. *Observações:* pai e irmãs penitenciadas.

IZABEL DE BARROS;

PROCESSO N. 697; Inquisição de Lisboa. *Origem:* parte cristã-nova; *prisão:* 1712; *idade:* 33; *natural:* Rio de Janeiro; *morador:* Rio de Janeiro; *filiação:* Rodrigo Coelho do Bonsucesso, cristão-velho, lavrador de cana, e Izabel de Barros, naturais e moradores do Rio de Janeiro; *estado civil:* solteira; *crime:* judaísmo; *sentença:* cárcere e hábito penitencial perpétuo; com confisco; *auto de fé:* 9.7.1713. *Observações:* irmãos penitenciados.

IZABEL DE LUCENA;

PROCESSO N. 7.539; Inquisição de Lisboa. *Origem:* cristã-nova; *Prisão:* 1713; *idade:* 40; *natural:* Rio de Janeiro; *morador:* Rio de Janeiro; *filiação:* António de Barros, advogado e senhor de engenho, e Brites de Lucena, naturais e moradores do Rio de Janeiro; *estado civil:* casada com o dr. Agostinho de Paredes, advogado, cristão-novo; *crime:* judaísmo; *sentença:* cárcere e hábito penitencial perpétuo; com confisco; *auto de fé:* 14.10.1714. *Observações:* sabia ler e escrever. Mãe, marido e irmãos penitenciados.

IZABEL DE MESQUITA;

PROCESSO N. 661; Inquisição de Lisboa. *Origem:* cristã-nova; *prisão:* 1710; *idade:* 24; *natural:* Rio de Janeiro; *morador:* Rio de Janeiro; *filiação:* António do Vale Mesquita, mercador, natural do Reino, e Elena do Vale, natural do Rio de Janeiro, moradores no Rio de Janeiro; *estado civil:* casada com José Ramires do Vale, senhor de engenho, cristão-novo; *crime:* judaísmo; *sentença:* cárcere e hábito penitencial perpétuo; com confisco; *auto de fé:* 26.6.1711, Rocio. *Observações:* pais, marido, irmãos penitenciados.

IZABEL DE PAREDES;

PROCESSO N. 700; Inquisição de Lisboa. *Origem:* cristã-nova; *prisão:* 1712; *idade:* 37; *natural:* Rio de Janeiro; *morador:* Rio de Janeiro; *filiação:* Luís Fernandes Crato, natural do Crato, mercador, e Beatriz de Paredes, natural do Rio de Janeiro, moradores no Rio de Janeiro; *estado civil:* casada com José Gomes Silva, homem de negócios, cristão-novo; *crime:* judaísmo; *sentença:* cárcere e hábito penitencial perpétuo; com confisco; *auto de fé:* 9.7.1713, Rocio. *Observações:* filhos penitenciados.

IZABEL DE PAREDES;

PROCESSO N. 4.959; Inquisição de Lisboa. *Origem:* parte cristã-nova; *prisão:* 1715; *natural:* Rio de Janeiro; *morador:* Rio de Janeiro; *filiação:* Gonçalo Gomes, cristão-velho, e Ana de Paredes, natural do Rio de Janeiro, moradores no Rio de Janeiro; *estado civil:* casada com João Álvares Pereira, cristão-velho, escrivão de almocetaria; *crime:* judaísmo; *sentença:* cárcere e hábito penitencial a arbítrio dos inquisidores; com confisco; *auto de fé:* 16.2.1716. *Observações:* mãe penitenciada.

IZABEL DE SIQUEIRA;

PROCESSO N. 694; Inquisição de Lisboa. *Origem:* cristã-nova; *prisão:* 1710; *idade:* 16; *natural:* Rio de Janeiro; *morador:* Rio de Janeiro; *filiação:* Francisco de Siqueira Machado, médico, e Leonor Henriques, naturais e moradores do Rio de Janeiro; *estado civil:* solteira; *crime:* judaísmo; *sentença:* cárcere e hábito penitencial perpétuo; com confisco; *auto de fé:* 9.6.1713. *Observações:* sabia ler e escrever. Teve curador. Pai e irmãos penitenciados.

IZABEL DOMINGUES (OU SÃO DOMINGOS);

PROCESSO N. 8.194; Inquisição de Lisboa. *Origem:* cristã-nova; *prisão:* 1644.

IZABEL FERNANDES GOMES;

PROCESSO N. 10.611; Inquisição de Lisboa.

IZABEL GOMES DA COSTA;

PROCESSO N. 688; Inquisição de Lisboa. *Origem:* cristã-nova; *prisão:* 1712; *idade:* 49; *natural:* Rio de Janeiro; *morador:* Rio de Janeiro; *filiação:* Domingos Rodrigues, mercador e senhor de engenho, e Brites da Costa, naturais e moradores do Rio de Janeiro; *estado civil:* casada com Manuel de Paredes da Costa, senhor de engenho, cristão-novo; *crime:* judaísmo; *sentença:* cárcere e hábito penitencial perpétuo; com confisco; *auto de fé:* 9.7.1713. *Observações:* não sabia ler nem escrever. Filhas penitenciadas.

IZABEL GOMES DA COSTA;

PROCESSO N. 8.149; Inquisição de Lisboa. *Origem:* cristã-nova; *Prisão:* 1710; *idade:* 23; *natural:* Rio de Janeiro; *morador:* Rio de Janeiro; *filiação:* João Rodrigues do Vale, senhor de engenho, natural do Rio de Janeiro, e Leonor Guterrez, natural do Porto, moradores no Rio de Janeiro; *estado civil:* casada com João Nunes Vizeu, médico, cristão-novo; *crime:* judaísmo; *sentença:* cárcere e hábito penitencial perpétuo; com confisco; *auto de fé:* 26.7.1711. *Observações:* não sabia ler nem escrever. Pais e marido penitenciados.

IZABEL GOMES DE ANDRADE;

PROCESSO N. 11.477; Inquisição de Lisboa. *Origem:* cristã-nova; *prisão:* 1710; *idade:* 28; *natural:* Rio de Janeiro; *morador:* Rio de Janeiro; *filiação:* Duarte Rodrigues de Andrade, senhor de engenho, natural do Reino, e Ana do Vale, natural do Rio de Janeiro, moradores no Rio de Janeiro; *estado civil:* casada com João Soares de Mesquita, lavrador de cana, cristão-novo; *crime:* judaísmo; *sentença:* cárcere e hábito penitencial a arbítrio dos inquisidores; com confisco; *auto de fé:* 26.7.1711. *Observações: mãe,* marido, filhos e irmãos penitenciados.

IZABEL GOMES PALHANA;

PROCESSO N. 4.953; Inquisição de Lisboa. *Origem:* parte cristã-nova; *prisão:* 1715; *idade:* 27; *natural:* Rio de Janeiro; *morador:* Minas Gerais; *filiação:* António Farto Dinis, cristão-velho, mercador, natural do Reino, e Catarina Gomes Pereira, natural de Santos, moradores no Rio de Janeiro; *estado civil:* casada com o capitão Simão Alves Motinho, cristão-velho, mercador; *crime:* judaísmo; *sentença:* cárcere e hábito penitencial perpétuo; com confisco; *auto de fé:* 16.2.1716. *Observações:* mãe, irmãos e sobrinhos penitenciados.

IZABEL HENRIQUES;

PROCESSO N. 8.781; Inquisição de Lisboa. *Origem:* cristã-nova; *prisão:* 1733.

IZABEL HENRIQUES;

PROCESSO N. 3.231; Inquisição de Lisboa. *Origem:* cristã-nova; *prisão:* 1730; *idade:* 40; *natural:* Vila Real, Braga, Portugal; *morador:* Engenho Velho, Paraíba; *filiação:* André Lopes, mercador e Maria Henriques; *estado civil:* solteira; *crime:* judaísmo; *sentença:* cárcere e hábito penitencial a arbítrio dos inquisidores; com confisco; *auto de fé:* 6.7.1732. *Observações:* não sabia ler nem escrever.

IZABEL LOPES;

PROCESSO N. 1.199; Inquisição de Lisboa.

IZABEL MARIA;

PROCESSO N. 10.165; Inquisição de Lisboa. *Origem:* cristã-nova; *prisão:* 1726; *idade:* 21; *natural:* Rio de Janeiro; *morador:* Rio de Janeiro; *filiação:* Alexandre Soares Pereira, homem de negócios, e Leonor Mendes da Paz, naturais e moradores do Rio de Janeiro; *estado civil:* solteira; *crime:* judaísmo; *sentença:* cárcere e hábito penitencial perpétuo; com confisco; *auto de fé:* 25.7.1728. *Observações:* sabia ler e escrever. Pais penitenciados.

IZABEL MARIA DE AZEVEDO;

PROCESSO N. 684; Inquisição de Lisboa. *Origem:* parte cristã-nova; *prisão:* 1711; *idade:* 25; *natural:* Rio de Janeiro; *morador:* Rio de Janeiro; *filiação:* Baltazar de Azevedo Coutinho, senhor de engenho, natural do Rio de Janeiro, e Catarina Vasquez, cristã-velha, moradores no Rio de Janeiro; *estado civil:* casada com Rodrigo Mendes de Paredes, lavrador, cristão-novo; *crime:* judaísmo; *sentença:* cárcere e hábito penitencial perpétuo; com confisco; *auto de fé:* 9.7.1713, Rocio. *Observações:* não sabia ler nem escrever. Irmãs penitenciadas.

IZABEL MARIA DE OLIVEIRA;

PROCESSO N. 5.180; Inquisição de Lisboa. *Natural:* Vila Catanhede, Coimbra, Portugal; *morador:* Belém, Pará; *filiação:* Roque de Oliveira, lavrador; *estado civil:* solteira; *crime:* feitiçaria; *sentença:* degredo de três anos para o bispado de Leiria; *auto-de fé:* 27.8.1758.

IZABEL MENDES;

PROCESSO N. 5.436; Inquisição de Lisboa. *Origem:* parte cristã-nova; *prisão:* 1627; *idade:* 34; *natural:* Viana, Portugal; *morador:* Rio de Janeiro; *filiação:* Gregório Mendes de Cea, cristão-velho, que foi contratador da alfândega de Viana, natural de Aveiro, e Izabel Gomes, natural da Vila de Caminha, moradores no Rio de Janeiro; *estado civil:* casada com Luís Peres, cristão-novo; *crime:* judaísmo; *sentença:* cárcere e hábito penitencial a arbítrio dos inquisidores; com confisco; *auto de fé:* 2.4.1634. *Observações:* avô e tio maternos penitenciados. Sobrinhos-netos presos no Rio de Janeiro no século XVIII.

IZABEL RIBEIRA;

PROCESSO N. 4.487; Inquisição de Lisboa. *Origem:* cristã-nova; *prisão:* 1654; *idade:* 70; *natural:* Vila Nova de Portimão, Portugal; *morador:* Tapagipe, Bahia; *estado civil:* casada com Manoel Soares de Aguiar, que vive de sua fazenda; *crime:* judaísmo; *sentença:* cárcere e hábito penitencial a arbítrio dos inquisidores; com confisco; *auto de fé:* 29.10.1656. *Observações:* teve uma irmã, Catarina Lopes, também moradora na Bahia, penitenciada.

IZABEL SOARES;

PROCESSO N. 1.334; Inquisição de Lisboa. *Prisão:* 1593; *morador:* Bahia; *estado civil:* casada; *crime:* bigamia.

J

JOANA;

PROCESSO N. 2.691; Inquisição de Lisboa. *Prisão:* XVIII; *morador:* Pará; *crime:* feitiçaria. *Observações:* era preta crioula.

JOANA BARRETA;

PROCESSO N. 8.284; Inquisição de Lisboa. *Origem:* parte cristã-nova; *prisão:* 1718; *idade:* 26; *natural:* Rio de Janeiro; *morador:* Rio de Janeiro; *estado civil:* casada com Francisco Tourinho, barbeiro, cristão-velho; *crime:* judaísmo; *sentença:* cárcere e hábito penitencial a arbítrio dos inquisidores; com confisco; *auto de fé:* 16.7.1720. *Observações:* mulher parda. Não sabia ler nem escrever. O pai era homem pardo, cristão-velho, e a mãe era mulher parda, cristã-nova.

JOANA CORRÊA;

PROCESSO N. 7.537; Inquisição de Lisboa. *Origem:* parte cristã-nova; *prisão:* 1713; *idade:* 30; *natural:* Rio de Janeiro; *morador:* Rio de Janeiro; *filiação:* filha natural de João Corrêa Ximenes, senhor de engenho, natural do Rio de Janeiro, e Bernarda, mulher parda, moradores no Rio de Janeiro; *estado civil:* solteira; *crime:* judaísmo; *sentença:* cárcere e hábito penitencial a arbítrio dos inquisidores; com confisco; *auto de fé:* 14.10.1714. *Observações:* sabia ler e escrever. Pai e irmãos penitenciados.

JOANA DA CRUZ;

PROCESSO N. 4.972, Inquisição de Lisboa. *Crime:* bigamia.

JOANA DE BARROS;

PROCESSO N. 686; Inquisição de Lisboa. *Origem:* parte cristã-nova; *prisão:* 1711; *idade:* 39; *natural:* Rio de Janeiro; *morador:* Rio de Janeiro; *filiação:* André de Barros, mercador, cristão-velho, e Inês Ayres, naturais de Portugal, moradores no Rio de Janeiro; *estado civil:* casada com Inácio Francisco, contratador, cristão-velho; *crime:* judaísmo; *sentença:* seus bens não serão confiscados, nem escritos ou sequestrados, visto o disposto no Regimento; será instruída nos mistérios da fé necessários para a salvação de sua alma e cumpra as mais penas e penitências espirituais que lhe forem impostas e mandam que da excomunhão maior em que incorreu seja absolvida em forma eclesia e pague as custas; *auto de fé:* 27.3.1714. *Observações:* não sabia ler nem escrever. Apresentada no Rio de Janeiro.

JOANA DO REGO (DE SOUZA);

PROCESSO N. 2.613; Inquisição de Lisboa. *Origem:* parte cristã-nova; *prisão:* 1732; *idade:* 43; *natural:* Paraíba; *morador:* Paraíba; *filiação:* filha natural de Gaspar Henriques e Domingas Fagundes, mulher preta; *estado civil:* casada com Agostinho de Sá (ou Silva), caldeireiro; *crime:* judaísmo; *sentença:* cárcere e hábito a arbítrio dos inquisidores; com confisco; *auto de fé:* 24.7.1735.

JOANA DO REGO;

PROCESSO N. 3.938; Inquisição de Lisboa. *Origem:* cristã-nova; *prisão:* 1734; *idade:* 30; *natural:* Poxi, Paraíba; *morador:* Tapira, Paraíba; *estado civil:* casada com José Pereira; *crime:* judaísmo; *sentença:* cárcere e hábito penitencial perpétuo; com confisco; *auto de fé:* 24.7.1735.

JOANA DO REGO;

PROCESSO N. 9.164; Inquisição de Lisboa. *Origem:* parte cristã-nova; *prisão:* 1728; *idade:* 42; *natural:* Sítio de Poxi, Paraíba; *morador:* Engenho do Meio, Paraíba; *filiação:* Gaspar Nunes de Espinosa, cristão-velho, e Joana do Rego; *estado civil:* casada com Manuel Henriques da Fonseca, lavrador de cana; *crime:* judaísmo; *sentença:* cárcere e hábito penitencial perpétuo; com confisco; *auto de fé:* 17.7.1731. *Observações:* não sabia ler nem escrever.

JOANA E LUCRÉCIA;

PROCESSO N. 8.648; Inquisição de Lisboa.

JOANA GOMES DA SILVEIRA;

PROCESSO N. 2.325; Inquisição de Lisboa. *Origem:* parte cristã-nova; *prisão:* 1730; *idade:* 55; *natural:* Engenho do Meio, Paraíba; *morador:* Emberibeira, Paraíba; *filiação:* Diogo Nunes Tomás, lavrador de roça, e Vitória Barbalha; *estado civil:* solteira; *crime:* judaísmo; *sentença:* absolvida por falta de provas. "A prova de justiça não foi suficiente para se condenar sua memória, fama e fazenda; absolvem a ré Joana Gomes da Silveira da instância do juízo e declaram que a seus ossos se pode dar eclesiástica sepultura e oferecer a Deus Nosso Senhor por sua alma os sacrifícios e sufrágios da Igreja. E mandam que os bens que lhe foram sequestrados sejam entregues a seus herdeiros e deles se paguem as custas e que esta sentença se leia no auto público de fé para que venha a notícia de todos"; *auto de fé:* 24.7.1735. *Observações:* faleceu de morte natural. Auto de falecimento em 13.5.1734.

JOANA MARIA;

PROCESSO N. 9.802; Inquisição de Lisboa. *Prisão:* 1772; *idade:* 19; *natural:* Oeiras, Portugal; *morador:* Vila da Madre de Deus, Pará; *estado civil:* casada com Francisco António Columna, serrador de madeiras; *crime:* sacrilégio ("a ré confessava-se para comungar, comungava recebendo a partícula consagrada e logo de seguida tirava-a da boca e saía da Igreja, embrulhando-a numa folha de árvore silvestre"); *sentença:* abjuração de Levi suspeita na fé; seja açoitada pelas ruas públicas desta cidade, *citra sanguinis effusiones* e a degradem por tempo de dez anos para a Casa de Correção, penas e penitências espirituais; *auto de fé:* 22.3.1774. *Observações:* não sabia ler nem escrever.

JOANA MENDES AZEITONA;

PROCESSO N. 13.332; Inquisição de Lisboa. *Morador:* Pará. *Observações:* denúncia de 15.10.1763.

JOSEFA DA SILVA E SOUZA;

PROCESSO N. 685; Inquisição de Lisboa. *Origem:* parte cristã-nova; *prisão:* 1711; *idade:* 44; *natural:* Rio de Janeiro; *morador:* Rio de Janeiro; *filiação:* André Mendes Silva, mercador, natural do Crato, e Maria Henriques, cristã-velha, natural do Rio de Janeiro, moradores no Rio de Janeiro; *estado civil:* solteira; *crime:* judaísmo; cárcere e hábito penitencial perpétuo; com confisco; *auto de fé:* 9.7.1713. *Observações:* sabia ler e escrever. A Mesa deu licença à ré, para voltar ao Rio de Janeiro, em 8.5.1720.

JOSEFA MARIA;

PROCESSO N. 4.964; Inquisição de Lisboa. *Morador: Rio* de Janeiro; *auto de fé:* 1716.

JOSEFA MARIA;

PROCESSO N. 10.159; Inquisição de Lisboa. *Origem:* parte cristã-nova; *prisão:* 1724; *idade:* 17; *natural:* Rio de Janeiro; *morador:* Rio de Janeiro; *filiação:* Manuel Luiz Ferreira, cristão-velho, mercador, e Catarina Gomes Palhana, naturais e moradores do Rio de Janeiro; *estado civil:* solteira; *crime:* judaísmo; *sentença:* cárcere e hábito penitencial perpétuo; com confisco; *auto de fé:* 25.7.1728. *Observações:* sabia ler e escrever. Avó, mãe, tios e irmãos penitenciados.

L

LEONOR (LIANOR);

PROCESSO N. 10.116; Inquisição de Lisboa.

LEONOR;

PROCESSO N. 10.716; Inquisição de Lisboa. *Origem:* cristã-nova; *prisão:* 1601; *natural:* Salvador, Bahia; *morador:* Matoim, Bahia; *filiação:* Heitor Antunes e Ana Rodrigues; *estado civil:* casada com Henrique Monis Teles, cristão-velho; *crime:* judaísmo; *sentença:* cárcere e hábito penitencial perpétuo sem remissão; *auto de fé:* 3.8.1603. *Observações:* a confissão foi feita no "Tempo da graça" na Bahia. O processo consta de vários testemunhos (Baltazar Dias, Beatriz Teles). Faleceu em 1641.

LEONOR DE JESUS;

PROCESSO N. 5.509; Inquisição de Lisboa. *Origem:* parte cristã-nova; *prisão:* 1720; *natural:* Rio de Janeiro; *morador:* Rio de Janeiro; *filiação:* João Álvares Viana, barqueiro, cristão-velho e Maria Jesus, natural do Rio de Janeiro, moradores no Rio de Janeiro; *estado civil:* solteira; *crime:* judaísmo; *sentença:* cárcere e hábito penitencial perpétuo; com confisco; *auto de fé:* 10.10.1723. *Observações:* mãe e irmãs presas. Recebeu licença para voltar para o Rio de Janeiro em 20.6.1725.

LEONOR GOMES;

PROCESSO N. 9.983; Inquisição de Lisboa. *Origem:* cristã-nova; *prisão:* 1711; *idade:* 16; *natural:* Rio de Janeiro; *morador:* Rio de Janeiro; *filiação:* João Henriques de Castro, lavrador de cana, e Maria Henriques, moradores no Rio de Janeiro; *estado civil:* solteira; *crime:* judaísmo; *sentença:* cárcere e hábito penitencial perpétuo; com confisco; *auto de fé:* 13.7.1713. *Observações:* a ré aprendia a ler e escrever. Pais penitenciados.

LEONOR GUTERREZ;

PROCESSO N. 8.163; Inquisição de Lisboa. *Origem:* cristã-nova; *prisão:* 1709; *idade:* 41; *natural:* Porto; *morador:* Rio de Janeiro; *estado civil:* casada com João Rodrigues do Vale, senhor de engenho, cristão-novo; *crime:* judaísmo; *sentença:* cárcere e hábito penitencial perpétuo; com confisco; *auto de fé:* 26.7.1711. *Observações:* sabia ler e escrever. Marido e filhos penitenciados.

LEONOR HENRIQUES;

PROCESSO N. 9.965; Inquisição de Lisboa. *Origem:* cristã-nova; *prisão:* 1729; *idade:* 72; *natural:* Vila Nova de Foscoa; *morador:* Santo Amaro (Recôncavo), Bahia; *estado civil:* casada com António Rodrigues Campos; *crime:* judaísmo; *sentença:* cárcere e hábito penitencial perpétuo; com confisco; *auto de fé:* 17.6.1731. *Observações:* marido penitenciado.

LEONOR MARIA (VIOLANTE ROSA);
PROCESSO N. 4.901; Inquisição de Lisboa. *Origem:* cristã-nova; *prisão:* 1726; *idade:* 17; *natural:* Rio de Janeiro; *morador:* Rio de Janeiro e Lisboa, freguesia de Santa Justa; *filiação:* Francisco Siqueira, médico, e Catarina de Miranda, naturais e moradores do Rio de Janeiro; *estado civil:* solteira; *crime:* judaísmo; *sentença:* cárcere e hábito penitencial perpétuo; com confisco; *auto de fé:* 25.7.1728. *Observações:* sabia ler e escrever. Pais e irmãos penitenciados.

LEONOR MENDES;
PROCESSO N. 9.985; Inquisição de Lisboa. *Origem:* parte cristã-nova; *prisão:* 1712; *idade:* 50; *natural:* Rio de Janeiro; *morador:* Rio de Janeiro; *filiação:* Rodrigo Mendes de Paredes, senhor de engenho, natural do Rio de Janeiro, e uma mulher preta, moradores no Rio de Janeiro; *estado civil:* solteira; *crime:* judaísmo; *sentença:* cárcere e hábito penitencial perpétuo; com confisco; *auto de fé:* 9.7.1713. *Observações:* não sabia ler nem escrever. Irmãos penitenciados.

LEONOR MENDES DA PAZ;
PROCESSO N. 7.212; Inquisição de Lisboa. *Origem:* cristã-nova; *prisão:* 1709; *idade:* 26; *natural:* Rio de Janeiro; *morador:* Rio de Janeiro, *filiação:* José Fernandes, mercador, e Izabel da Paz, naturais de Portugal, moradores no Rio de Janeiro; *estado civil:* casada com Alexandre Soares Pereira, senhor de engenho, cristão-novo; *crime:* judaísmo; *sentença:* cárcere e hábito penitencial perpétuo; com confisco; *auto de fé:* 30.6.1709. *Observações:* não sabia ler nem escrever. Marido, irmãos e sobrinhos penitenciados.

LEONOR NUNES;
Inquisição de Lisboa. *Origem:* cristã-nova; *prisão:* 1711; *idade:* 35; *natural:* Portugal; *morador:* Rio de Janeiro e Lisboa; *estado civil:* viúva de Manoel Marins Moeda, que foi lavrador; *crime:* judaísmo; *sentença:* cárcere e hábito penitencial perpétuo; com confisco; *auto de fé:* 26.7.1711.

LEONOR PIRES (ALCUNHA "MARQUESA");
PROCESSO N. 10.717; Inquisição de Lisboa. *Origem:* cristã-nova; *prisão:* 1594; *natural:* Vila do Conde; *morador:* Olinda; *estado civil:* viúva de Álvaro Gomes; *crime:* blasfêmia; *sentença:* sentença pública; abjuração de Levi suspeita na fé; instrução religiosa e penitências espirituais; *auto de fé:* 9.10.1594.

LEONOR RODRIGUES;
PROCESSO N. 8.165; Inquisição de Lisboa. *Origem:* cristã-nova; *prisão:* 1709; *idade:* 20; *natural:* Rio de Janeiro; *morador:* Rio de Janeiro; *filiação:* Ayres de Miranda, lavrador de cana, natural da Bahia, e Ana Gomes, natural do Rio de Janeiro, moradores no Rio de Janeiro; *crime:* judaísmo; *sentença:* cárcere e hábito penitencial perpétuo; com confisco; *auto de fé:* 26.7.1711. *Observações:* não sabia ler nem escrever. Foi submetida a tormento. Mãe e irmãos penitenciados.

LEONOR VELHA;
PROCESSO N. 10.715; Inquisição de Lisboa. *Origem:* cristã-velha; *prisão:* 1593; *idade:* 42; *natural:* Ilha de Santa Maria; *morador:* Bahia; *filiação:* Lopo Fernandes, lavrador, e Catarina Gonçalves; *estado civil:* casada com António de Miranda, carpinteiro; *crime:* blasfêmia; *sentença:* repreensão e penitência espiritual; *auto de fé:* 27.1.1593.

LOURENÇA CORREIA;
PROCESSO N. 11.283; Inquisição de Lisboa. *Prisão:* 1745; *morador:* Rio de Janeiro; *estado civil:* casada; *crime:* bigamia. *Observações:* era preta crioula.

LOURENÇA COUTINHO;

PROCESSO N. 3.458; Inquisição de Lisboa. *Origem:* cristã-nova; *prisão:* 1712, 1726 e 1739; *idade:* 34; *natural:* Rio de Janeiro; *morador:* Rio de Janeiro; *filiação:* Baltazar Rodrigues Coutinho, senhor de engenho, natural do Rio de Janeiro, e Brites Cardosa, natural de Lisboa, moradores no Rio de Janeiro; *estado civil:* casada com João Mendes da Silva, advogado, cristão-novo; *crime:* judaísmo; *sentença:* cárcere e hábito penitencial perpétuo; cárcere e hábito penitencial perpétuo e degredo de três anos para Castro Marim; cárcere e hábito penitencial a arbítrio dos inquisidores; com confisco; *auto de fé:* 9.7.1713,13.10.1729 e 18.10.1739. *Observações:* foi submetida ao tormento. Marido e filhos penitenciados. Mãe do dramaturgo António José da Silva, o Judeu.

LOURENÇA MENDES;

PROCESSO N. 4.961; Inquisição de Lisboa. *Origem:* parte cristã-nova; *prisão:* 1715; *natural:* Rio de Janeiro; *morador:* Rio de Janeiro; *filiação:* Rodrigo Mendes de Paredes, senhor de engenho, e uma escrava negra, naturais e moradores do Rio de Janeiro; *estado civil:* viúva de João Maia Gramacho, caixeiro de trapiche de açúcar, cristão-velho; *crime:* judaísmo; *sentença:* cárcere e hábito penitencial perpétuo; com confisco; *auto de fé:* 16.2.1716. *Observações:* não sabia ler nem escrever. Irmãos e filha penitenciados.

LUDOVINA FERREIRA;

PROCESSO N. 13.325; Inquisição de Lisboa. *Prisão:* 1763; *morador:* Pará; *crime:* feitiçaria. *Observações:* denúncia de Ignes Maria, mulata, solteira, em 14.10.1763.

LUÍSA BARBALHA BEZERRA;

PROCESSO N. 816; Inquisição de Lisboa. *Origem:* cristã-nova; *prisão:* 1735; *idade:* 50; *natural:* Engenho do Meio, Paraíba; *morador:* Engenho do Meio, Paraíba; *filiação:* Diogo Nunes Tomás, lavrador, e Vitória Barbalha; *estado civil:* solteira; *crime:* judaísmo; *sentença:* cárcere e hábito penitencial perpétuo; com confisco; *auto de fé:* 24.7.1735. *Observações:* parentes penitenciados.

LUIZA DE MELO;

PROCESSO N. 10.713; Inquisição de Lisboa. *Origem:* cristã-velha, *Prisão:* 1593; *idade:* 65; *natural:* Ilha da Madeira; *morador:* Bahia; *filiação:* Troilos de Vasconcelos e Iria de Melo; *estado civil:* viúva de António de Oliveira Carvalhal, cristão-velho; *crime:* blasfêmia; *sentença:* repreensão na Mesa. Três dias vá visitar o Hospital dos Pobres enfermos de Salvador, consolando-os. Penitências espirituais e pague as custas.

LUIZA MARIA DÓRIA;

PROCESSO N. 7.279; Inquisição de Lisboa. *Origem:* parte cristã-nova; *prisão:* 1713; *idade:* 19; *natural:* Rio de Janeiro; *morador:* Rio de Janeiro; *filiação:* capitão Luís Vieira de Medanha, cristão-velho, e Clara de Morais, naturais e moradores do Rio de Janeiro; *estado civil:* solteira; *crime:* judaísmo; *sentença:* cárcere e hábito penitencial perpétuo; com confisco; *auto de fé:* 14.10.1714. *Observações:* sabia ler e escrever. Mãe e irmãos penitenciados.

LUIZA MARIA ROSA;

PROCESSO N. 4.898; Inquisição de Lisboa. *Origem:* cristã-nova; *prisão:* 1726; *idade:* 26; *natural:* Badajós; *morador:* Bahia e Lisboa, *filiação:* André Vereda e Brites Pereira; *estado civil:* casada com João Gomes de Carvalho; *crime:* judaísmo; *sentença:* cárcere e hábito penitencial perpétuo; com confisco; *auto de fé:* 25.7.1728.

LUIZA RODRIGUES;

PROCESSO N. 10.714; Inquisição de Lisboa. *Prisão:* 1593; *idade:* 21; *natural:* Recôncavo da Bahia; *morador:* Tasuapina, Bahia; *crime:* gentilidades; *sentença:* repreensão feita na Mesa; penitências espirituais; *auto de fé:* 1593. *Observações:* era mameluca. Confessou no Tempo da graça.

LUZIA BARBOSA;

PROCESSO N. 13.356; Inquisição de Lisboa. *Prisão:* 1732; *natural:* Vila de Santos; *morador:* Minas Gerais; *estado civil:* casada; *crime:* bigamia. *Observações:* esse processo consta de duas certidões de seus dois casamentos; inquirição de testemunhas e alguma correspondência.

LUZIA DA SILVA SOARES;

PROCESSO N. 11.163; Inquisição de Lisboa. *Crime:* feitiçaria. *Observações:* era mulher preta.

LUZIA PINTA;

PROCESSO N. 252; Inquisição de Lisboa. *Prisão:* século XVIII; *idade:* 51; *natural:* Angola; *morador:* Sabará, Minas Gerais; *filiação:* Miguel da Graça; *estado civil:* solteira; *crime:* feitiçaria; *sentença:* degredo de quatro anos para Castro Marim e proibição de voltar para Sabará; *auto de fé:* 18.6.1741. *Observações:* preta forra.

MADALENA PERES;

PROCESSO N. 11.796; Inquisição de Lisboa. *Origem:* parte cristã-nova; *prisão:* 1712; *idade:* 60; *natural:* Rio de Janeiro; *morador:* Rio de Janeiro: *estado civil:* casada com João Rodrigues Calassa, senhor de engenho, cristão-novo; *crime:* judaísmo *sentença:* cárcere e hábito penitencial perpétuo; com confisco; *auto de fé:* 9.7.1713. *Observações:* a mãe era índia. Não sabia ler nem escrever. Marido e filhos penitenciados.

MARGARIDA CARNEIRO DE MAGALHÃES;

PROCESSO N. 10.751; Inquisição de Lisboa. *Origem:* cristã-velha; *prisão:* 1592; *idade:* 54; *natural:* Cabo da Guiné; *morador:* Bahia; *filiação:* Simão Carneiro e Catarina Magalhães; *estado civil:* casada com Manoel Fernandes Leitão, alfaiate; *crime:* sacrilégio (ter dito palavras de consagração no rosto do marido para abrandá-lo); *sentença:* vá ao auto de fé descalça, em corpo, cingida por uma corda, num domingo à Sé, com uma vela acesa na mão. Penitências espirituais e pagamento das custas.

MARGARIDA MARIA (OU MARCELINA MARIA);

PROCESSO N. 631, Inquisição de Lisboa. *Origem:* cristã-nova; *prisão:* 1734; *natural:* Rio de Janeiro; *morador:* Rio de Janeiro e Lisboa; *filiação:* António e Luiza; *crime:* feitiçaria; *sentença:* abjurou em forma na Mesa; *auto de fé:* 23.4.1734.

MARGARIDA MENDES;

PROCESSO N. 677; Inquisição de Lisboa. *Origem:* parte cristã-nova; *prisão:* 1720; *natural:* Rio de Janeiro; *morador:* Rio de Janeiro; *filiação:* filha natural de Francisco Mendes Simões, mestre de meninos, natural do Rio de Janeiro, e Brites Mendes, mulher parda, moradores no Rio de Janeiro; *estado civil:* casada com Bernardo Ribeiro, cristão-velho, lavrador; *crime:* judaísmo; *sentença:* absoluta na instância; *auto de fé:* 10.10.1723. *Observações:* defunta nos cárceres em 1723.

MARGARIDA MENDES;
PROCESSO N. 7.976; Inquisição de Lisboa. *Origem:* parte cristã-nova; *prisão:* 1713; *idade:* 30; *natural:* Rio de Janeiro; *morador:* Rio de Janeiro; *filiação:* Rodrigues Mendes de Paredes, senhor de engenho, natural do Rio de Janeiro, e uma mulher parda, moradores no Rio de Janeiro; *estado civil:* casada com João Batista, cristão-velho, mestre-de-açúcar; *crime:* judaísmo; *sentença:* cárcere e hábito penitencial perpétuo; com confisco; *auto de fé:* 16.2.1716. *Observações:* não sabia ler nem escrever. Irmãos e filha penitenciados.

MARGARIDA RODRIGUES (OU GAMA);
PROCESSO N. 7.899; Inquisição de Lisboa. *Origem:* cristã-nova; *prisão:* 1714; *idade:* 44; *natural:* Rio de Janeiro; *morador:* Rio de Janeiro; *filiação:* Diogo Lopes Simões e Maria Rodrigues, natural do Rio de Janeiro, moradores no Rio de Janeiro; *estado civil:* casada com António Moreira Pires, cristão-velho, oleiro; *crime:* judaísmo; *sentença:* cárcere e hábito penitencial perpétuo; com confisco; *auto de fé:* 14.10.1714. *Observações:* mãe e filhos penitenciados.

MARIA;
PROCESSO N. 11.782; Inquisição de Lisboa. *prisão:* 1712; *natural:* Rio de Janeiro; *morador:* Rio de Janeiro; *estado civil:* escrava de Diogo Bernal; *crime:* judaísmo; *auto de fé:* 9.7.1713. *Observações:* mulher negra.

MARIA ÁLVARES;
PROCESSO N. 10.747; Inquisição de Lisboa. *Prisão:* Iª Visitação; *morador:* Pernambuco.

MARIA ÁLVARES;
PROCESSO N. 10.754; Inquisição de Lisboa. *Prisão:* 1593; *idade:* 40; *natural:* Porto Seguro; *morador:* Freguesia de Tasuapina, Bahia; *crime:* gentilidades; *sentença:* repreensão, admoestação e penitências espirituais; *auto de fé:* 8.1593. *Observações:* mameluca.

MARIA BARBOSA;
PROCESSO N. 3.382; Inquisição de Lisboa. *Prisão:* 1592; *natural:* Évora; *morador:* Bahia; *estado civil:* casada com João da Cruz, ourives; *crime:* blasfêmia ("Mal tinha que ver com a Igreja, que o Brazeiro fosse para o senhor Vigário"); *sentença:* pronunciada sem perdão; relapsa, foi declarada excomungada, dois anos de degredo. Mandada de volta ao Brasil, pois suas culpas pertencem ao foro eclesiástico. *Observações:* parda.

MARIA BERNAL DE MIRANDA;
PROCESSO N. 4.820; Inquisição de Lisboa. *Origem:* cristã-nova; *prisão:* 1730; *idade:* 40; *natural:* Castelo Rodrigo; *morador:* Rio de Janeiro; *filiação:* Francisco Nunes de Miranda, médico, e Izabel Bernal; *estado civil:* solteira; *crime:* judaísmo; *sentença:* Instrução religiosa, penas e penitências espirituais; *auto de fé:* 27.2.1731. *Observações:* apresentada em 9.1.1730 em Lisboa, e no Rio de Janeiro em 4.9.1726.

MARIA BERNARDA DE ANDRADE;
PROCESSO N. 11.797; Inquisição de Lisboa. *Origem:* cristã-nova; *prisão:* 1712; *idade:* 38; *natural:* Rio de Janeiro; *morador:* Rio de Janeiro; *filiação:* Francisco de Andrade, tesoureiro da Câmara do Rio de Janeiro, mercador, natural do Reino, e Ana Henriques, natural do Rio de Janeiro, moradores no Rio de Janeiro; *estado civil:* casada com António da Cunha, cristão-velho, sem ofício; *crime:* judaísmo; *sentença:* cárcere e hábito penitencial perpétuo; com confisco; *auto de fé:* 9.7.1713. *Observações:* mãe e irmãos penitenciados.

MARIA COELHA;
PROCESSO N. 997; inquisição de Lisboa. *Natural:* Ilha das Flores; *morador:* Salvador, Bahia; *estado civil:* casada; *crime:* bigamia; *sentença:* açoite e degredo de cinco anos para Angola; *auto de fé:* 30.6.1709.

MARIA COUTINHO;

PROCESSO N. 9.150; Inquisição de Lisboa. *Origem:* cristã-nova; *prisão:* 1710; *idade:* 27; *natural:* Rio de Janeiro; *morador:* Rio de Janeiro; *filiação:* Baltazar Rodrigues Coutinho, senhor de engenho, natural do Rio de Janeiro, e Brites Cardosa, natural de Lisboa, moradores no Rio de Janeiro; *estado civil:* casada com Miguel de Castro Lara, advogado, cristão-novo; *crime:* judaísmo; *sentença:* cárcere e hábito penitencial perpétuo; com confisco; *auto de fé:* 27.7.1711. *Observações:* foi submetida a tormento. Mãe, irmãos, marido e filhos penitenciados.

MARIA DA SILVA;

PROCESSO N. 8.251; Inquisição de Lisboa. *Origem:* cristã-nova; *prisão:* 1723 e 1724; *idade:* 14; *natural:* Rio de Janeiro; *morador:* Rio de Janeiro; *filiação:* Bento de Lucena, senhor de engenho, e Izabel de Barros Silva, naturais e moradores do Rio de Janeiro; *estado civil:* solteira; *crime:* judaísmo; falsidade; *sentença:* abjuração em forma e penitências espirituais; açoite e degredo de cinco anos para o Algarve; *auto de fé:* 11.9.1723 e 27.3.1727. *Observações:* apresentada em 16.3.1723. Mãe, irmãos e primos penitenciados.

MARIA DA SILVA;

PROCESSO N. 8.253; Inquisição de Lisboa. *Origem:* cristã-nova; *prisão:* 1723 e 1724; *idade:* 20; *natural:* Rio de Janeiro; *morador:* Rio de Janeiro; *filiação:* Manoel de Paredes, senhor de engenho, e Catarina Marques, naturais e moradores do Rio de Janeiro; *estado civil:* solteira; *crime:* judaísmo – falsidade; *sentença:* instrução religiosa e penitências espirituais; penitências espirituais e degredo de cinco anos para o Algarve; *auto de fé:* 11.9.1723 e 27.3.1727. *Observações:* tios, irmãos e primos penitenciados.

MARIA DE ANDRADE;

PROCESSO N. 9.149; Inquisição de Lisboa. *Origem:* cristã-nova; *prisão:* 1709; *idade:* 58; *natural:* Lisboa; *morador:* Rio de Janeiro; *filiação:* Simão Rodrigues de Andrade e Gracia Dias; *estado civil:* casada com Diogo Bernal da Fonseca, que tem partido de cana, cristão-novo; *crime:* judaísmo; *sentença:* cárcere e hábito penitencial perpétuo; com confisco; *auto de fé:* 26.7.1711. *Observações:* sabia ler e escrever. Marido penitenciado.

MARIA DE BARROS;

PROCESSO N. 11.795; Inquisição de Lisboa. *Origem:* parte cristã-nova; *prisão:* 1712; *idade:* 22; *natural:* Rio de Janeiro; *morador:* Rio de Janeiro; *filiação:* Rodrigo Coelho do Bonsucesso, cristão-velho, lavrador de cana, e Izabel de Barros, naturais e moradores do Rio de Janeiro; *estado civil:* solteira; *crime:* judaísmo; *sentença:* cárcere e hábito penitencial perpétuo; com confisco; *auto de fé:* 9.7.1713. *Observações:* avó, tia e irmãos penitenciados.

MARIA DE JESUS;

PROCESSO N. 679; Inquisição de Lisboa. *Origem:* parte cristã-nova; *prisão:* 1720; *natural:* Rio de Janeiro; *morador:* Rio de Janeiro; *filiação:* António Moreira Pires, cristão-velho, oleiro, e Margarida Rodrigues, naturais e moradores do Rio de Janeiro; *estado civil:* solteira; *crime:* judaísmo; *sentença:* cárcere e hábito penitencial perpétuo; com confisco; *auto de fé:* 10.10.1723. *Observações:* recebeu permissão para voltar ao Rio de Janeiro. Avó, mãe e tios penitenciados.

MARIA DE JESUS DA CRUZ;
PROCESSO N. 13.437; Inquisição de Lisboa. *Origem:* cristã-nova; *prisão:* 1717; *natural:* Rio de Janeiro; *morador:* Rio de Janeiro; *filiação:* Leonardo Dias, mercador de loja, e Maria de Siqueira, natural de Santos, moradores no Rio de Janeiro; *estado civil:* casada com João Álvares Viana, cristão-velho, barqueiro; *crime:* judaísmo; *sentença:* cárcere e hábito penitencial perpétuo; com confisco; *auto de fé:* 24.10.1717. *Observações:* filhos penitenciados.

MARIA DE MEDEIROS;
PROCESSO N. 2.238; Inquisição de Lisboa.

MARIA DE OLIVEIRA;
PROCESSO N. 5.084; Inquisição de Lisboa.

MARIA DE OLIVEIRA;
PROCESSO N. 5.180; Inquisição de Lisboa. *Prisão:* 1756; *idade:* 36; *natural:* Catanhede, Coimbra; *morador:* Belém, Pará; *filiação:* Roque de Oliveira, lavrador; *estado civil:* solteira; *crime:* feitiçaria (superstições); *sentença:* abjuração de Levi suspeita na fé, degredo para Leiria durante três anos, instrução religiosa e penitências espirituais; *auto de fé:* 27.8.1758. *Observações:* não sabia ler nem escrever.

MARIA DE SEQUEIRA;
PROCESSO N. 7.978; Inquisição de Lisboa. *Origem:* parte cristã-nova; *prisão:* 1713 e 1715; *natural:* Vila de Santos; *morador:* Rio de Janeiro; *filiação:* Luís Gomes Pereira, mercador, e Inês do Rosário; *estado civil:* viúva de Leonardo Dias, mercador, cristão-novo; *crime:* judaísmo; diminuição; *sentença:* cárcere e hábito penitencial perpétuo; cárcere e hábito penitencial perpétuo sem remissão; com confisco; *auto de fé:* 14.10.1714 e 16.2.1716. *Observações:* irmã, sobrinhos e filha penitenciados.

MARIA DE VALENÇA;
PROCESSO N. 1.530; Inquisição de Lisboa. *Origem:* cristã-nova; *prisão:* 1729 e 1737; *idade:* 31; *natural:* Engenho do Meio, Paraíba *morador:* Engenho Velho, Paraíba; *filiação:* Luís de Valença Caminha, lavrador de cana, e Felipa da Fonseca; *estado civil:* casada com António da Fonseca Rego, lavrador de cana; *crime:* judaísmo; *sentença:* cárcere e hábito penitencial perpétuo; cárcere e hábito penitencial perpétuo sem remissão; com confisco; *auto de fé:* 17.6.1731 e 20.7.1756.

MARIA DO BONSUCESSO;
PROCESSO N. 5.479; Inquisição de Lisboa. *Origem:* parte cristã-nova; *prisão:* 1716; *natural:* Rio de Janeiro; *morador:* Rio de Janeiro; *filiação:* António Farto Diniz, cristão-velho, mercador, natural do Reino, e Catarina Gomes Pereira, natural de Santos, moradores no Rio de Janeiro; *estado civil:* solteira; *crime:* judaísmo; *sentença:* cárcere e hábito penitencial que se tira no ato; com confisco; *auto de fé:* 24.10.1717. *Observações:* mãe, irmãos, sobrinhos penitenciados.

MARIA FERNANDES;
PROCESSO N. 10.747; Inquisição de Lisboa. *Prisão:* 1592; *idade:* 40; *natural:* São Felices dos Galhegos; *morador:* Salvador, Bahia; *filiação:* Francisco Escudeiro, português, e sua mulher Maria Violante, cigana; *estado civil:* viúva de Francisco Fernandes, ferreiro, cigano; *crime:* blasfêmias e ter voltado à cidade depois de ter sido degredada; *sentença:* penitência pública, açoite e degredada para não mais voltar ao Brasil. *Observações:* o pai era cristão-velho, a mãe era cigana. Confessou no Tempo da graça. Viera degredada do Reino por furtos. *Observações:* cigana.

MARIA FRANCA;

PROCESSO N. 9.393; Inquisição de Lisboa. *Origem:* parte cristã-nova; *prisão:* 1733; *idade:* 37; *natural:* Engenho do Poxi, Paraíba; *morador:* Tapira, Paraíba; *filiação:* Diogo Chaves e Luiza Chaves; *estado civil:* solteira; *crime:* judaísmo; *sentença:* cárcere e hábito penitencial perpétuo; com confisco; *auto de fé:* 24.7.1735. *Observações:* pediu licença para voltar para a Paraíba, sua pátria, por não ter meios para subsistir. Licença obtida em 20.9.1735, por ser mulher solteira e honesta.

MARIA FRANCA DA FONSECA;

PROCESSO N. 8.998; Inquisição de Lisboa. *Origem:* cristã-nova; *prisão:* 1730; *idade:* 43; *natural:* Sítio do Poxi, Paraíba; *morador:* Sítio do Poxi, Paraíba; *filiação:* Diogo Nunes Chaves, lavrador; *estado civil:* solteira; *crime:* judaísmo; *sentença:* cárcere e hábito penitencial perpétuo; com confisco; *auto de fé:* 6.7.1732. *Observações:* não sabia ler nem escrever.

MARIA FRANCISCA;

PROCESSO N. 4.799, Inquisição de Lisboa. *Prisão:* 1713; *morador:* Pará; *crime:* feitiçaria. *Observações:* preta escrava.

MARIA GOMES;

PROCESSO N. 1.561; Inquisição de Lisboa. *Prisão:* 1637.

MARIA GONÇALVES CAIADA;

PROCESSO N. 10.748; Inquisição de Lisboa. *Origem:* cristã-velha; *prisão:* 1593; *natural:* Aveiro; *morador:* Bahia; *estado civil:* casada; *crime:* feitiçaria e superstições; *sentença:* penitência pública. Que seja embarcada para o Reino para junto de seu marido. Penitências espirituais; *auto de fé:* 23.1.1593. *Observações:* veio para o Brasil para cumprir degredo de seis anos, por ter incendiado duas casas.

MARIA HENRIQUES;

PROCESSO N. 11.785; Inquisição de Lisboa. *Origem:* 1/2 cristã-nova; *prisão:* 1712; *natural:* Rio de Janeiro; *morador:* Rio de Janeiro; *estado civil:* casada com João Henriques de Castro, dono de partido de cana, cristão-novo; *crime:* judaísmo; *sentença:* cárcere e hábito penitencial perpétuo; com confisco; *auto de fé:* 9.7.1713. *Observações:* marido e filhos penitenciados.

MARIA JOANA;

PROCESSO N. 2.704; Inquisição de Lisboa. *Prisão:* 1766; *idade:* 37; *natural:* São Luís, Maranhão; *morador:* Nossa Senhora do Rosário de Campinas; *crime:* feitiçaria (atos supersticiosos). *Observações:* o processo é composto por confissões da ré, genealogia e exame. Não sabia ler nem escrever.

MARIA JOSEFA DA GLÓRIA;

PROCESSO N. 11.791; Inquisição de Lisboa. *Origem:* parte cristã-nova; *prisão:* 1712; *idade:* 20; *natural:* Rio de Janeiro; *morador:* Rio de Janeiro; *filiação:* Baltazar de Azevedo Coutinho, senhor de engenho, natural do Rio de Janeiro e Catarina Vasques, cristã-velha, moradores no Rio de Janeiro; *estado civil:* solteira; *crime:* judaísmo; *sentença:* cárcere e hábito penitencial perpétuo; com confisco; *auto de fé:* 9.7.1713. *Observações:* irmãos penitenciados.

MARIA LOPES;

PROCESSO N. 4.680; Inquisição de Lisboa. *Origem:* cristã-nova; *prisão:* 1713; *idade:* 50; *natural:* Portugal; *morador:* Rio de Janeiro; *filiação:* Francisco Rodrigues Calaça e Elena Sanchez; *estado civil:* casada com José Carvalho, lavrador, cristão-novo; *crime:* judaísmo; *auto de fé:* 1761. *Observações:* a sentença não foi publicada, pois a ré faleceu no cárcere. Foi determinado que seus irmãos ou herdeiros restantes aparecessem à Mesa do Despacho da Inquisição a fim de alegarem seu direito, e justiça, defendendo a memória, fama e fazenda de Maria Lopes. Auto de falecimento de 28.12.1719. Irmãos e sobrinhos penitenciados.

MARIA NUNES;

PROCESSO N. 8.254; Inquisição de Lisboa. *Origem:* cristã-nova; *prisão:* 1726; *natural:* Portugal; *morador:* Rio de Janeiro; *filiação:* Manoel Henriques e Gracia Nunes; *estado civil:* casada com António Nunes, sem ofício; *crime:* judaísmo; *sentença:* cárcere e hábito penitencial perpétuo; com confisco; *auto de fé:* 25.7.1728. *Observações:* apresentada em 11.3.1726.

MARIA NUNES;

PROCESSO N. 10.750; Inquisição de Lisboa. *Origem:* parte cristã-nova; *prisão:* 1593; *idade:* 40; *natural:* Lisboa; *morador,* freguesia de Taparica, Bahia; *crime:* sacrilégio (comer carne em dias proibidos); *sentença:* penitência pública, penitências espirituais e instrução religiosa; *auto de fé:* 24.1.1593. *Observações:* mãe 1/2 cristã-nova, pai índio.

MARIA PERALTA;

PROCESSO N. 10.746; Inquisição de Lisboa. *Origem:* parte cristã-nova; *prisão:* 1592; *idade:* 26; *natural:* Bahia; *morador:* Bahia; *filiação:* Gaspar de Peralta, cristão-velho, e Ana de Oliveira, cristã-nova; *estado civil:* casada com Tomás Bibentão, inglês, mercador de loja; *crime:* ler a Bíblia em linguagem e ter esbofeteado uma imagem; *sentença:* não resultou normalmente a culpa de desprezo e sim de leviandade. Libertada.

MARIA PEREIRA;

PROCESSO N. 11.783; Inquisição de Lisboa. *Origem:* parte cristã-nova; *prisão:* 1712; *idade:* 30; *natural:* Rio de Janeiro; *morador:* Rio de Janeiro; *filiação:* Madalena Peres; *estado civil:* viúva de Manuel de Passos, mercador, cristão-novo; *crime:* judaísmo; *sentença:* cárcere e hábito penitencial perpétuo; com confisco; *auto de fé:* 9.7.1713. *Observações:* mãe e meio-irmãos penitenciados.

MARIA PINHEIRA;

PROCESSO N. 10.753; Inquisição de Lisboa.

MARIA PINHEIRA;

PROCESSO N. 10.749; Inquisição de Lisboa. *Prisão:* 1592; *idade:* 40; *natural:* Lisboa; *morador:* Bahia; *filiação:* Diogo Fernandes Pinheiro e Inês Fernandes, mouriscos de nação; *estado civil:* casada com Simão Nunes de Vitra; *crime:* não denunciou um livro que tinha uma sua amiga, no termo do Monitório Geral, e jurou falso na Mesa; *sentença:* penitência pública, instrução religiosa e penitências espirituais; *auto de fé:* 26.1.1592. *Observações:* não sabia ler nem escrever.

MARIA RODRIGUES;

PROCESSO N. 7.915, Inquisição de Lisboa. *Origem:* cristã-nova; *prisão:* 1711; *idade:* 64; *natural:* Rio de Janeiro; *morador:* Rio de Janeiro; *filiação:* Gabriel Rodrigues, mercador, e Izabel Rodrigues; *estado civil:* viúva de Diogo Lopes Simões, capitão de ordenança, cristão-novo; *crime:* judaísmo; *sentença:* cárcere e hábito penitencial perpétuo; com confisco; *auto de fé:* 14.10.1714. *Observações:* não sabia ler nem escrever. Filhos e netos penitenciados.

MARIA RODRIGUES;

PROCESSO N. 10.810; Inquisição de Lisboa. *Prisão:* 1614.

MARIA SALVADORA;

PROCESSO N. 10.755; Inquisição de Lisboa. *Origem:* cristã-velha; *prisão:* 1595; *idade:* 45; *natural:* Porto; *morador:* Paraíba; *filiação:* Salvador Gonçalves, oleiro; *estado civil:* casada com Jerônimo Monteiro, sem ofício; *crime:* falsificou uma carta para incriminar o marido, Jerônimo Monteiro, no crime de bigamia; *sentença:* penitências espirituais e pagamento de 10 mil réis para as despesas do Santo Ofício. *Observações:* sabia ler e escrever. Esse processo tem anexado o processo do marido (o processo tem o mesmo número).

MARIA SIMOA;

PROCESSO N. 10.616; Inquisição de Lisboa. *Idade:* 36; *natural:* Vila de Porto Calvo; *morador:* Pojucó, Pernambuco; *estado civil:* casada; *crime:* bigamia; *sentença:* quatro anos de degredo para Castro Mariam; *auto de fé:* 16.11.1749.

MARIA TEREZA;

PROCESSO N. 2.699; Inquisição de Lisboa. *Prisão:* 1765; *morador:* Pará; *estado civil:* casada; *crime:* bigamia.

MARIA TEREZA DE JESUS;

PROCESSO N. 11.407; Inquisição de Lisboa. *Origem:* cristã-nova;*Prisão:* 1718; *idade:* 27; *natural:* Rio de Janeiro; *morador:* Rio de Janeiro; *filiação:* Francisco Mendes Simões, mestre de meninos, e Tereza Paes de Jesus, naturais e moradores do Rio de Janeiro; *estado civil:* viúva do alferes Domingos Alves Correia, cristão-velho; *crime:* judaísmo; *sentença:* cárcere e hábito penitencial perpétuo; com confisco; *auto de fé:* 16.6.1720. *Observações:* a mãe, Tereza Paes de Jesus, foi relaxada ao braço secular. Avó, pai e irmãos penitenciados.

MARIANA;

PROCESSO N. 11.786; Inquisição de Lisboa. *Prisão:* 1712; *idade:* 40; *natural:* Angola; *morador:* Rio de Janeiro; *crime:* judaísmo; *sentença:* cárcere e hábito penitencial a arbítrio dos inquisidores; com confisco; *auto de fé:* 9.7.1713. *Observações:* era preta forra.

MARIANA CORREIA (OU PAREDES);

PROCESSO N. 5.481; Inquisição de Lisboa. *Origem:* cristã-nova; *prisão:* 1713; *idade:* 20; *natural:* Rio de Janeiro; *morador:* Rio de Janeiro, *filiação:* João Coreia Ximenes, cristão-novo, senhor de engenho, e Brites de Paredes, naturais e moradores do Rio de Janeiro; *estado civil:* solteira; *crime:* judaísmo; *sentença:* cárcere e hábito penitencial perpétuo; com confisco; *auto de fé:* 24.10.1717. *Observações:* não sabia ler nem escrever. Pais penitenciados.

MARIANA DE ANDRADE;

PROCESSO N. 11.784; Inquisição de Lisboa. *prisão:* 1711; *idade:* 50; *natural:* Rio de Janeiro; *morador:* Rio de Janeiro; *filiação:* pai incerto, e Catarina, escrava; *estado civil:* solteira; *crime:* judaísmo; *sentença:* cárcere e hábito penitencial a arbítrio dos inquisidores; com confisco; *auto de fé:* 9.7.1713, Rocio. *Observações:* não sabia ler nem escrever. Filho penitenciado. Parda.

MARIANA PÁSCOA BEZERRA;

PROCESSO N. 3.514; Inquisição de Lisboa. *Origem:* cristã-nova; *prisão:* 1731; *idade:* 52; *natural:* Engenho do Meio, Paraíba; *morador:* Emberibeira, Paraíba; *filiação:* Diogo Nunes Tomás, lavrador, e Vitória Barbalha; *estado civil:* solteira; *crime:* judaísmo; *sentença:* cárcere e hábito penitencial a arbítrio dos inquisidores; com confisco; *auto de fé:* 24.7.1735.

MARIANA PERES;

PROCESSO N. 7.980; Inquisição de Lisboa. *Origem:* parte cristã-nova; *prisão:* 1713; *idade:* 55; *natural:* Rio de Janeiro; *morador:* Rio de Janeiro; *estado civil:* viúva de João da Silva, lavrador de cana; *crime:* judaísmo; *sentença:* cárcere e hábito penitencial a arbítrio dos inquisidores; com confisco; *auto de fé:* 16.2.1716. *Observações:* o pai era cristão-novo, a mãe era mulher parda. Não sabia ler nem escrever.

MARILDA BORGES;

PROCESSO N. 1.565; Inquisição de Lisboa. *Prisão:* 1750; *morador:* Maranhão; *crime:* feitiçaria.

MARTA FERNANDES;
PROCESSO N. 10.745; Inquisição de Lisboa. *Idade:* 36; *natural:* Ilha de São Miguel; *morador:* Freguesia de São Pedro, Olinda, Pernambuco; *filiação:* Francisco Eanes, lavrador, e sua escrava Izabel; *estado civil:* casada; *crime:* bigamia; *sentença:* vá ao auto de fé em corpo, com uma vela acesa na mão, seja açoitada publicamente e degredo de quatro anos para Angola. Penitências espirituais e pagamento das custas. *Observações:* confessou no Tempo da graça. Mulata.

MÉCIA (OU MARIA) RODRIGUES;
PROCESSO N. 10.810; Inquisição de Lisboa. *Origem:* cristã-nova; *prisão:* 1593; *natural:* Bahia; *morador:* Bahia; *estado civil:* casada com Garcia d'Ávila, cristão-velho, dos da governança da Bahia; *crime:* judaísmo; *sentença:* foram vistos no Conselho Geral destas culpas contra a ré Mécia Rodrigues, cristã-nova, mulher de Garcia d'Ávila e assentou-se que por hora se sobrestará nelas por não serem bastantes para se proceder ao processo.

PAULA DE SIQUEIRA;

PROCESSO N. 3.307; Inquisição de Lisboa. *Prisão:* 1592; *idade:* 40; *natural:* Lisboa, Portugal; *morador:* rua de São Francisco, Salvador, Bahia; *filiação:* Manoel Pires, ourives da prata, meio flamengo, e Mécia Rodrigues; *estado civil:* casada com António de Faria, contador da fazenda Del Rei em Salvador; *crime:* sodomia e ter livros defesos (Diana); *sentença: vá* ao auto de fé em corpo, com uma vela acesa na mão. Ler livros espirituais de doutrina católica e vidas dos santos e santas. Penitências espirituais e pagamento das custas.

PAULA DUARTE;

PROCESSO N. 3.299; Inquisição de Lisboa. *Origem:* cristã-nova; *prisão:* 1591; *morador:* Bahia; *estado civil:* casada com Diogo Fonte, cristão-novo. *Observações:* processo termina com o auto de entrega da ré no navio que a levaria para Lisboa. O processo tem o mesmo número que o processo do marido.

R

ROSA DAS NEVES RANGEL;
PROCESSO N. 11.225; Inquisição de Lisboa. *Origem:* parte cristã-nova; *prisão:* 1719; *idade:* 29; *natural:* Rio de Janeiro; *morador:* Rio de Janeiro; *filiação:* Francisco Nunes da Costa, meirinho do estanco do tabaco do Rio de Janeiro, e Joana das Neves, cristã-velha, naturais e moradores do Rio de Janeiro; *estado civil:* solteira; *crime:* judaísmo; *sentença:* cárcere e hábito penitencial perpétuo; com confisco; *auto de fé:* 6.5.1725. *Observações:* pai e irmãs penitenciados.

ROSA MARIA EGIPCÍACA DA VERA CRUZ;
Inquisição de Lisboa. *Prisão:* 1762; *idade:* 37; *natural:* África; *morador:* Rio de Janeiro e Minas Gerais; *estado civil:* solteira; *ocupação:* escrava; *crime:* heresia e falso misticismo. *Observações:* processo interrompido em 4.6.1765, sem publicação de sentença. Fundou em 1754, no Rio de Janeiro, o Recolhimento de Nossa Senhora do Bom Parto. Sabia ler e escrever. Negra.

ROSAURA (ou ROSANA);
PROCESSO N. 222; Inquisição de Lisboa. *Prisão:* 1768; *idade:* 36; *natural:* Jurupás; *morador:* fazenda de São Lourenço do Igarapé Grande, Pará; *estado civil:* casada com Vicente (ou Ventura), índio escravo; *crime:* bigamia (segundo marido Francisco); *sentença:* repreensão áspera na Mesa, instrução religiosa. Libertada e mandada fazer vida com seu primeiro marido. *Observações:* não sabia ler nem escrever. Índia.

SABINA (ou SABERIA);

PROCESSO N. 13.331; Inquisição de Lisboa. *Observações:* este processo consta apenas de denúncias contra a índia Sabina, feitas em 1763,1764 e 1767.

T

TEODORA PERES DA FONSECA;
PROCESSO N. 7.908; Inquisição de Lisboa. *Origem:* parte cristã-nova; *prisão:* 1714; *idade:* 50; *natural:* Rio de Janeiro; *morador:* Rio de Janeiro; *estado civil:* viúva de Custódio Gomes da Costa, mercador; *crime:* judaísmo; *sentença:* cárcere e hábito penitencial perpétuo; com confisco; *auto de fé:* 14.10.1714.

TEREZA BARBALHA DE JESUS;
PROCESSO N. 9.397; Inquisição de Lisboa. *Origem:* parte cristã-nova; *prisão:* 1731; *idade:* 56; *natural:* Engenho do Meio, Paraíba; *morador:* Emberibeira, Paraíba; *filiação:* Diogo Nunes Tomás, lavrador, e Vitória Barbalha; *estado civil:* solteira; *crime:* judaísmo; *auto de fé:* 4.7.1735. *Observações:* defunta no cárcere. Irmãs penitenciadas.

TEREZA BARREIRA;
PROCESSO N. 8.277; Inquisição de Lisboa. *Origem:* cristã-nova; *idade:* 21; *natural:* Olinda, Pernambuco; *morador:* Lisboa, Portugal; *estado civil:* solteira; *crime:* judaísmo; *sentença:* cárcere e hábito penitencial a arbítrio dos inquisidores; com confisco; *auto de fé:* 6.11.1707.

TEREZA DE JESUS;
PROCESSO N. 11.406; Inquisição de Lisboa. *Origem:* parte cristã-nova; *prisão:* 1724; *idade:* 20; *natural:* Rio de Janeiro; *morador:* Rio de Janeiro; *filiação:* João Alves Viana, barqueiro, cristão-velho, e Maria de Jesus, moradores no Rio de Janeiro; *estado civil:* solteira; *crime:* judaísmo; *sentença:* cárcere e hábito penitencial perpétuo; com confisco; *auto de fé:* 25.7.1728. *Observações:* mãe e irmãs penitenciadas. Não sabia ler nem escrever.

TEREZA DE LEÃO;
PROCESSO N. 5.945; Inquisição de Lisboa. *Origem:* parte cristã-nova; *prisão:* 1712; *idade:* 71; *natural:* Rio de Janeiro; *morador:* Rio de Janeiro; *filiação:* Manuel Vaz de Leão, mercador, e Leonor Camela, cristã-velha; *estado civil:* viúva de Fernando Lopes, mercador, cristão-novo; *crime:* judaísmo; *sentença:* cárcere e hábito penitencial perpétuo; com confisco; *auto de fé:* 9.7.1713. *Observações:* filhos penitenciados.

TEREZA MARIA DE JESUS;

PROCESSO N. 4.066; Inquisição de Lisboa. *Origem:* parte cristã-nova; *prisão:* 1714; *natural:* Rio de Janeiro; *morador:* Rio de Janeiro; *filiação:* André da Veiga, mercador, natural do Reino, e Ana Correia, cristã-velha, natural do Rio de Janeiro, moradores no Rio de Janeiro; *estado civil:* solteira; *crime:* judaísmo; *sentença:* cárcere e hábito penitencial a arbítrio dos inquisidores; com confisco; *auto de fé:* 16.2.1716.

TEREZA PAES DE JESUS;

PROCESSO N. 2.218; Inquisição de Lisboa. *Origem:* parte cristã-nova; *prisão:* 1718; *idade:* 65; *natural:* Rio de Janeiro; *morador:* Rio de Janeiro; *filiação:* João Godinho Leite e Romana Paes, cristã-velha; *estado civil:* casada com Francisco Mendes Simões, mestre de meninos, cristão-novo; *crime:* judaísmo; *sentença:* relaxada ao braço secular; com confisco; *auto de fé:* 16.6.1720. *Observações:* marido e filhos penitenciados.

U

URSULA BATISTA;

PROCESSO N. 9.368; Inquisição de Lisboa. *Origem:* parte cristã-nova; *prisão:* 1716; *idade:* 15; *natural:* Rio de Janeiro; *morador:* Rio de Janeiro; *filiação:* João Batista, mestre de açúcar, cristão-velho, e Margarida Mendes; *estado civil:* solteira; *crime:* judaísmo; *sentença:* cárcere e hábito penitencial perpétuo; com confisco; *auto de fé:* 24.10.1717. *Observações:* não sabia ler nem escrever. Mãe penitenciada.

V

VENTURA DIQUE DE SOUZA;
PROCESSO N. 4.800; Inquisição de Lisboa. *Origem:* cristã-nova; *prisão:* 1713; *natural:* Rio de Janeiro; *morador:* Convento de Odivelas, Portugal; *filiação:* João Dique de Souza, senhor de engenho, natural do Reino, e Antonia de Abreu; *estado civil:* solteira; *ocupação:* freira no convento de Odivelas; *crime:* judaísmo; *sentença:* cárcere e hábito penitencial perpétuo; com confisco; *auto de fé:* 9.7.1713. *Observações:* foi mandada se recolher ao Convento.

VIOLANTE CARNEIRO;
PROCESSO N. 12.925; Inquisição de Lisboa. *Origem:* cristã-velha; *prisão:* 1593; *idade:* 35; *natural:* Salvador, Bahia; *morador:* Salvador, Bahia; *crime:* feitiçaria (superstição); *sentença:* penitência pública. Degredo de quatro anos. Penitências espirituais. *Observações:* a ré é remida de cumprir o restante do tempo do degredo, ficando somente obrigada a cumprir penitências espirituais durante um ano.

VIOLANTE FERREIRA;
PROCESSO N. 4.799; Inquisição de Lisboa. *Origem:* cristã-nova; *prisão:* 1713; *idade:* 27; *natural:* Rio de Janeiro; *morador:* Rio de Janeiro; *estado civil:* casada com Rodrigo Coelho de Oliveira, cristão-novo; *crime:* judaísmo; *sentença:* cárcere e hábito penitencial perpétuo; com confisco; *auto de fé:* 9.7.1713. *Observações:* a ré alegou ser cristã-velha.

VIOLANTE RODRIGUES;
PROCESSO N. 11.403; Inquisição de Lisboa. *Origem:* cristã-nova; *prisão:* 1726; *natural:* Portugal; *morador:* Bahia e Rio de Janeiro; *estado civil:* casada com Francisco Nunes de Miranda, mercador; *crime:* judaísmo; *sentença:* cárcere e hábito penitencial perpétuo; com confisco; *auto de fé:* 25.7.1728.

VITÓRIA BARBALHO;
PROCESSO N. 3.613; Inquisição de Lisboa. *Origem:* parte cristã-nova; *prisão:* 1730; *idade:* 18; *natural:* Engenho Novo, Paraíba; *morador:* Engenho Novo, Paraíba; *filiação:* Diogo Nunes Tomás, lavrador; *estado civil:* solteira; *crime:* judaísmo; *sentença:* cárcere e hábito penitencial perpétuo; com confisco; *auto de fé:* 16.6.1732. *Observações:* irmãs penitenciadas. Não sabia ler nem escrever.

Adendos

Mandados de prisão não cumpridos

Suspeitos não encontrados

Homens

ALEXANDRE LOPES;
MANDADO DE PRISÃO: 12.3.1732; Inquisição de Lisboa. *Origem:* cristão-novo; *morador:* Minas Gerais; *filiação:* Izabel Maria; *estado civil:* solteiro; *ocupação:* tratante; *crime:* judaísmo; com sequestro de bens.

ANGELO GOMES;
MANDADO DE PRISÃO: 12.3.1732; Inquisição de Lisboa. *Origem:* cristão-novo; *natural:* Puebla; *morador:* Bragança, bispado do Rio de Janeiro e Minas Gerais; *filiação:* António Muniz e Brites Fernandes; *estado civil:* solteiro; *crime:* judaísmo; com sequestro de bens.

ANSELMO;
MANDADO DE PRISÃO: 18.5.1742. *Morador: Maranhão* ou Pará; *ocupação:* foi escravo de Miguel de Siqueira.

ANTÓNIO;
MANDADO DE PRISÃO: 12.3.1732; Inquisição de Lisboa. *Origem:* cristão-novo; *natural:* Covilhã; *morador:* Minas Gerais; *filiação:* Francisco Henriques; *estado civil:* solteiro; *ocupação:* tintureiro; *crime:* judaísmo; com sequestro de bens.

ANTÓNIO CASTRO;
MANDADO DE PRISÃO: 22.2.1732; Inquisição de Lisboa. *Origem:* cristão-novo; *natural:* Algarve; *morador:* Rio de Janeiro, cidade de São Paulo ou Minas Gerais; *estado civil:* solteiro; *ocupação:* tratante; *crime:* judaísmo; com sequestro de bens. *Observações:* irmão de Gaspar de Castro;

ANTÓNIO DA SILVA (o "GORGOMITO");
MANDADO DE PRISÃO: 22.2.1732; Inquisição de Lisboa. *Origem:* cristão-novo; *natural:* Escalhão; *morador:* Rio de Janeiro ou Minas; *filiação:* Jorge da Silva; *estado civil:* solteiro; *ocupação:* tratante; *crime:* judaísmo; com sequestro de bens.

ANTÓNIO DE GUSMÃO;
MANDADO DE PRISÃO: 22.2.1732; Inquisição de Lisboa. *Origem:* cristão-novo; *natural:* Portugal; *morador:* Minas Gerais e cidade de São Paulo; *estado civil:* solteiro; *ocupação:* tratante; *crime:* judaísmo; com sequestro de bens.

ANTÓNIO GOMES DE FREITAS (ALIÁS MANUEL MACIEL E CASTRO);
MANDADO DE PRISÃO: 3.10.1744; Inquisição de Lisboa. *Origem:* cristão-velho; *morador:* Belém do Grão-Pará; *ocupação:* sargento-mor.

ANTÓNIO RODRIGUES;
MANDADO DE PRISÃO: 22.2.1732; Inquisição de Lisboa. *Origem:* cristão-novo; *natural:* Fundão; *morador:* Minas de Pitangui; *filiação:* António Rodrigues, soralheiro, e Izabel Rodrigues; *estado civil:* solteiro; ocupação: soralheiro; *crime:* judaísmo; com sequestro de bens.

ANTÓNIO TINOCO;
MANDADO DE PRISÃO: 14.1.1735. *Natural:* Lamego; *morador:* Lamego e Rio de Janeiro; *filiação:* dr. Luís Tinoco e Tereza Soares; *ocupação:* aprendiz de sapateiro; com sequestro de bens.

DIONISIO;
MANDADO DE PRISÃO: 12.3.1732; Inquisição de Lisboa. *Origem:* cristão-novo; *natural:* terras do engenho de Pindoba; *morador:* Forte Velho; *filiação:* Luís da Fonseca e Felicitas Peres; *estado civil:* solteiro; *crime:* judaísmo; com sequestro de bens.

DOMINGOS NUNES GARCIA;
MANDADO DE PRISÃO: 12.3.1732. Inquisição de Lisboa. *Origem:* cristão-novo; *natural:* Portugal; *morador:* Curralinho, Minas Gerais; filiação.- Diogo Rodrigues Garcia; *ocupação:* tratante; *crime:* judaísmo; com sequestro de bens.

FRANCISCO;
MANDADO DE PRISÃO: 14.1.1735; Inquisição de Lisboa. *Origem:* cristão-novo; *morador:* Rio de Janeiro; *filiação:* José da Fonseca e Maria Cardosa; *estado civil:* solteiro; *crime:* judaísmo; com sequestro de bens.

FRANCISCO CORRÊA;
MANDADO DE PRISÃO: 1.9.1729; Inquisição de Lisboa. *Origem:* cristão-novo; *morador:* Rio de Janeiro ou Minas Gerais; *filiação:* Diogo Corrêa do Vale, médico; *estado civil:* solteiro; *ocupação:* rendeiro; *crime:* judaísmo; com sequestro de bens.

FRANCISCO FERNANDES;
MANDADO DE PRISÃO: 22.2.1732; Inquisição de Lisboa. *Origem:* cristão-novo; *natural:* Covilhã; *morador:* Ouro Preto; *filiação:* Miguel Fernandes; *estado civil:* casado com Inês Nunes; *crime:* judaísmo; com sequestro de bens.

FRANCISCO NUNES;
MANDADO DE PRISÃO: 12.3.1732; Inquisição de Lisboa. *Origem:* cristão-novo; *natural:* terras do Inhobi; *morador:* Paraíba, junto à cidade; *filiação:* Tomás Nunes e Serafina Rodrigues; *ocupação:* lavrador de tabaco; *crime:* judaísmo; com sequestro de bens.

FRANCISCO NUNES DE MIRANDA;
MANDADO DE PRISÃO: 12.3.1732; Inquisição de Lisboa. *Origem:* cristão-novo; *natural:* Almeida; *morador:* Minas do Ribeirão do Carmo; *estado civil:* casado com Elena Henriques; *crime:* judaísmo; com sequestro de bens.

GABRIEL ÁLVARES FERREIRA;
MANDADO DE PRISÃO: 12.3.1732; Inquisição de Lisboa. *Origem:* cristão-novo; *natural:* Escalhão; *morador:* Bahia; *filiação:* Brites Lopes; *ocupação:* advogado; *crime:* judaísmo; com sequestro de bens.

GASPAR DA COSTA;
MANDADO DE PRISÃO: 12.3.1732. Inquisição de Lisboa. *Origem:* cristão-novo; *morador:* Bahia e sertão de Minas; *filiação:* André de Azeredo e Brites Pereira; *ocupação:* tratante; *crime:* judaísmo; com sequestro de bens.

GASPAR DIAS;
MANDADO DE PRISÃO: 22.2.1732; Inquisição de Lisboa. *Origem:* cristão-novo; *natural:* Algarve; *morador:* cidade de São Paulo; *ocupação:* tratante; *crime:* judaísmo; com sequestro de bens. *Observações:* irmão de António de Castro.

JOÃO DO REGO;
MANDADO DE PRISÃO: 12.3.1732; Inquisição de Lisboa. *Origem:* cristão-novo; *natural:* Rio do Meio, Paraíba; *morador:* sítio Maré, Paraíba; *filiação:* Manoel Henriques e Joana do Rego; *crime:* judaísmo; com sequestro de bens.

JOÃO LOPES;
MANDADO DE PRISÃO: 22.2.1732; Inquisição de Lisboa. *Origem:* cristão-novo; *natural:* Bahia; *morador:* Minas Gerais; *filiação:* Luís Henriques e Francisca Henriques; *ocupação:* sem ofício; *crime:* judaísmo; com sequestro de bens.

JOÃO NUNES TOMÁS;
MANDADO DE PRISÃO: 12.3.1732; Inquisição de Lisboa. *Origem:* cristão-novo; *natural:* Forte Velho; *morador:* engenho Pindoba, Paraíba; *filiação:* Gaspar Nunes Espinosa e Joana do Rego; *crime:* judaísmo; com sequestro de bens.

JORGE NUNES;
MANDADO DE PRISÃO: 12.3.1732; Inquisição de Lisboa. *Origem:* cristão-novo; *natural:* Forte Velho; *morador:* engenho Pindoba, Paraíba; *filiação:* Gaspar Nunes Espinosa e Joana do Rego; *estado civil:* solteiro; *ocupação:* vive de sua lavoura; *crime:* judaísmo; com sequestro de bens.

JOSÉ DA FONSECA HENRIQUES;
MANDADO DE PRISÃO: 12.3.1732; Inquisição de Lisboa. *Origem:* cristão-novo; *natural:* sítio Poxi, Paraíba; *morador:* sítio Maré, Paraíba; *filiação:* Manuel Henriques e Joana do Rego; *estado civil:* solteiro; *ocupação:* lavrador de tabaco; *crime:* judaísmo; com sequestro de bens.

JOSÉ GONÇALVES;
MANDADO DE PRISÃO: 12.3.1732; Inquisição de Lisboa. *Origem:* cristão-novo; *natural:* Vilarinho dos Galegos, Braga; *morador:* Rio de Janeiro; *filiação:* Manuel Gonçalves e Branca Nunes; *estado civil:* solteiro; *ocupação:* sem ofício; *crime:* judaísmo; com sequestro de bens.

JOSÉ LOPES;
MANDADO DE PRISÃO: 22.2.1732; Inquisição de Lisboa. *Origem:* cristão-novo; *natural:* Castela; *morador:* Ouro Preto; *filiação:* Manuel Lopes Alves e Ines Gomes; *estado civil:* solteiro; *ocupação:* mineiro; *crime:* judaísmo; com sequestro de bens.

JOSÉ LOPES;
MANDADO DE PRISÃO: 12.3.1732; Inquisição de Lisboa. *Origem:* cristão-novo; *natural:* Rio de Janeiro; *morador:* assistente nas Minas e na Corte; *filiação:* Diogo Lopes, escrevente, e Ana Maria; *estado civil:* solteiro; *crime:* judaísmo; com sequestro de bens.

JOSÉ MENDES PEREIRA;
MANDADO DE PRISÃO: 12.3.1732; Inquisição de Lisboa. *Origem:* cristão-novo; *natural:* Covilhã; *morador:* Minas Gerais; *estado civil:* casado com Gracia Nunes; *ocupação:* foi tintureiro; *crime:* judaísmo; com sequestro de bens.

LUÍS ALVARES OLIVEIRA;
MANDADO DE PRISÃO: 12.3.1732; Inquisição de Lisboa. *Origem:* cristão-novo; *natural:* Morgadouro; *morador:* Minas Gerais; *estado civil:* solteiro; *crime:* judaísmo; com sequestro de bens.

LUÍS DA FONSECA;
MANDADO DE PRISÃO: 12.3.1732; Inquisição de Lisboa. *Origem:* cristão-novo; *natural:* Engenho Pindoba, Paraíba; *morador:* Forte Velho, Paraíba; *filiação:* Leonor Dias; *estado civil:* casado com Felicitas Peres; *crime:* judaísmo; com sequestro de bens.

LUÍS FROES;

MANDADO DE PRISÃO: 22.2.1732; Inquisição de Lisboa. *Origem:* cristão-novo; *natural:* Covilhã; *morador:* Ouro Preto; *ocupação:* homem de negócios; *crime:* judaísmo; com sequestro de bens.

LUÍS NUNES DE MIRANDA;

MANDADO DE PRISÃO: 12.3.1732; Inquisição de Lisboa. *Origem:* cristão-novo; *natural:* Almeida; *morador:* anda no caminho de Minas ou Nova Colónia; *filiação:* Francisco Henriques e Guiomar Nunes; *estado civil:* solteiro; *crime:* judaísmo; com sequestro de bens.

MANOEL;

MANDADO DE PRISÃO: 12.3.1732; Inquisição de Lisboa. *Origem:* cristão-novo; *natural:* Rio de Janeiro; *morador:* assistente nas Minas e também na Corte; *filiação:* Manoel Gomes e Catarina Gomes; *estado civil:* solteiro; *ocupação:* escrivão; *crime:* judaísmo; com sequestro de bens.

MANOEL BATISTA SOARES (VIANA);

MANDADO DE PRISÃO: 25.1.1730. *Natural:* Matozinhos, termo do Porto; *morador:* bairro de Nossa Senhora de Penha de França, distrito de São Paulo, ou Ouro Preto; *filiação:* Manoel Batista Soares Viana e Izabel de Souza; *estado civil:* casado.

MANOEL CARDOSO;

MANDADO DE PRISÃO: 4.1.1735; Inquisição de Lisboa. *Origem:* cristão-novo; *natural:* Lamego; *morador:* Rio de Janeiro; *filiação:* Cecília Cardosa; *estado civil:* solteiro; *crime:* judaísmo; com sequestro de bens.

MANOEL CARDOSO;

MANDADO DE PRISÃO: 14.1.1735; Inquisição de Lisboa. *Origem:* cristão-novo; *natural:* Foes; *filiação:* Baltazar Cardoso e Francisca Rodrigues; *crime:* judaísmo; com sequestro de bens.

MANOEL DA CUNHA;

MANDADO DE PRISÃO: 28.2.1722; Inquisição de Lisboa. *Origem:* cristão-novo; *natural:* Idanha, a Nova; *morador:* Minas do Guarapiranga; *filiação:* Manoel da Cunha Pessoa; *estado civil:* solteiro; *ocupação:* sapateiro e mercador; *crime:* judaísmo; com sequestro de bens.

MANOEL DE MEZA;

MANDADO DE PRISÃO: 12.3.1732; Inquisição de Lisboa. *Origem:* cristão-novo; *natural:* Coute; *morador:* assistente nas Minas; *filiação:* José Pessoa, homem de negócio; *estado civil:* solteiro; *ocupação:* advogado; *crime:* judaísmo; com sequestro de bens.

MANOEL DIAS DE CARVALHO;

MANDADO DE PRISÃO: 22.2.1732; Inquisição de Lisboa. *Origem:* cristão-novo; *morador:* Ouro Preto; *filiação:* Gaspar Dias; *estado civil:* solteiro; *ocupação:* médico; *crime:* judaísmo; com sequestro de bens.

MANOEL GOMES NUNES;

MANDADO DE PRISÃO: 21.2.1732; Inquisição de Lisboa. *Origem:* cristão-novo; *natural:* Covilhã; *morador:* Ouro Preto; *estado civil:* solteiro; *ocupação:* alcaide; *crime:* judaísmo; com sequestro de bens.

MANOEL LOPES PEREIRA;

MANDADO DE PRISÃO: 21.2.1732 Inquisição de Lisboa. *Origem:* cristão-novo; *natural:* Chaves; *morador:* Minas Gerais; *estado civil:* solteiro; *crime:* judaísmo; com sequestro de bens.

MANOEL LUÍS;

MANDADO DE PRISÃO: 1.9.1739; Inquisição de Lisboa. *Origem:* cristão-novo; *natural:* Pinhel; *morador:* Rio de Janeiro ou Minas Gerais; *filiação:* Diogo Gouveia do Vale, médico; *estado civil:* solteiro; *crime:* judaísmo; com sequestro de bens.

MANOEL SOARES;

MANDADO DE PRISÃO 12.3.1732; Inquisição de Lisboa. Origem cristão-novo; *natural:* Lisboa; morador Minas Gerais; *crime:* judaísmo; com sequestro de bens.

MICHAEL NUNES DE ALMEIDA;

MAN DADO DE PRISÃO: 22.3.1732; Inquisição d Lisboa. *Origem:* cristão-novo; *natural:* Almeida; *morador:* Campinho, recôncavo da Bahia; *filiação:* Manoel Nunes de Almeida; *estado civil:* solteiro; *ocupação:* homem de negócios, marchante; *crime:* judaísmo; com sequestro de bens.

MIGUEL NUNES;

MANDADO DE PRISÃO: 12.3.1732; Inquisição de Lisboa. *Origem:* cristão-novo; *natural:* Castela; *morador:* Minas de Vila do Carmo; *filiação:* Francisco Henriques e Guiomar Nunes; *estado civil:* solteiro; *ocupação:* mineiro; *crime:* judaísmo; com sequestro de bens.

PASCOAL DE ALMEIDA;

MANDADO DE PRISÃO: 12.3.1732; Inquisição de Lisboa. *Origem:* cristão-novo; *natural:* Morgadouro; *morador:* Vila de Moxa, sítio Piracuí, sertão da Bahia; *filiação:* Manoel Lopes Dourado; *estado civil:* viúvo de Floriana de Matos; *ocupação:* criador de gados; *crime:* judaísmo; com sequestro de bens.

PEDRO GOMES;

MANDADO DE PRISÃO: 12.3.1732; Inquisição de Lisboa. *Origem:* cristão-novo; *natural:* Puebla; *morador:* assistente em Minas; *filiação:* irmão de Angelo Gomes; *estado civil:* solteiro; *crime:* judaísmo; com sequestro de bens.

PEDRO VAZ E OLIVEIRA;

MANDADO DE PRISÃO: 12.3.1732. *Natural:* Vila de Santos; *morador:* Paranaguá, ilha de Santa Catarina ou Laguna; *estado civil:* casado.

Mulheres

ANA MENDES;

MANDADO DE PRISÃO: 12.3.1732; Inquisição de Lisboa. *Origem:* cristã-nova; *natural:* Pinhel; *morador:* Bahia e Rio de Janeiro; *estado civil:* solteira; *crime:* judaísmo; com sequestro de bens. *Observações:* irmã de Diogo Mendes Henriques.

BRANCA LOPES;

MANDADO DE PRISÃO: 12.3.1732; *Origem:* cristã-nova; *natural:* Escalhão; *morador:* Bahia; *filiação:* Brites Lopes; *estado civil:* casada com Diogo Fernandes Cardoso; *crime:* judaísmo; com sequestro de bens.

BRITES LOPES;

MANDADO DE PRISÃO: 12.3.1732; *Origem:* cristã-nova; *natural:* Portugal; *morador:* Bahia; *estado civil:* viúva de Domingos Alvares; *crime:* judaísmo; com sequestro de bens.

DIONÍSIA;

MANDADO DE PRISÃO: 12.3.1732; *Origem:* cristã-nova; *natural:* Rio do Meio, Paraíba; *morador:* sítio Maré, Paraíba; *filiação:* irmã de Joana do Rego; *estado civil:* solteira; *crime:* judaísmo; com sequestro de bens.

Suspeitos que faleceram antes da instauração do processo

Homens

AGOSTINHO DE PAREDES;
MANDADO DE PRISÃO: C.1709; Inquisição de Lisboa. *Origem:* cristão-novo; *natural:* Rio de Janeiro; *morador:* Rio de Janeiro; *filiação:* Manoel de Paredes e Guiomar Rodrigues; *estado civil:* casado com Ana de Azeredo; *ocupação:* senhor de engenho; *crime:* judaísmo; com sequestro de bens. *Observações:* havia falecido no Rio de Janeiro em 1702.

GERÔNIMO DA PAZ;
MANDADO DE PRISÃO: C.1709; Inquisição de Lisboa. *Origem:* cristão-novo; *natural:* Rio de Janeiro; *morador:* Rio de Janeiro; *filiação:* José Fernandes de Miranda e Izabel da Paz; *ocupação:* sem ofício; *crime:* judaísmo; com sequestro de bens. *Observações:* falecido.

GUILHERME GOMES MOURÃO;
MANDADO DE PRISÃO: C.1709; Inquisição de Lisboa. *Origem:* cristão-novo; *natural:* Rio de Janeiro; *morador:* Rio de Janeiro; *filiação:* Manuel Gomes Mourão e Izabel Cardosa; *estado civil:* casado com Branca de Moraes; *ocupação:* advogado; *crime:* judaísmo; com sequestro de bens. *Observações:* falecido.

JOÃO TAVARES ROLDÃO;
MANDADO DE PRISÃO: C.1712; Inquisição de Lisboa. *Origem:* parte cristão-novo; *natural:* Rio de Janeiro; *morador:* Rio de Janeiro; *filiação:* Manoel Tavares Roldão, cristão-velho, e Guimar de Paredes; *estado civil:* solteiro; *ocupação:* soldado; *crime:* judaísmo; com sequestro de bens. *Observações:* morreu assassinado por Mateus de Moura Fogaça.

JOSÉ FERNANDES DE MIRANDA;
MANDADO DE PRISÃO: C.1709; Inquisição de Lisboa. *Origem:* cristão-novo; *natural:* Portugal; *morador:* Rio de Janeiro; *estado civil:* casado com Izabel da Paz; *ocupação:* mercador; *crime:* judaísmo; com sequestro de bens. *Observações:* falecido.

MANOEL HENRIQUES;
MANDADO DE PRISÃO: C.1712; Inquisição de Lisboa. *Origem:* cristão-novo; *natural:* Rio de Janeiro; *morador:* Rio de Janeiro; *filiação:* João Henriques de Castro, lavrador de cana, e Maria Henriques; *estado civil:* solteiro; *ocupação:* sem ofício; *crime:* judaísmo; com sequestro de bens. *Observações:* falecido.

MANUEL DE PAREDES DA COSTA; **MANDADO DE PRISÃO:** C.1711; Inquisição de Lisboa. *Origem:* cristão-novo; *natural:* Rio de Janeiro; *morador:* Rio de Janeiro; *filiação:* Rodrigo Mendes de Paredes, senhor de engenho, e Maria de Galegos; *estado civil:* casado com Izabel Gomes da Costa; *ocupação:* senhor de engenho; *crime:* judaísmo; com sequestro de bens. *Observações:* preso, faleceu na Bahia, a caminho de Lisboa.

MANUEL DE PAREDES DA SILVA; **MANDADO DE PRISÃO:** C.1711; Inquisição de Lisboa. *Origem:* cristão-novo; *natural:* Rio de Janeiro; *morador:* Rio de Janeiro; *filiação:* Luís Fernandes Crato, mercador, e Beatriz de Paredes; *estado civil:* casado com Catarina Marques; *ocupação:* senhor de engenho; *crime:* judaísmo; com sequestro de bens. *Observações:* falecido.

Mulheres

ANA DE BARROS; **MANDADO DE PRISÃO:** C.1709; Inquisição de Lisboa *Origem:* cristã-nova; *natural:* Rio de Janeiro; *morador:* Rio de Janeiro; *filiação:* André de Barros, mercador e Ines Ayres; *estado civil:* viúva de Pedro Homem da Costa; *crime:* judaísmo; com sequestro de bens. *Observações:* faleceu no Rio de Janeiro, já presa.

FRANCISCA PAES; **MANDADO DE PRISÃO:** C.1712; Inquisição de Lisboa. *Origem:* parte cristã-nova; *natural:* Rio de Janeiro; *morador:* Rio de Janeiro; *filiação:* filha natural de Francisco Paes; *estado civil:* viúva de Salvador de Maris; *crime:* judaísmo; com sequestro de bens. *Observações:* faleceu no mar, a caminho da prisão em Lisboa.

IZABEL; **MANDADO DE PRISÃO:** 4.3.1718; Inquisição de Lisboa. *Origem:* parte cristã-nova; *natural:* Rio de Janeiro; *morador:* Rio de Janeiro; filiação: Alexandre Freitas, taverneiro, cristão-velho, e Elena de Azevedo; *estado civil:* solteira; *crime:* judaísmo; com sequestro de bens. *Observações:* faleceu no mar, a caminho de Lisboa.

IZABEL DA PAZ; **MANDADO DE PRISÃO:** C.1709; Inquisição de Lisboa. *Origem:* cristã-nova; *natural:* Portugal; *morador:* Rio de Janeiro; *filiação:* Francisco de Siqueira e Brites da Paz; *estado civil:* casada com José Fernandes de Miranda; *crime:* judaísmo; com sequestro de bens. *Observações:* faleceu no Rio de Janeiro, já presa.

JOSEFA DA ANUNCIAÇÃO DA CRUZ; **MANDADO DE PRISÃO:** 4.3.1718; Inquisição de Lisboa. *Origem:* parte cristã-nova; *natural:* Rio de Janeiro; *morador:* Rio de Janeiro; *filiação:* Alexandre Freitas, taverneiro, cristão-velho, e Elena de Azeredo; *estado civil:* casada com Pedro Peixoto de Luna, cristão-velho; *crime:* judaísmo; com sequestro de bens. *Observações:* faleceu no mar, a caminho de Lisboa.

MARIA DE MARIS;

MANDADO DE PRISÃO: C.1717; Inquisição de Lisboa. *Origem:* cristã-nova; *natural:* Rio de Janeiro; *morador:* Rio de Janeiro; *filiação:* José Correia Ximenes, senhor de engenho, e Guimar de Azeredo; *estado civil:* solteira; *crime:* judaísmo; com sequestro de bens. *Observações:* faleceu na Bahia em 28.8.1722, presa, a caminho de Lisboa.

MARIANA DE AZEVEDO;

MANDADO DE PRISÃO: 4.3.1718; Inquisição de Lisboa. *Origem:* parte cristã-nova; *natural:* Rio de Janeiro; *morador:* Rio de Janeiro; *filiação:* Alexandre Freitas, taverneiro, cristão-velho, e Elena de Azevedo; *estado civil:* casada com o capitão José de Soto, cristão-velho; *crime:* judaísmo; com sequestro de bens. *Observações:* faleceu no mar, a caminho de Lisboa.

TEREZA GOMES;

MANDADO DE PRISÃO: C.1713; Inquisição de Lisboa. *Origem:* parte cristã-nova; *natural:* Rio de Janeiro; *morador:* Rio de Janeiro; *filiação:* José Gomes Silva, homem de negócios, e Luiza de Souza, mulher parda; *estado civil:* casada com Simão de Andrade, lavrador de farinha; *crime:* judaísmo; com sequestro de bens. *Observações:* presa, faleceu no Rio de Janeiro.

Glossário

ABJURAÇÃO
renunciar aos crimes e erros contra a fé.

APRESENTAÇÃO
com medo de serem denunciadas, por outrem, as pessoas se "apresentavam" voluntariamente à Mesa do Santo Ofício, confessavam e pediam perdão, procurando assim diminuir o rigor dos procedimentos inquisitoriais.

AUTO DE FÉ
cerimônia pública festiva realizada pelo Santo Ofício na praça principal da cidade, em geral aos domingos ou dias santos, acompanhada de sermão e procissão, com a presença da corte, nobreza e povo, durante a qual eram lidas as sentenças dos réus.

CÁRCERE E HÁBITO PENITENCIAL PERPÉTUO
sentença que obrigava os condenados a usar o "hábito penitencial", o "sambenito", uma túnica infamante, até o fim de sua vida.

CARTA MONITORIA (OU MONITÓRIO GERAL)
lista de práticas e atitudes consideradas heréticas pela Inquisição, com a finalidade de esclarecer a população sobre os crimes que deviam ser denunciados.

CRISTÃO-NOVO
termo com que eram designados os portugueses descendentes de judeus convertidos ao cristianismo no ano de 1497.

CRISTÃO-VELHO
termo com que eram designados os portugueses que não tinham origem judaica.

ESTAOS
sede do Tribunal do Santo Ofício da Inquisição, situada no Rossio, em Lisboa.

EXCOMUNHÃO MAIOR
o réu ficava inteiramente separado da Igreja e privado dos sacramentos e quaisquer benefícios eclesiásticos. Se o réu não denunciasse ou confessasse no prazo de trinta dias, segundo o Monitório Geral, incorria em excomunhão maior.

MEIO CRISTÃO-NOVO
quando apenas um dos pais era de origem judaica.

RELAXADO AO BRAÇO SECULAR
sentença de morte na fogueira pronunciada pela Igreja, porém executada pelos funcionários da Coroa.

RELAXADO EM ESTÁTUA OU EFÍGIE
quando o réu não era encontrado, queimava-se um boneco de pano em seu lugar e ficavam amaldiçoados seus descendentes.

SOLICITAÇÃO
membros do clero católico acusados de seduzir mulheres no confessionário.

TEMPO DA GRAÇA
período de trinta dias em que os confitentes deviam espontaneamente confessar-se, para serem absolvidos de seus pecados e reconciliados. O Édito da graça era publicado e fixado nas Igrejas, estabelecendo o prazo de trinta dias para as pessoas se apresentarem confessando suas culpas ou denunciando as alheias.

Ilustrações

PÁGINA DE ABERTURA:
A ilustração é de autoria de um prisioneiro do século XVIII. Foi encontrada pela autora durante suas pesquisas no Arquivo Nacional da Torre do Tombo, Lisboa, em 1985.

PÁGINA 22:
D. João III, rei de Portugal (1521-1554), que instalou o Tribunal do Santo Ofício em Portugal em 1536. *Enciclopédia pela Imagem – Inquisição.* Porto: Lello & Irmãos Editores, s/d.

PÁGINA 23:
Página de rosto do Regimento do Santo Ofício da Inquisição de Portugal, de 1640. Biblioteca Nacional de Lisboa – Seção de Livros Raros.

PÁGINA 29:
Auto de fé em Lisboa. Gravura de Bernard Picart, século XVIII. Biblioteca Nacional de Lisboa – Seção de Iconografia.

PÁGINA 29:
Sala dos inquisidores: notários apresentam os processos ao inquisidor. Pintura de Jean Paul Laurens, século XIX. Museu de Arte e Arqueologia de Moulins, França.

PÁGINA 32:
Prisioneiro na sala de interrogatório. Gravura de Pierre Paul Sevin, século XVIII. Biblioteca Nacional de Lisboa – Seção de Iconografia.

PÁGINA 33:
Instrumento de tortura: potro. Michael Baingent e Richard Leigh. *The Inquisition*, London: Penguin Books, 1999, p. 116.

PÁGINA 36:
Brasil: domicílios dos prisioneiros do Brasil.

PÁGINA 40:
Portugal: Sedes do Tribunal do Santo Ofício da Inquisição e locais de nascimento dos prisioneiros do Brasil.

PÁGINA 49:
Instrumento de tortura: polé. Michael Baingent e Richard Leigh. *The Inquisition*. London: Penguin Books, 1999, p. 193.

PÁGINA 53:

Denúncia no Santo Ofício da Inquisição de Coimbra contra o bacharel José Bonifácio de Andrada e Silva, quando estudante da universidade, por negar a existência de Deus, 1779. Instituto dos Arquivos Nacionais/Torre do Tombo – Portugal. *Caderno do Promotor de Lisboa*, n. 130.

PÁGINA 54:

Prisioneiro da Inquisição com sambenito. Gravura de Adrian Schoonebeck, século XVII. Philip van Limborch. *Historia Inquisitionis*, Amsterdam, 1692, p. 274. Exemplar da Biblioteca Nacional de Lisboa.

PÁGINA 78:

Ordem de prisão do poeta Bento Teixeira, preso em Pernambuco em 1595 acusado de judaísmo. Inquisição de Lisboa, Processo n. 5.206. Instituto dos Arquivos Nacionais/Torre do Tombo – IAN/TT – Portugal.

PÁGINA 79:

Laudo médico do Santo Ofício de Lisboa sobre a saúde de Bento Teixeira no cárcere, 1600. Inquisição de Lisboa, Processo n. 5.206. Instituto dos Arquivos Nacionais/Torre do Tombo – IAN/TT – Portugal.

PÁGINA 145:

Ordem de prisão do Padre Manoel Lopes de Carvalho, 1723. Inquisição de Lisboa, Processo n. 9.255. Instituto dos Arquivos Nacionais/ Torre do Tombo – IAN/TT – Portugal.

PÁGINA 172:

Prisioneira com sambenito. Gravura do século XVIII. Laurent Albaret. *Inquisition Rempart de la foi?*, Paris: Découvertes Gallimard, 1998, p.76.

HISTÓRIA NA PERSPECTIVA

Nova História e Novo Mundo
Frédéric Mauro [D013]

História e Ideologia
Francisco Iglésias [D028]

A Religião e o Surgimento do Capitalismo
R. H. Tawney [D038]

1822: Dimensões
Carlos Guilherme Mota [D067]

Economia Colonial
J. R. Amaral Lapa [D080]

Do Brasil à América
Frédéric Mauro [D108]

História, Corpo do Tempo
José Honório Rodrigues [D121]

Magistrados e Feiticeiros na França do Século XVII: Uma Análise de Psicologia Histórica
Robert Mandrou [D126]

Escritos sobre a História
Fernand Braudel [D131]

Escravidão, Reforma e Imperialismo
Richard Graham [D146]

Testando o Leviathan: A Presença dos Estados Unidos nos Debates Parlamentares de 1828 a 1837
Antonia Fernanda Pacca de Almeida Wright [D157]

Nzinga: Resistência Africana à Investida do Colonialismo Português em Angola, 1582-1663
Roy Glasgow [D178]

A Industrialização do Algodão em São Paulo
Maria Regina de M. Ciparrone Mello [D180]

Hierarquia e Riqueza na Sociedade Burguesa
Adeline Daumard [D182]

O Socialismo Religioso dos Essênios
W. J. Tyloch [D194]

Vida e História
José Honório Rodrigues [D197]

Walter Benjamin: A História de Uma Amizade
Gershom Scholem [D220]

De Berlim a Jerusalém: Recordações da Juventude
Gershom Scholem [D242]

O Estado Persa: Ideologias e Instituições no Império Aquemênida
David Asheri [D304]

Falando de Idade Média
Paul Zumthor [D317]

Nordeste 1817: Estruturas e Argumentos
Carlos Guilherme Mota [E008]

Cristãos-Novos na Bahia: A Inquisição no Brasil
Anita Novinsky [E009]

Vida e Valores do Povo Judeu
Unesco [E013]

História e Historiografia do Povo Judeu
Salo W. Baron [E023]

O Mito Ariano: Ensaio sobre as Fontes do Racismo e dos Nacionalismos
Léon Poliakov [E034]

O Regionalismo Gaúcho e as Origens da Revolução de 1930
Joseph L. Love [E037]

Burocracia e Sociedade no Brasil Colonial: A Suprema Corte da Bahia e seus Juízes, 1609-1751
Stuart B. Schwartz [E050]

De Cristo aos Judeus da Corte: História do Antissemitismo I
Léon Poliakov [E063]

De Maomé aos Marranos: História do Antissemitismo II
Léon Poliakov [E064]

De Voltaire a Wagner: História do Antissemitismo III
Léon Poliakov [E065]

A Europa Suicida: 1870-1933: História do Antissemitismo IV
Léon Poliakov [E066]

Jesus e Israel
Jules Isaac [E087]

A Causalidade Diabólica I: Ensaio sobre a Origem das Perseguições
Léon Poliakov [E124]

A Causalidade Diabólica II: Do Jugo Mongol à Vitória de Lênin
Léon Poliakov [E125]

A República de Hemingway: Por Quem os Signos Dobram?
Giselle Beiguelman [E137]

Sabatai Tzvi: O Messias Místico I
Gershom Scholem [E141 I]

Sabatai Tzvi: O Messias Místico II
Gershom Scholem [E141 II]

Sabatai Tzvi: O Messias Místico III
Gershom Scholem [E141 III]

Os Espirituais Franciscanos
Nachman Falbel [E146]

Mito e Tragédia na Grécia Antiga
Jean-Pierre Vernant e Pierre Vidal-Naquet [E163]

A Cultura Grega e as Origens do Pensamento Europeu
Bruno Snell [E168]

O Antissemitismo na Era Vargas: Fantasmas de uma Geração (1930-1945)
Maria Luiza Tucci Carneiro [E171]

Em Guarda contra o "Perigo Vermelho": O Anticomunismo no Brasil (1917-1964)
Rodrigo Patto Sá Motta [E180]

Preconceito Racial em Portugal e Brasil Colônia: Os Cristãos-Novos e o Mito da Pureza de Sangue
Maria Luiza Tucci Carneiro [E197]

A Síntese Histórica e a Escola dos Anais
Aaron Guriêvitch [E201]

As Nazi-Tatuagens: Inscrições ou Injúrias no Corpo Humano?
Célia Maria Antonacci Ramos [E221]

1789-1799: A Revolução Francesa
Carlos Guilherme Mota [E244]

História e Literatura: Ensaios para Uma História das Ideias no Brasil
Francisco Iglésias [E269]

Mistificações Literárias: "Os Protocolos dos Sábios de Sião"
Anatol Rosenfeld [EL03]

Guia Histórico da Literatura Hebraica: Do Período Pós-Bíblico à Criação do Estado de Israel
J. Guinsburg [EL09]

O Pequeno Exército Paulista
Dalmo de Abreu Dallari [EL11]

Galut
Itzack Baer [EL15]

Diário do Gueto
Janusz Korczak [EL44]

O Xadrez na Idade Média
Luiz Jean Lauand [EL47]

O Mercantilismo
Pierre Deyon [K001]

Florença na Época dos Médici: Da Cidade ao Estado
Alberto Tenenti [K002]

O Antissemitismo Alemão
Pierre Sorlin [K003]

Mecanismos da Conquista Colonial: Os Conquistadores
Ruggiero Romano [K004]

A Revolução Russa de 1917
Marc Ferro [K005]

A Partilha da África Negra
Henri Brunschwig [K006]

As Origens do Fascismo
Robert Paris [K007]

A Revolução Francesa: Mitos e Interpretações
Alice Gérard [K008]

Heresias Medievais
Nachman Falbel [K009]

Armamentos Nucleares e Guerra Fria
Claude Delmas [K010]

A Descoberta da América
Marianne Mahn-Lot [K011]

As Revoluções do México
Américo Nunes [K012]

O Comércio Ultramarino Espanhol no Prata
Emanuel Soares da Veiga Garcia [K013]

Rosa Luxemburgo e a Espontaneidade Revolucionária
Daniel Guérin [K014]

Teatro e Sociedade: Shakespeare
Guy Boquet [K015]

O Trotskismo
Jean-Jacques Marie [K016]

A Revolução Espanhola 1931-1939
Pierre Broué [K017]

Weimar
Claude Klein [K018]

O Pingo de Azeite: A Instauração da Ditadura
Paula Beiguelman [K019]

As Invasões Normandas: Uma Catástrofe?
Albert D'Haenens [K020]

O Veneno da Serpente: Reflexões sobre o Antissemitismo no Brasil
Maria Luiza Tucci Carneiro [K021]

Schoá: Sepultos nas Nuvens
Gérard Rabinovitch [K023]

Dom Sebastião no Brasil: Fatos da Cultura e da Comunicação em Tempo/Espaço
Marcio Honorio de Godoy [K025]

Manasche: Sua Vida e Seu Tempo
Nachman Falbel [LSC]

Em Nome da Fé: Estudos In Memoriam de Elias Lipiner
Nachman Falbel, Avraham Milgram e Alberto Dines (orgs.) [LSC]

Associações Religiosas no Ciclo do Ouro: Introdução ao Estudo do Comportamento Social das Irmandades de Minas no Século XVIII
Fritz Teixeira de Salles [LSC]

História dos Judeus em Portugal
Meyer Kayserling [PERS]

Este livro foi impresso em Cotia, nas oficinas
da Meta Brasil, para a Editora Perspectiva.